高职高专物流管理专业系列教材

商品学实务

主　编　杨　帆　赵东明　高丽娜

副主编　宋岁岁

参　编　季冬雪　田思思

机 械 工 业 出 版 社

本书以岗位需要为目标选取课程内容，采用理论和实践一体化的教学模式进行编写。全书共分 8 章，主要包括商品认知、商品质量管理、商品标准化、商品分类管理、商品检验、商品包装、商品储运与养护、商品与环境和资源。全书内容阐述翔实，举例生动，体例布局力求新颖，强调理论与实践相结合，让学生在"做"的实践中习得实践技能、掌握知识。

　　本书可作为高职高专院校物流管理类、经济贸易类专业的教材，也可以作为物流人员、外贸人员、营销人员等的参考书。

　　为方便教学，本书配备了电子课件、题库等教学资源。凡选用本书作为教材的教师均可登录机械工业出版社教育服务网 www.cmpedu.com 免费下载。如有问题请致电 010-88379375 联系营销人员。

图书在版编目（CIP）数据

商品学实务/杨帆，赵东明，高丽娜主编. —北京：机械工业出版社，2017.6（2025.1重印）

高职高专物流管理专业系列教材

ISBN 978-7-111-57239-8

Ⅰ. ①商… Ⅱ. ①杨… ②赵… ③高… Ⅲ. ①商品学—高等职业教育—教材 Ⅳ. ①F76

中国版本图书馆 CIP 数据核字（2017）第 146719 号

机械工业出版社（北京市百万庄大街 22 号　邮政编码 100037）

策划编辑：张　亮　　　　　责任编辑：张　亮　徐春涛
责任校对：王　欣　刘秀芝　　封面设计：鞠　杨
责任印制：邓　博

北京盛通数码印刷有限公司印刷

2025 年 1 月第 1 版第 7 次印刷

184mm×260mm · 13.25 印张 · 302 千字

标准书号：ISBN 978-7-111-57239-8

定价：33.00 元

电话服务　　　　　　　　　　　网络服务

客服电话：010-88361066　　　机　工　官　网：www.cmpbook.com
　　　　　010-88379833　　　机　工　官　博：weibo.com/cmp1952
　　　　　010-68326294　　　金　书　网：www.golden-book.com
封底无防伪标均为盗版　　　机工教育服务网：www.cmpedu.com

前　言

商品学实务课程主要是培养学生具有涉及商品学知识相关岗位所要求的专业能力、方法能力和社会能力，培养学生处理商品质量管理、商品检验、商品包装、商品养护等能力，以及在物流管理、电子商务、国际贸易等工作过程中分析问题、解决问题的能力。

本书以岗位需要为目标选取课程内容，采用理论和实践一体化的课程模式进行编写，强调学生主体作用，通过师生之间的互动和合作，让学生在"做"的实践中，习得实践技能，掌握知识。

本书以培养应用型人才为目标，注重职业关键能力和职业专门能力的培养，注重提高学生兴趣，有助于提高教学效果，是实用性极强的教材。

本书适合作为高职高专院校物流管理类、经济贸易类专业的教材，也可以作为物流人员、外贸人员、营销人员等的参考书。

本书由杨帆（辽宁机电职业技术学院）、赵东明（辽宁机电职业技术学院）、高丽娜（辽宁机电职业技术学院）任主编，宋岁岁（山东商务职业学院）任副主编。具体编写分工如下：杨帆编写第一、四章；赵东明编写第五章；高丽娜编写第三、七章；宋岁岁编写第二、八章；季冬雪（辽宁机电职业技术学院）编写第六章；辽宁机电职业技术学院田思思参与了资料的搜集和整理工作。全书由潘维琴（辽宁机电职业技术学院）担任主审。

为方便教学，本书配备电子课件等教学资源。凡选用本书作为教材的教师均可索取，咨询电话：010-88379375，QQ：945379158。

在本书的编写过程中，编者学习和借鉴了国内外许多专家学者的观点，参考了许多论文、专著、期刊、网站的资料，不能一一列出，在此对相关著作者表示由衷的敬意！感谢他们的观点和材料对本书的帮助。

本书涉及知识广泛，编者水平有限，书中错漏之处在所难免，望读者和专家批评指正。

编　者

目　　录

第一章

商 品 认 知

【知识目标】熟悉商品内涵，能够区分商品和非商品，熟悉商品的基本属性，掌握
　　　　　　商品的构成，能够分析商品的层次构成。

【能力目标】能够认知和介绍商品。

　　作为与商品相关的任何行业的从业人员，都需要掌握一定的商品基本知识。即使是一个普通消费者，也需要掌握一定的商品知识，以便指导自己的工作和生活。

第一节　认知商品本质

　　当我们走向工作岗位，开始从事一份和商品生产、流通、销售、消费有关的工作，商品变成了我们工作的中心，一系列重要的问题便出现在我们的面前——什么是商品？我们要探究的对象到底是什么？如何去研究它？为了找到答案，我们需要探讨一下商品的本质。

一、商品的概念

　　商品是人类社会生产力发展到一定历史阶段的产物，它是指用来交换、能满足人们某种需要的劳动产品。商品的概念有狭义和广义之分。

　　狭义的商品，即传统的商品，是指通过市场交换，能够满足人们某种社会消费需要的物质形态的劳动产品，是有形商品。目前世界各国的商品学仍以这类商品为主要研究内容。

　　广义的商品，是指通过市场交换，能够满足人们某种社会消费需要的所有形态（知识、劳务、资金、物质等形态）的劳动产品。随着现代社会的高度商品化和技术创新的加速，商品的发展呈现出知识化、软件化、服务化等趋势和特点。商品已不满足于"需求"与"经济"相结合的形式，开始向"技术"与"文化"相结合的方向发展。这些都推动了商品学研究内容和深度的拓展，特别是商品开发、市场及消费运作的研究。

　　作为特殊劳动产品的商品具有以下特征：

（1）商品是具有使用价值的劳动产品。

（2）商品是供他人消费的劳动产品。

（3）商品是必须通过交换才能到达别人手中的劳动产品。

商品经济大约产生于原始社会末期，随人类社会的第二次社会大分工的出现而出现。商品经济存在的条件一是社会分工，二是生产资料和产品属于不同的所有者。商品经济发展至今已有几千年的历史。在原始社会末期、奴隶社会、封建社会中，自然经济占统治地位，商品经济处于从属地位；在资本主义社会，商品经济得到高度发展，占统治地位；社会主义商品经济是新型的商品经济，是建立在公有制基础上的商品经济。

商品经济的内容是商品生产与商品交换的总和。从历史发展的过程看，是先有商品交换，后有商品生产；从社会再生产过程看，是先有商品生产，后有商品交换。

在商品经济高度发展的现代社会中，工农业用的生产资料和人们衣食住行用的生活资料，绝大多数需要通过交换获得，它们大多都是商品。

商品具有以下不同于物品、产品的特点：①商品是具有使用价值的劳动商品；②商品是供他人消费的劳动商品；③商品是必须通过交换才能实现的劳动产品。

识知 拓展

现代商品学的发展历史

任何一门学科都产生于实践，都是人们实践经验的凝结。商品学是商品经济发展到一定阶段的产物。纵观现代商品学形成和发展的历史，大致可分为 3 个阶段。

1. 商品知识汇集阶段

在商品学学科形成之前，商品知识的汇集、整理是商品学形成的重要前提。这些商品知识主要是商品生产者和经营者经营经验的积累，它使商人在经商过程中能更广泛、深入地了解商品的产地、品种、成分，更好地鉴别商品的品质，明确商品的功效，把握商品的正确使用方法，以充分发挥商品的效能。

这一阶段的代表有国内的春秋时代师旷所著的《禽经》，晋朝戴凯之所著的《竹谱》，唐代陆羽的《茶经》，宋朝蔡襄所著的《荔枝谱》，以及《桔录》《本草纲目》等书籍；国外的著作包括阿拉伯人阿里·阿德·迪米斯基 1175 年编著出版的《商业之美与识别优劣和真伪商品指南》，萨瓦里于 1675 年编著出版的《商业大全》等。

2. 古典商品学阶段

进入 18 世纪，德国手工业发展迅速，需要大量进口原材料进行生产，而后出口大批工艺品，商品贸易频繁。这就要求商人必须具备系统的商品学知识来适应贸易发展的需要，大量商业贸易人才的培养也就成为当时经济发展对教育界的突出要求。于是到 18 世纪中叶，德国在大学和商学院开始开设商品学课程。在教学和科研基础上，德国自然史学家兼经济学家约翰·贝克曼教授，1777 年编著出版了《技术学导论》并于 1793 年至 1800 年编著出版了《商品学导论》，内容包括商品生产、技术、方法、工艺学知识，以及商品的产地、性能、用途、鉴定、分类、包装、主要市场等。《商品学导论》的问世，标志着商品学开始作为一门独立的学科形成，约翰·贝克曼本人也因此被誉为商品学的创始人，他新创立的商品学被称为"贝克曼商品学"。19 世纪以来，这种德国古典商品学相继传入西欧、东欧、日本、中国等，使商品学得到迅速发展。

3. 现代商品学阶段

商品学学科体系形成后，在其发展进程中呈现出两大研究方向。一个是从自然科学和技术学的角度出发，研究商品的使用价值，研究的中心内容是商品质量，称为自然科学商品学或技术商品学；另一个是从社会科学和经济学的角度出发，特别是从市场营销和消费需求方面研究与商品质量和品种相关的问题，称为社会科学商品学或经济商品学。

19世纪欧洲产业革命完成后，自然科学商品学就进入到材料学商品学、鉴定论商品学或品质论商品学时代。进入20世纪尤其是"第二次世界大战"后，自然科学商品学在商品经济的推动下，其理论与体系日趋完善，其内容更适合贸易实践的需要，主要包括商品分类、商品标准、商品质量、商品鉴定和检验、商品包装、商品养护等。此时，自然科学商品学跨入了综合学科、交叉学科的商品学时代，成为复合型商品学或现代商品学等，即从自然科学和技术学以及社会科学和经济学方面综合研究商品使用价值，一方面研究商品的自然属性，如物理、化学、生物学性能，另一方面研究商品的经济性，如研究与商品质量、供给和需求相关的经济问题。

二、商品的研究

1. 研究商品的内容

对商品的研究是以商品体为基础，研究商品在整个生命周期中的质量（固有质量、市场附加质量、形象质量）及其构成要素（技术、经济、社会、环境要求等）计量、检测、控制与管理活动，主要包括以下内容：商品质量及其影响；商品质量管理与质量监督；商品标准与标准化；商品检验；商品分类与编码；商品包装与标识；品牌与商标管理；商品的成分、结构与性质；商品储运与养护；新产品开发；信息与商品预测；商品消费心理；商品广告；商品与资源、环境等。

2. 研究商品的任务

研究商品的任务主要包括以下5个方面：

（1）指导商品使用价值的形成。通过商品资源和市场的调查预测、商品的需求研究等手段，为有关部门实施商品结构调整、商品科学分类、商品进出口管理、商品质量监督管理、商品环境管理，制定商品标准、政策法规及商品发展规划提供决策的科学依据；为企业提供商品基本质量要求，指导商品质量改进和新商品的开发，提高经营管理素质，保证市场商品物美价廉，适销对路。

（2）评价商品使用价值的高低。商品质量是决定商品使用价值高低的基本因素，是决定商品竞争力强弱、销路、价格的基本条件，所以它是商品学研究商品使用价值的中心内容。通过对商品使用价值的分析和综合，明确商品的质量指标、检验和识别方法，能全面、准确地评价、鉴定商品的质量，杜绝伪劣产品流入市场，保证商品质量符合规定的标准或合同，维护正常的市场竞争秩序，保护买卖双方的合法权益，切实维护国家和消费者的利益，创造公平、平等的商品交换环境。

（3）防止商品使用价值的降低。分析和研究与商品质量有关的各种因素，提出适宜的商品包装、储运，保护商品质量，努力降低商品损耗。

（4）促进商品使用价值的实现。通过大力普及商品知识和消费知识，使消费者认识和了解商品，学会科学地选购和使用商品，掌握正确的消费方式和方法，由此促进商品使用价值的实现。

（5）研究商品使用价值的再生。通过对商品废弃物与包装废弃物处置、回收和再生政策、法规、运行机制、低成本加工技术等问题的研究，推动资源节约、再生，推动生活废物减量和保护环境的绿色行动。

3．研究商品的方法

由于商品的使用价值是商品的自然有用性和社会适用性的统一。因此，研究商品的方法是按照研究的具体课题，采用不同的形式进行的。研究方法包括以下几种：

（1）科学实验法。科学实验法是一种在实验室内或一定实验场所，运用一定的实验仪器和设备，对商品的成分、构造、性能等进行理化鉴定的方法。这种实验方法，大多在实验室内或要求条件下进行，为控制和观察提供良好的条件，所得的结论正确可靠，是分析商品成分、鉴定商品质量、研制新产品的常用方法。

（2）现场试验法。现场试验法是一些商品学专家或有代表性的消费者群，凭人体的直觉，对商品的质量及其商品有关的方面做出评价的研究方法。这种方法的正确程度受参加者的技术水平和人为因素的影响，但运用起来简单易行，适于很多商品的质量评定。

（3）技术指标法。技术指标法是一种在分析实验基础上，对一系列同类产品，根据国内或国际生产力发展水平，确定质量技术指标，以供生产者和消费者共同鉴定商品质量的方法。

（4）社会调查法。商品的使用价值是一种社会性的使用价值，全面考察商品的使用价值需要进行各种社会调查，特别是在商品不断升级换代，新产品层出不穷的现代社会里，这方面的调查更显得实际和重要，其具有双向沟通的主要作用，在实际调查中既可以将生产信息传递给消费者，又可将消费者的意见和要求反馈给生产者。社会调查法主要有现场调查法、调查表法、直接面谈法、定点统计调查法。

（5）对比分析法。对比分析法是将不同时期、不同地区、不同国家的商品资料收集积累，并加以比较，从而找出提高商品质量，增加花色品种，扩展商品功能的新途径。运用对比分析法，有利于经营部门正确识别商品和促进生产部门改进产品质量，实现商品的升级换代，更好地满足广大消费者的需要。

识知 拓展

商品研究的方法

（1）在检测灯泡的寿命时，使用的方法是记录从灯泡点亮到灯泡自然熄灭的过程所用的时间，由于生活中很难大量抽样进行检验，一般采取的就是实验室通过仪器设备进行记录。故采用的是科学实验法。

（2）在检测玻璃的耐温急变性时，常采用的方法是将玻璃放置于5℃的空间内一段时间，然后迅速投入到沸水（100℃）中，如果玻璃不发生破裂即为合格品。这里采用的也是科学实验法。

（3）在检测瓷碗的质量时，可以采用轻轻敲击瓷碗的外沿，如果发出的声音清脆并有连续性，则瓷碗完好。如果发出的声音低沉而不连续，则说明瓷碗的内部有裂痕。在购买瓷碗的时候进行敲击，采用的就是现场实验法。

（4）在对可乐类碳酸饮料的研究中，针对每毫升饮料允许大肠杆菌的数量进行研究，从而制订标准。我国国家标准规定可乐类饮料每毫升中大肠杆菌的数量不超过5个为合格品，这里用到的就是技术指标法。

实操技巧

认知商品技巧——读懂商品的标签

知道了商品是什么，是不是就可以说认识了商品呢？2016年3月15日，央视播出3·15晚会"消费在阳光下"，在理性消费指数测试中，"赤砂糖就是真正的红糖吗？"竟然有59%的人回答是。一块看似不起眼的"红糖"，蒙蔽了许多人的眼睛，有人不禁感叹：这些年，我们竟然没吃过真红糖！那么如何分辨买到的红糖是不是真的红糖呢？在学习鉴别商品之前，首先要掌握的技巧就是读懂商品的标签。

我们在超市的货架上，会发现各种"红糖"，如月子红糖、女生红糖等，可谓种类繁多，满足女性坐月子、生理期、补血等各种需求。那么，商品名称上写着"红糖"的，就一定是真正的红糖吗？红糖和赤砂糖在制作过程和营养成分上是有所不同的，但在商品包装上统一写着"红糖"，能不能简单地加以区分呢？

答案是肯定的，在绝大多数"红糖"产品的包装袋背面，配料表里清晰注明了所含成分：赤砂糖！

商品的配料表是比商品名称更能反映商品本质的工具，尤其商品配料表中的前几项，依次代表了占商品比重最大的几种物质。我国对食品类商品的标签有着明确的规定，必须如实列明配料表，否则不允许生产和出售，因此认清商品标签中的配料表，能够有助于我们正确的认识商品的本质。

另外，如何挑选到好红糖，有几个鉴别方法可以作为参考：

（1）查看商品外包装上的成分栏，标注为红糖还是赤砂糖。

（2）感官上，红糖颜色比赤砂糖偏暗。红糖的颜色一般与甘蔗的产地、品种、工艺相关，不同的产地、品种和工艺，颜色会有所不同。

（3）红糖与赤砂糖分子结构不同，在《本草纲目》中，红糖的物理性状被描述为"凝结如石，破之如沙"。红糖掰开是一块一块的，但赤砂糖则比较散、碎，用手捻时粉末多。

（4）红糖储存一段时间后，用刀还是能很容易切开或用手掰开。赤砂糖则比较硬，切不动，刀面上还易刮出白色晶体。

（5）红糖冲泡时，气泡比较多，喝起来有点药的味道，赤砂糖则没有。

第二节　认知商品的基本属性

我们都知道同一个商品可以以一个较高的价格出售,也可以以一个较低的价格出售,那么商品的价值大小用价格来评价似乎并不合理。如何正确认识一种商品,就要从认知商品的基本属性入手了。

一、商品的属性

商品具有价值和使用价值二重性。商品价值是指商品所包含的一定数量的社会劳动,即商品的生产成本等属性,是政治经济学研究范畴的;商品的使用价值是指商品的有用或效用,一方面商品具有能满足人们某种需要的自然属性,另一方面商品的有用性包含着它的社会有用性,即在一定条件下为社会需要的属性。

商品自然属性包括成分、结构、理化性质和生化性质等,它是构成商品有用性的物质基础。商品的社会属性是由商品自然属性派生的,主要包括社会、经济、文化和艺术多方面的内容。

商品是按照人和社会的需要创造出来的,这种需要包括个人和社会的、个人和群体的、物质和精神的。人的需要是商品的出发点与商品生产的动因,满足人的需要是商品的归宿和目的。所以商品体本身只是商品功能和消费者追求利益的客观载体,商品体(客观性)与人的需要(主观性)相互作用的过程使商品使用价值得到实现。商品功能寓于商品体之中,并由商品体本身属性所决定,不以人的意志为转移,但可以为人所利用。所以说,商品属性有自然属性和社会属性,这些属性是客观存在的。

1. 商品的使用价值和价值

使用价值和价值是商品的两个基本属性。商品是使用价值和价值的统一体。

商品能够满足人们某种需要的属性,是商品的使用价值。同种物品的多种使用价值总是能够被人们不断地发现和利用。

凝结在商品中的无差别的人类劳动就是商品的价值。任何商品都有价值,但商品的价值是不能自我表现出来的,必须通过交换,由另一种商品表现出来,如:1 把斧子=15 千克大米。一把斧子的价值是通过 15 千克大米表现出来的,15 千克大米是一把斧子的交换价值。

交换价值是在商品交换中表现另一种商品价值的商品;交换价值是价值的表现形式,价值是交换价值的基础。

边讲边练

召回的胸腺素产品是否是商品?

2010 年 6 月 22 日《证券日报》报道,ST 四环公司根据国家药品生产质量管理

法规的要求，公司对生产的注射用胸腺素（胸腺素α1）进行质量大检查（资料显示，注射用胸腺素为免疫调节药，用于治疗各种原发性或继发性 T 细胞缺陷病、某些自身免疫性疾病、各种细胞免疫功能低下的疾病及肿瘤的辅助治疗），发现胸腺素 α1 不稳定，为对产品质量负责和对广大人民群众用药安全负责，经公司研究决定：公司将主动召回市场上销售的价值约为 50 万元左右的胸腺素产品，并对冻干粉针剂生产线进行大约一个月的停产检查，待整改合格后，即恢复生产。

【问题】这里被召回的胸腺素产品是不是商品？

【提示】

（1）使用价值和价值是商品的两个基本属性，它们共同存在于商品统一体中。因此，作为商品，必须既有使用价值，又有价值，二者缺一不可。我们常说的"物美价廉"就体现了二者的统一。

（2）商品的价值不能离开使用价值。价值是抽象的东西，不能独立存在，必须依附在具体的物质上面，使用价值是商品的物质承担者。商品是用来交换的，没有任何使用价值的东西是没有人要的，也就不会形成价值。如果一个商品生产者生产的产品没有使用价值，那么他的劳动就是无效劳动。

（3）商品的使用价值不能离开价值。价值是商品的本质属性，凡是商品必然有价值，一个物品如果只有使用价值而没有价值，就不可能称为商品。

【结论】该批召回的产品不属于商品，因为它们不具备应有的使用价值。

2．商品使用价值和价值的关系

（1）使用价值和价值是对立的。其对立表现在两者的含义、属性和体现的关系不同；同时也表现在商品交换过程中，无论是商品生产者还是消费者都不能同时占有价值和使用价值。

（2）商品使用价值和价值是统一的。使用价值是价值的物质承担者，作为商品必然具有使用价值和价值，这两个属性是缺一不可的，这是商品使用价值和价值的统一。

（3）商品的使用价值和价值对立统一，对我们的现实指导意义在于：在购买商品时，要从使用价值和价值两个方面来考察，要追求"物美价廉"。作为商品生产者，要想顺利地将商品销售出去实现其价值，就必须提高产品质量意识，多生产物美价廉的产品，真正树立质量观念和效益观念。

3．商品性质与商品使用价值的关系

（1）商品性质是决定商品是否具有使用价值的基本条件之一，商品性质是决定商品主要用途的主要因素。

（2）商品性质是决定商品使用价值高低的基础条件之一，是制定商品感官指标和理化指标的依据，是鉴定许多商品品质、优劣和合格与否的重要品质因素。

（3）商品性质是判断许多商品种类或品种的依据，是许多商品据以分类的标志。

（4）商品性质是设计包装结构的重要依据。

（5）商品性质是储运过程中保护商品品质和数量完整，所采取储运条件和方法的依据。

边讲边练

判断对错

（1）商品必须有使用价值。

（2）不同的商品具有不同的使用价值。

（3）同一种商品可以有不同的使用价值。

【提示】

（1）人们在进行商品交换时首先考虑的是商品是否有用。没有用的东西，是不会有人去交换的。所以商品要想实现交换就必须得有用，即有使用价值。

（2）比如说：煤能够满足人们取暖、做饭的需要，而蔬菜可以满足人们吃饭的需要。煤、蔬菜是不同的商品，那么他们满足的也是人们不同的需求，即它们的使用价值是不同的。

（3）比如手机，具有很多的功能，接打电话、发短信、发邮件、上网、娱乐、摄像、甚至有的手机还可以看电视。同样是一种商品，它就可以满足人们许多不同的需求，即手机这一种商品就有很多不同的使用价值。

第三节 认知商品的构成

同一种商品被人们喜欢的理由有可能很不同，有人喜欢产品本身的质量，有人喜欢产品造型、色彩或包装设计，有人则觉得某些商品有着特殊的意义，那么想要更好认知商品，就要从认知商品的构成入手了。

一、现代商品的整体构成

商品作为人类有目的的劳动产品，是人和社会需要的物化体现，可以包括实物、知识、服务，还包括购买商品所得到的直接的、间接的、有形的、无形的利益和满足感。这样来理解商品的含义，称为商品整体要领或称作产品整体概念。

概括地说，现代商品整体概念或构成应包括 3 个层次的内容。

1. 商品体

商品体又称核心商品，是人们通过有目的、有效的劳动投入（如市场调查、规划设计、加工生产等）而创造出来的产物，它通过功能来满足使用者的需要。不同的使用目的（或用途）要求商品有不同的功能，而功能又是商品体在不同条件下所表现出来的某些自然属性和社会属性的总和。商品体能够具备哪些性质或功能，是由商品体的成分组成（原料或零部件的成分及含量等）和形态结构（原料或零部件的组织结构、成品形态、规格、内部连接与配合、色彩装饰的组合以及其他结构特征）以及它们所反映的社会内涵所决定的。其中商品体的成分组成又决定了商品体可能形成的形态结构。

因此，商品体是由多种不同层次要素构成的有机整体，是商品使用价值形成的客观物质基础。

2．有形附加物

有形附加物又称形式产品，包括商品名称、商品包装及其装潢标志、商标及注册标记、专利标记、质量和安全卫生标志、环境（绿色或生态）标志、商品使用说明标签或标识、检验合格证、使用说明书、维修卡（保修单）、购货发票等。它们主要是为了满足商品流通（运输、装卸、储存、销售等）需要、消费（使用）需要以及环境保护和可持续发展需要所附加的。其中，包装、商标等本身也是一种商品。它们既有使用价值，也有价值。商标还会随着商品经营企业的技术进步和经营管理水平的提高而增加新的价值。

3．无形附加物

无形附加物又称附加产品或延伸产品，是指围绕商品使用价值的应用，给顾客带来的附加利益。消费者购买某件产品，不仅是希望获得包括形式产品本身及其内在应有的效用，而且还希望获得对该产品的质量保证，包括商品保证、运送、安装、维修、使用指导和各种服务。

商品保证、运送、安装、维修等都属于商品整体概念中的无形产品，它们是实现商品效用的可靠保证。在现代消费者对产品的要求日益增高的情况下，购买者十分关心产品的安全可靠。因此，产品的服务性是满足社会需要的客观要求，在整个产品中绝不是可有可无的，而是商品整体概念中的不可缺少的要素。例如，日本的丰田汽车公司就在许多国家的大城市里设立维修中心，为该公司销售的产品进行修理、保养、更换零部件等工作，开展全面售后服务，这就给消费者带来更多的产品附加利益。产品的附加利益，有利于引导、启发、刺激消费者购买或增加购买某些产品。

综上所述，一个完整的商品是由以上 3 个部分构成的，商品体、有形附加物和无形附加物相互依存、相互补充，组合成整体的商品。

二、商品与商品成分

在商品体即核心商品中，商品的成分是对其影响最大的，要对商品产生较深刻的认识，就要首先了解商品体中的商品成分。构成商品的成分众多，分类细致，这里只对下列 4 种成分进行介绍：

1．商品的主要成分

商品的主要成分是指使商品具有其特有的使用效能的基本成分。主要成分并不一定是构成商品中含量最多的那种或几种成分，但主要成分的含量是决定商品质量优劣的主要因素。例如，钢材中的碳、锰与钢材性质的关系如下：

碳主要以碳化物形式存在于钢中，是决定钢强度的主要元素，当钢中碳含量升高时，其硬度、强度均有提高，而塑性、韧性和冲击韧性降低，冷脆倾向性和时效倾向性也有提高。随着钢中碳含量的升高，焊接性能显著下降。因此，用于焊接结构的低合金钢，碳含量不超过 0.25%，一般应不大于 0.22%。

锰是强韧性元素，能增加钢的强度，当锰含量在 1.0% 以下时，不降低钢的塑性，其韧性还有所提高。当锰含量超过 1% 时，在提高强度的同时塑性、韧性有所下降。锰能增加钢的淬透性、耐磨性，是耐磨钢的主要合金元素。

再如，茶叶中的主要成分与茶叶的关系如下：

茶叶中的茶多酚主要作用有抗氧化、抗衰老；消脂降血压血糖；防辐射作用；可舒缓肠胃、促进消化。

茶叶中的生物碱主要有咖啡因、茶碱和可可碱，它们都属于甲基嘌呤类化合物。生物碱主要作用有兴奋中枢神经、兴奋心脏、松弛平滑肌和利尿的作用。

2．商品中的水分

水分是某些商品如农副产品、部分日用工业品、纺织品中的重要成分。从保证商品质量安全和使用过程中正常发挥使用价值方面考虑,商品中的含水量应保持适度或适宜。

（1）保持水分充足。本身含水量高的商品，如水果、蔬菜、水产品等，在此条件下才能保持正常质量。

（2）保持较低的含水量。在商品流通过程中，需要保持较低的含水量，如干果、茶叶等。

（3）保持一定幅度的含水量。过高过低会对商品质量产生不利的影响，如烟叶含水量为 10%～16%。保持适宜的含水量是许多商品能够安全储运的基本条件，这种适宜的含水量在储运行业被称为安全水分，如粮食为 12%～15%，棉织品为 9%～11%，羊毛为 15%～16%，纸张为 8%～14%。

3．商品中的杂质

商品中的杂质大体分为 3 种类型：①本品商品以外的并与本品商品无相同使用价值杂物，如大米中混入的沙粒、小麦中混入的草籽。②大部分或完全失去使用价值的本品商品，如花生中有部分发霉的花生。③存在商品内部但对本品商品使用价值有不利影响的成分，如油中的水分、煤中的硫等。

4．商品中的有毒成分

商品中的有毒成分主要是指食品中含有的对人和动物体有毒害作用的物质。

（1）微生物产生的毒素。这类毒素主要是微生物代谢产生的有毒物质，如肉毒杆菌产生的毒素、花生由于发霉而产生黄曲霉毒素，毒性很强，致癌性也很大。

（2）含毒动植物食品中的有毒物质。如马铃薯发芽后含有一种对人体有害的生物碱——龙葵素，它对人体胃肠黏膜有刺激作用，并有溶血及麻痹呼吸中枢的作用；河豚体内的河豚毒素是一种无色针状结晶体，属于耐酸、耐高温的动物性碱，为自然界毒性最强的非蛋白物质之一，成年河豚体内毒素的五千万分之一就能在 30 分钟内麻醉神经，对人体的最低致死量为 0.5 毫克。

知识拓展

"三鹿"奶粉事件中的三聚氰胺

"三鹿"奶粉事件由于违法企业在奶粉中违法填入三聚氰胺而使得成千上万的婴幼儿受害，三聚氰胺又是什么呢？怎么会出现在奶粉中呢？

三聚氰胺是一种三嗪类含氮杂环有机化合物，被用作化工原料。它是白色单斜晶体，几乎无味，微溶于水（3.1g/L 常温），可溶于甲醇、甲醛、乙酸、热乙二醇、甘油、吡啶等，不溶于丙酮、醚类，对身体有害，不可用于食品加工或食品添加物。

　　"三鹿"奶粉填入三聚氰胺的原因也很简单。食品行业中常常需要检查蛋白质含量，蛋白质含量高则质量等级标准就高。但是，直接测量蛋白质含量技术上比较复杂，成本也比较高，所以业界常常使用一种叫作"凯氏定氮法"的检测方法，即通过食品中氮原子的含量来间接推算蛋白质的含量。食品中氮原子含量越高，则认定蛋白质含量就越高。这套检测办法有个弱点，即只要在食品添加一些含氮量高的化学物质，就可在检测中造成蛋白质含量达标的假象。三聚氰胺含氮量高达 66%。因而成为一些不法分子应对"凯氏定氮法"检测、提升牛奶中蛋白质含量的主要手段。

　　所以说，含有三聚氰胺的"三鹿"奶粉，是在生产过程中人为加入毒素的有害奶粉，其非法添加的成分让奶粉本身的使用价值完全消失，并对企业、奶制品行业及我国产品的声誉产生了严重的不良影响。

实操训练

1．商品主要成分调查及对比分析

组织学生对超市内食品商品的主要成分进行调查并做好记录，调查记录表如下：

序　号	商 品 名 称	商 品 品 牌	主要成分（前五个）	备　注

2．空气是不是商品

　　商品是指用来交换、能满足人们某种需要的劳动产品。那么空气这种自然资源算不算商品呢？这并不是学术界探讨的问题，而是很多人遇到的实际问题，下面我们具体看一下吧。

　　2016 年 3 月 19 日，有媒体报道，广东珠三角各大城市被雾霾深深笼罩，广东省森林覆盖率最高的连山成为众多周边城市居民踏青避霾的首选之地。连山当地的村民摆起了摊位售卖当地特产，其中最有特点的要数没有任何工业污染的空气，售价为大袋 30 元，小袋 10 元，价格不低，但据说销量还不错。

　　随着这个报道的升温，许多网上"卖空气"的行为也随之出现，并迅速蹿红。对于把空气当作商品出售的行为，专家、网友纷纷发表评论，有人支持，有人反对，众说纷纭，说法不一。从而引发了一场对于空气能否当作商品出售的讨论。

　　支持者多喜欢列举"空气罐头"的成功案例。早在近百年前的 1919 年，就有人把一个玻璃器皿中的液体抽掉，命名为"巴黎空气"赠送给两位美国收藏家，算是开了"罐装空气"的先河。后来，一个美国商人开发了"富士山空气罐头"，真正把空气商业化。

　　但是反对者则指出，在国内，此种行为早已被定性为不合法，是被禁止的。在我国，第一单"出售空气"的事件发生在 2006 年德国世界杯期间。当时有人申请在世界杯期间卖"世界杯空气"，但被管理部门禁止了，理由是"土地和空气都不可以售卖"。后来当事人还拿出小学一年级课文《小狐狸卖空气》，与管理部门据理力争。但最终世界杯空气还是被禁止出售了。

【问题】

（1）请根据商品的概念，讨论空气是否是商品？

（2）出售空气的行为是否得当？

学习效果检测

一、单选题

1. 商品是（　　）发展到一定历史阶段的产物。

    A. 劳动力　　　　　　B. 人类社会生产力　C. 工业化　　　　　D. 农业化

2. 商品是具有使用价值的（　　）。

    A. 劳动产品　　　　　B. 社会产品　　　　C. 工业品　　　　　D. 农产品

3. 商品的使用价值就是商品的（　　）。

    A. 功能　　　　　　　B. 有用性　　　　　C. 价值性　　　　　D. 价格

4. 商品学是研究（　　）的科学。

    A. 商品质量　　　　　　　　　　　B. 商品品种

    C. 商品消费　　　　　　　　　　　D. 商品使用价值及其变化规律

5. 商品学起源于（　　）。

    A. 美国　　　　　　　B. 英国　　　　　　C. 意大利　　　　　D. 德国

6. 国外最早涉及商品学领域的著作是（　　）。

    A.《完美商人》　　　B.《商业之美》　　　C.《商品学导论》

7. 商品学的创始人是（　　）。

    A. 约翰·贝克曼　　　B. 达尔文　　　　　C. 陆羽　　　　　　D. 李时珍

二、多选题

1. 某些天然物品，如（　　）等，虽然具有使用价值，但因其不是劳动产品，所以不能称为商品。

    A. 空气　　　　　　　B. 阳光　　　　　　C. 雨水　　　　　　D. 原始森林

2. 商品流通包括（　　）等。

    A. 运输　　　　　　　B. 装卸　　　　　　C. 储存　　　　　　D. 销售

3. 商品的无形附加物有（　　）等。

    A. 送货上门　　　　　B. 售后维修　　　　C. 免费调试　　　　D. 使用说明书

4. 下列项目中，可能成为商品学研究内容的是（　　）。

    A. 商品质量　　　　　B. 商品标准　　　　C. 商品检验　　　　D. 商品包装

三、简答题

1. 商品具有哪些不同于物品、劳动产品的特征？

2. 如何正确理解商品的本质？

3. 试述现代商品概念的 3 个构成。

第二章

商品质量管理

【知识目标】理解商品质量的含义，明确商品质量的基本要求及影响因素，熟悉伪劣商品的基本鉴别方法。

【能力目标】能够对常见商品进行基本的质量评价。

【素质目标】培养学生谨慎、认真的态度和高度的责任心。

商品学研究的客体为商品，商品质量是实现商品价值和使用价值的重要载体。商品质量作为商品使用价值评价的重要依据，物流人员应当充分认识商品质量的构成，熟悉商品质量的基本要求及质量评价标准，能够对假冒伪劣产品进行基本的监督和鉴别。通过对商品质量形成过程及不同品类商品的质量评价进行深入、细致的学习，可以有利于我们对商品的保管和流通的控制，同时也有助于学会经营管理商品和帮助生产部门按市场需要进行生产。

第一节 认知商品质量

商品质量是衡量商品使用价值的尺度，商品质量也是商品学研究的中心内容。商品质量的高低直接决定商品使用价值的实现，也在很大程度上影响着商品流通过程的顺利进行。随着生产力的发展和人们生活水平的提高，商品质量概念的内涵也不断丰富和完善。我们要牢固树立现代商品质量观，努力探索保证和提高商品质量的有效途径，繁荣社会主义市场经济，最大限度地满足人们日益增长的物质文化生活的需要。

边讲边练

1985 年，张瑞敏刚到海尔（时称青岛电冰箱总厂）。一天，一位朋友要买一台冰箱，结果挑了很多台都有毛病，最后勉强拉走一台。朋友走后，张瑞敏派人把库房里的 400 多台冰箱全部检查了一遍，发现共有 76 台存在各种各样的缺陷。张瑞敏把职工们叫到车间，问大家怎么办？多数人提出，也不影响使用，便宜点儿处理给职工算了。当时一台冰箱的价格 800 多元，相当于一名职工两年的收入。张瑞敏说："我要是允许把这 76 台冰箱卖了，就等于允许你们明天再生产 760 台这样的冰箱。"他宣布，这些冰箱要全部砸掉，谁干的谁来砸，并抡起大锤亲手砸了第一锤！很多职工砸冰箱时流下了眼泪。然后，张瑞敏告诉大家——有缺陷的产品就是废品。3年以后，海尔人捧回了中国冰箱行业的第一块国家质量金奖。

北京同仁堂集团公司下属19个药厂和商店，每一处都挂着一副对联，上联是"炮制虽繁从不敢省人工"，下联是"品位虽贵必不敢减物力"。

【问题】张瑞敏和同仁堂的案例，告诉我们海尔和"同仁堂"长盛不衰的秘诀是什么？

【提示】商品质量是企业赖以生存的保障，优良的商品质量能够为企业带来良好的声誉，树立消费者的信心。砸冰箱事件让消费者对海尔冰箱质量有了深刻的印象，为海尔当时的品牌战略积累了人气。同仁堂正是因为一直坚守"质量是企业的生命线"这一原则才能在竞争中长盛不衰。

一、商品质量的概念

商品质量是指商品的一组固有特性满足规定和隐含的要求（或需求）的程度。

"规定"是指在国家法律法规、质量标准、规范、合同、图样、技术要求等文件中明确提出的要求。

"隐含的要求"是指那些人们公认的、不言而喻的、不必明确的要求，如习惯要求或惯例等。

"固有特性"是指商品一旦形成就客观存在的质量特性，如食品的营养成分和食用价值，日用工业品的各种物理、化学性质等。

人们对商品质量的认识和理解是随着经济和社会的发展而变化的。在商品经济不发达、商品供不应求的条件下，人们对商品质量的评价侧重于物质需要的满足，评价商品质量的核心内容是商品的基本性能和寿命。随着商品经济的发展，科学技术的进步，90%以上的工业制成品出现生产过剩，买方市场逐渐形成，市场竞争日益激烈，消费者的要求也日益个性化和多元化，人们对商品质量的要求已不仅满足于物质的需要，而追求更高层次的精神需要，即心理需要的满足，包括商品的核心价值，商品体现的精神、文化、个性。

商品质量的概念包含以下3个层次的内容：

1. 商品质量的核心是满足消费者的需求

在买方市场条件下，商品质量必须满足消费者的需求，这样商品才能实现交换，实现其价值和使用价值。其中包括：

（1）内在特性满足。内在特性包括商品的可靠性、适用性、安全性、寿命长短等。

（2）外观特性满足。外观特性包括商品的外观造型、色泽、图案等。

（3）经济特性满足。商品的经济性不仅看制造成本，还要看商品寿命期的总成本，其中包括在流通和使用过程中由消费者和社会所承担的费用。

（4）服务质量的满足。这是指消费者购买商品时所附加的全部服务和利益，包括售前和售后的服务。现代市场竞争不仅在于生产和销售什么产品，而且在于提供什么样的附加服务和利益。

2．商品的质量是与商品用途有关的属性参数的综合

商品的使用价值取决于消费者的需要程度和商品的属性，与用途有关的属性构成商品的自然质量。例如，保温瓶与其用途有关的技术参数很多，主要项目有容水量、重量、耐温急变性、耐水性、卫生性、保温性等，这些项目参数都具体规定了商品应达到的标准数值。保温瓶的这些限定参数构成了瓶胆质量的具体内容。

3．商品质量具有针对性、相对性、可变性

（1）针对性

质量是针对一定的使用时间、使用地点、使用条件、使用对象和一定用途而言的。

1）使用时间。随着技术的不断进步以及市场竞争的加剧，商品更新换代的速度越来越快，产品生命周期越来越短，对于商品质量的评价不能脱离当时的技术经济条件，不同的条件下，对质量的评价会有所不同。

2）使用地点。由于不同国家、地区，以及不同民族、宗教之间在文化上的差异，使得不同消费者对商品质量的评价产生差异。例如，英国的家庭主妇认为红茶比绿茶质量高，营养价值大。

3）使用条件。商品质量因使用条件的差异而做出相应调整，以克服不同条件所造成的商品适用性能的差异。例如，由于使用环境温度不一样，不同气候类型的国家或地区在选择家用冰箱的时候对其制冷能力的要求也会有所区别。家用冰箱的气候类型大致分为 SN、N、ST、T 四类。亚温带型（SN）其适宜的使用环境温度为 10～32℃；温带型（N）适宜的使用环境温度为 16～32℃；压热带型（ST）适宜的使用环境温度为 18～38℃；热带型（T）适宜的使用环境温度为 18～43℃。

4）使用对象。质量的评价还会因人而异，消费者由于年龄、职业、收入、文化、宗教信仰、社会阶层、风俗习惯的差异，对商品质量要求不同。例如，东方人喜欢喝开水，对保温瓶的保温性要求很高，而一些西方人习惯喝凉水，所以并不十分看重这一质量指标。

5）用途。同一种商品会有不同的用途，用途不同对商品质量的属性权数会有所不同。例如，小麦粉是面筋多一些质量好呢，还是少一些好？要看其用途，如果做面包，则面筋多可使其在烘烤过程中形成疏松多孔的组织结构，如果用于做饼干，则面筋多会使口感僵硬。

（2）相对性

质量是相对于同类商品（使用目的相同）的不同个体而言，因而它是一个比较的范畴。质量并非商品本身所固有的，而是人们评价商品使用价值的一种尺度。绝对的质量是不存在的，只有在比较中质量才被赋予意义。尽管个体的商品可在既定技术条件（质量指标）比照下，得出其质量结论，但这个技术条件（质量指标）事实上是许多商品个体相比较的结果，在此起到比较参照物的作用。

（3）可变性

商品质量是一个动态的、发展的、变化的概念，会受到社会经济环境及市场等因素的影响。从社会经济环境来说，社会的发展、经济形势的变化，会使人们对质量的要求随之变化。在经受能源危机时，人们看好的是那些节油的汽车，似乎节油是汽车质量佳的重要特征；当社会经济复苏，最受青睐的则是那些超豪华型轿车。

所以，商品质量绝不是一个静止的概念，它是在不同社会形态、不同市场态势、不同时期生产技术和不同消费需求下商品属性的综合。

伞的发展过程：竹柄油纸伞（易破）——油布伞（很重）——钢骨布伞（较轻便）——塑料伞和尼龙伞（易晾干）——折叠伞（体积小）——自动伞（使用方便）。

【问题】 在商品不发达时期人们更注重商品的哪些属性，随着经济的发展，人们会更注重商品的哪些属性？

【提示】

（1）在商品生产尚不发达、商品销售供不应求的社会经济条件下，商品质量观的主体内容是商品的基本性能和寿命，主要强调商品的内在质量，如衣着的保暖、耐穿，食物的热量，日用工业品的坚固、耐用等基本内容。

（2）随着商品生产和经济的发展，商品由供不应求转变为供大于求，人们也不再满足于基本的物质需要，而有了更高层次的需求——文化精神的需要，包括商品的内在质量（如商品的实用性、寿命、安全和卫生等）、商品的外观质量（如商品的外观造型、质地、色彩、气味、手感、表面疵点和包装等）、商品的社会质量（如商品是否违反社会公德、是否污染社会环境、是否浪费能源或资源等）以及经济质量（如商品是否有较好的性能价格比、商品在使用或消费中的使用和维护成本等）。

二、商品质量的基本要求

商品的用途要满足消费需求，必须对商品质量提出基本要求。商品种类繁多，各有不同用途及决定用途的特点，因此不同用途的商品对其质量的要求也不同。商品可分为有形商品和服务性商品，有形商品主要包括吃、穿、用等。服务性商品主要指服务性行业提供的服务，如交通运输、邮电通信、商业金融保险、饮食、宾馆、医疗卫生、文化娱乐、旅游、信息咨询等组织提供的服务。由于服务含义的延伸，服务性商品有时也包括工业产品的售前、售中、售后服务，以及企业内部上道工序对下道工序的服务。

1．对有形商品的质量要求

（1）适用性

适用性是指商品为满足一定的用途所必须具备的各种性能，它是构成商品使用价值的基本条件，如冰箱的制冷保温性能、钟表的准确计时性能、服装的遮体保暖功能、食品的营养功能等。对于原料性商品或半成品，适用性还意味着易加工性能。

适用性除商品用途所要求的基本性能以外，还包括商品在该用途方面应尽量符合人体工程学原理，满足使用方便等要求。例如，商品的结构要与人体尺寸和形状及各个部位相适应；商品要与人的视觉和听觉能力、触觉能力、味觉和嗅觉能力、速度能力、知觉能力以及信息再处理能力相适应；复杂商品的使用操作要符合简单、易掌握、不易出错等要求。

商品的多功能化扩大了商品的适用范围，使用起来更加方便，比单一功能的商品更受欢迎，这已成为现代商品的发展趋势。

（2）安全卫生性

安全卫生性是指商品在储存、流通和使用过程中保证人身安全和健康不受伤害的能力。

食品的卫生无害性就是指食品中不应含有或不能含有超过允许限量的有害物质和微生物等。这是食品类商品的最基本的质量要求。因为食品卫生关系到人们身体健康和生命安全，甚至还会影响到子孙后代。因此，食品必须符合有关的卫生规定和标准，若超过规定的卫生要求，其他质量要求随之失去意义。食品有害物质的来源通常有食品本身产生的毒素、物质对食品的污染、加工中混入的毒素、保管不善产生的毒素、环境或化学药物造成的污染等。

纺织品的卫生安全性就是指纺织品保证人体健康和人身安全而应具备的性质，主要包括纺织品的卫生无害性、抗静电性等。卫生无害性，不仅要求纺织品纤维对人体无害，还要求纺织品在加工和染色过程中使用的染料、防缩剂、防皱剂、柔软剂、增白剂等化学物质对人体无害。这些化学物质如残留在纺织品表面，就可能造成对皮肤的刺激。吸湿性差的涤纶、腈纶、氯纶、丙纶等合成纤维容易形成静电，降低静电的方法，一是在纺织品中混入导电纤维，二是将静电剂加入合成纤维内部或固着在纤维表面。

日用工业品的卫生安全性就是指日用工业品在使用时，有关保护人身安全和人体健康所需要的各种性质。例如，盛放食物的器皿、化妆品、玩具等商品应具有无毒性和无刺激性；电器商品应具有防人身触电、防引起火灾、防损害人身安全等措施。

商品的安全卫生性除包括对商品使用者的安全卫生保障之外，按照现代观念考虑，还应包括不给第三者的人身安全、健康，即社会和人类的生存环境造成危害，如空气污染、水源污染，以及噪声、辐射、废弃物等现代化社会问题。在现代社会中，有关安全卫生的社会要求越来越受到人们的重视，环境保护问题已成为当今社会的一大主题。

（3）审美性

审美性是商品能够满足人们审美需要的属性。随着社会进步和商品生产的极大发展，人们已不再仅仅满足于物质需求，而对商品有了极高的精神要求。现代社会中，人们不仅要求商品实用，而且还要求商品能给人以美的享受，体现人们的自身价值，这就要求商品要将物质方面的实用价值与精神方面的审美价值的高度统一，要求商品既实用又美观。商品的审美属性主要表现在商品的形态、色泽、质地、结构、气味、味道和品种多样化等方面。商品的审美性已成为提高商品竞争能力的重要手段之一。

食品的审美性要求食品应具有良好的色、香、味、形，它们对于引起人的食欲、购买欲，提高各种营养成分的消化、吸收程度等有着重要的影响。例如，食品若具有柔和的颜色、诱人的香气、可口的滋味和喜人的外观，那么只要一接触（看到或闻到）它们，就会引起人们良好的反应，人体各消化器官就会分泌较多的消化液，帮助消化和吸收食品中的营养成分，提高食品的营养价值。

对于服装商品，人们购买的目的已不是单纯地为了遮体御寒，而更主要地是为了体验美的享受。服装的审美是指纺织物表面所呈现的外观质量，在色泽、花纹、图案、色彩、款式、风格等方面应具有时代的艺术特色，体现现代开放式的生动、活泼、舒畅的生活风貌；适用季节变化以及人们的年龄差异、个性特点、文化素养等。服装的审美性不仅能使人们的生活丰富多彩，还能体现人们的精神风貌，充分反映时代气息。

日用工业品的审美性主要表现在商品的外观良好，不得有表面瑕疵；商品要有精美的外观，具有艺术性、装饰性、时尚性等，如造型式样新颖、花纹色彩丰富、材料质地考究、装潢大方典雅、有较强的时代感等。

商品的审美性除了商品本身的审美质量以外，还包括其包装装潢的审美性。好的、优质的商品也要有精美的包装，以满足人们对美的需求，同时也可以提高商品的价值，增加商品的竞争力。

（4）经济性

对于消费者来说，总是希望商品的质量特性最好，而其价格又要最低，同时其使用、维护成本也要最低。商品的经济性就是指商品的生产者、经营者、消费者都能用尽可能少的费用获得较高的商品质量，从而使企业获得最大的经济效益，消费者也会感到物美价廉。经济性反映了商品合理的寿命周期费用及商品质量的最佳水平。经济性包括在物美价廉基础上的最适度质量、商品价格与使用费用的最佳匹配。离开经济性孤立地谈质量，没有任何实际意义。

（5）寿命和可靠性

寿命通常指使用寿命，有时也包括储存寿命。使用寿命是指工业品商品在规定的使用条件下，保持正常适用性能的工作总时间。储存寿命则指商品在规定条件下适用性能不失效的储存总时间。

可靠性是指商品在规定条件下和规定时间内，完成规定功能的能力。它是与商品在使用过程中的稳定性和无故障性联系在一起的质量特性，是评价机电类商品质量的重要指标之一。可靠性通常包括耐用性和设计可靠性，有时维修性也包括在内。

（6）信息性

信息性是指应为消费者提供的关于商品的有用信息，主要包括：商品名称、用途、规格、型号、重量、原材料或成分；生产厂名、厂址、生产日期、保质期或有效期；商标、质量检验标志、生产许可证；储存条件；安装使用说明、维护方法和注意事项；安全警告；售后服务内容等。这些信息的提供有利于消费者了解商品、比较选购、正确使用、合理维护和安全储存商品，并能使消费者在其权益受到侵害时进行自我保护。

2．对服务性商品的质量要求

对服务性商品的质量要求主要有功能性、时间性、文明性、安全性、舒适性和经济性。

（1）功能性

功能性是指服务实现的效能和作用。例如，交通运输的功能是将旅客或货物送达目的地。通信的功能是传递有关信息，使顾客获得这些服务效能是对服务的基本要求。

（2）时间性

时间性是指服务能否及时、准确、省时地满足服务需求的能力。对服务来说，时间性非常重要。

（3）文明性

文明性不仅仅是指对顾客要笑脸相迎，还包括对顾客的谦逊、尊重、信任、理解、体谅和与顾客有效的沟通，是满足顾客精神需求的程度。这是服务质量中最难把握但却非常重要的质量特性。

（4）安全性

安全性是指服务提供方在对顾客进行服务的过程中，保证顾客人身不受伤害。财物不受损害的能力，即没有任何风险、危险和疑虑，如航空服务是否安全。安全性的提高或改善与服务设施、环境有关，也与服务过程中组织、服务人员的技能、态度有关。

（5）舒适性

舒适性是指服务对象在接受服务的过程中感受到的舒适程度。舒适性与服务设施是否适用、方便、舒服，服务环境是否清洁、美观、有秩序等有关。

（6）经济性

经济性是指为得到相应服务，顾客所需费用的合理程度。这与有形商品质量的经济性是类似的。

三、提高商品质量的意义

1．从社会和国家层面来看

提高质量是人类生产实践活动的一个基本内容和要求，提高生产质量是社会主义生产的内在要求。社会主义生产的目的是为了满足全体社会成员日益增长的物质和文化生活的需要，这种需要有数量上的，也有质量上的。随着科技的进步、产品技术和文化含量越来越高，人们对产品的要求也越来越高，这些要求主要体现在产品质量上，高质量的社会物质和文化生活是社会主义社会生产的内在要求之所在。提高商品质量有利于增强我国产品的竞争实力和我国的经济实力。随着经济活动国际化趋势的增强，国际市场对各国经济发展的促进作用和重要性明显提高，当前，世界经济的发展正经历着由数量型增长向质量型增长的转变，市场竞争由以价格竞争为主转向以质量竞争为主，质量代表了一个国家的科学技术水平、管理水平和文化水平。

2．从企业角度来看

提高产品质量是企业生存的前提和发展的保证，企业是从事各种经济活动的组织，在市场经济竞争的前提下，企业已成为自主经营、自负盈亏、自我约束的商品生产者和市场竞争的主体。产品质量是企业在市场竞争中获取胜利的关键因素，企业通过高的产品质量可以开发新的市场，寻求新的机会，为企业的进一步发展提供广阔的前景。同时，提高产品质量的过程也是全面提高企业管理素质的过程。产品质量是企业生产经营活动的综合性成果，通过建立健全质量体系，企业的产品质量可以得到持续的改进，同时也促进了企业生产管理、计划管理等方面专项管理工作的改进。

3．从顾客角度来看

现代企业的运营管理将质量管理和顾客的需求结合起来，体现以顾客为导向的管理要求，从产品开发、产品生产、产品使用的各个阶段让顾客的意见参与进来，融入质量管理的各个环节。能够将顾客的主流要求落实到商品经营的各个环节，才是真正有生命力的产品。提高产品质量是顾客在消费过程中的基本要求，提高商品质量能够直接或者间接地满足顾客的期望和要求，良好的产品质量是提高人们生活水平的一个途径。

第二节　评价商品质量

商品质量的基本要求是根据其用途、使用方法以及消费者和社会需求的满足程度来衡量商品的价值。明确商品质量的基本要求，合理评价商品质量，对于商品消费极为重要。作为一名合格的仓管员需要明确各品类商品的质量评价要求，能够根据商品质量的基本要求和消费过程的变化趋势，针对各类商品完成商品质量评价工作，并能根据农产品和工业产品生产和消费过程中影响商品质量变化的相关因素，对商品质量的实现和维护进行基本管理。

一、商品质量评价的一般内容

商品质量评价是商业经济活动的重要内容之一，是联系生产和消费的一个重要环节。搞好商品质量评价，对于提高产品质量、降低成本、生产更多的物美价廉的商品来满足人民的需要，都有十分重要的意义。

商品质量评价的一般内容：

（1）检查商品质量是否符合标准，以评价商品质量技术指标的高低。

（2）考查商品的造型、花色、款式和包装是否具有时代感，以评价商品满足消费者审美需要的质量。

（3）考查商品使用是否简便易学，说明书是否清楚易懂，以评价商品使用方便性质量。

（4）考查商品的售后服务，以评价商品的附加质量。

（5）考查商品消费群体的特殊要求，以评价商品质量满足具体消费对象的需求程度。

（6）检查商品证件标志的齐全完整性，以评价商品质量的真实可靠性。

二、食品商品质量评价的基本要求

1．营养价值

食品的营养价值是提供人体维持生命活动的能源和保证人体健康的重要因素。因此，食品的营养价值是绝大多数食品的主要用途，也是评价食品质量的重要指标。食品营养价值的高低，取决于食品中营养素是否齐全、数量多少、相互比例是否适宜，以及是否易于消化、吸收等。一般来说，食品中所提供的营养素种类及其含量越接近人体需要，则该食品的营养价值就越高，比如母乳对于婴儿来说，其营养价值就很高。

食品中的主要营养成分有碳水化合物、蛋白质、脂肪、维生素、矿物质和水分。它们具有供给热量、保持体温、修补组织、促进发育、保护器官机能、调节代谢等功能。

不同食品因营养素的构成不同，其营养价值可不相同。比如，粮谷类食品，其营养价值主要体现在能够提供较多的碳水化合物，但其所含的蛋白质的质和量都相对较低，所以其营养价值相对较差；蔬菜、水果可提供丰富的维生素、矿物质和膳食纤维，但蛋白质和脂肪的含量很少，因而营养价值较低。对于市场上有的饮料由一些食品添加剂如食用色素、香精和人工甜味剂加水配制而成，则几乎无营养价值可言。

知识拓展

牛乳的营养价值

牛乳是膳食中蛋白质、钙、磷、维生素A和维生素B_2的重要来源。

1. 蛋白质

牛乳蛋白质含量约为34%，其中以酪蛋白为主，其余为乳清蛋白、乳球蛋白。属于优质蛋白。

2. 脂肪

牛乳脂肪含量约为2.84%，以微粒状的脂肪球存在，易消化吸收。

牛乳脂肪中短链脂肪酸含量高。

3. 碳水化合物

牛乳中碳水化合物主要为乳糖，其优点包括：

（1）促进钙、铁、锌等矿物质的吸收。

（2）调节胃酸，促进胃肠蠕动，促进消化液分泌。

（3）促进肠内乳酸菌，特别是双歧杆菌的繁殖，改善人体微生态平衡。

（4）促进肠细菌合成B族维生素。

4. 维生素

牛乳是各种维生素的良好来源。

它含有几乎所有种类的脂溶性和水溶性维生素。

5. 矿物质

牛乳中含有丰富的矿物质，富含钙、磷、钾，是动物性食品中唯一呈碱性的食品。

牛乳是膳食中钙的最佳来源。

2. 卫生无害

食品的卫生无害是指食品中不允许含有对人体有害、有毒的成分和物质。这是对食品质量最低也是最重要的要求。人们如食用不符合食品卫生要求的食品可能会发生食物中毒，产生疾病，甚至危及生命。所以，合格的食品首先必须符合卫生无害要求。

3. 色、香、味、形

对食品色、香、味、形的基本要求是在能够满足人们生理需要的基础上，满足人们的感官需求。如诱人的香气、鲜艳协调的色彩、鲜美的滋味和具有美感的外形。这些都能引起人们的食欲，刺激人们消化液的分泌，如配上精美的餐具和优雅的就餐环境，饮食不但满足人们的生理需要，还可以得到文化精神上的享受。色、香、味、形俱佳的食品才能称为优良食品。

实操技巧

如何评价大米质量

大米质量评价应侧重于闻气味，观察外观。

1. 闻的方法

（1）取少量所购大米，放入密闭的器皿中，在 60～70℃的温水杯中保温数分钟取出，开盖嗅其气味。

（2）取少量所购大米，放在手掌上，嘴对大米哈热气，立即嗅其气味。

（3）取少量所购大米，放在手掌上，两手合拢搓，搓到发热，立即嗅其气味。

这3种方法以第一种最标准。新鲜、纯正的大米具有米香味，无异味、霉味、酸味、腐败味；陈大米无米香味；掺矿物油的大米是矿物油味、异味；发热生霉的大米是霉味、酸味。

2. 看外观的方法

（1）检验硬度。大米的硬度主要是由蛋白质含量决定的，硬度越强，蛋白质含量越高，透明度越高。反之，蛋白质含量较低的米含水量高，或是用不成熟的稻制的米，透明度差，米的腹部不透明，白斑（腹白）较大。

（2）看其面色。正常的米应是洁白透明，腹白色泽正常（紫米、黑米除外）。米最易变为黄色，其主要原因是某些营养成分发生了化学变化。发黄的米，其香味、口感、黏性、营养价值都较差。

（3）检查有无爆痕、断裂现象。由于加工条件的不同，米粒在干燥过程中出现冷热不匀，因而内外收缩失去平衡会产生爆痕甚至断裂，导致其营养价值降低。

（4）注意新陈。时间长的米，色泽暗淡，香味寡淡，表面有白道间纹甚至出现灰粉状，灰粉越多，时间越长。当然，有霉味或有蛀虫的更可能是陈米了。

三、纺织品、日用品质量评价的基本要求

纺织品和日用品是人们生活不可缺少的生活资料，它们的用途是满足人们用和穿的需要，并起着美化生活的作用，因此对它们质量的基本要求应从适用性、卫生安全性、坚固耐用性，以及结构、外观等方面考查。

1. 适用性

适用性是指满足这种商品主要用途所必须具备的性能，它是构成这种商品使用价值的基本条件。纺织品的重量与厚度和机械性能（透气性、透水性、吸湿性、缩水率、拉伸强度、抗裂强度、抗顶强度、抗磨强度、抗皱强度、抗疲劳强度等）等都应具备纺织品的基本要求，又如保温瓶必须具备保温的性能，印刷用纸必须具有吸墨性能和印刷过程中所要求的各种机械性能。由于日用品的具体用途是多种多样的，所以对它们提出适用性的要求，也必须与其具体用途一致。

2. 卫生安全性

针织品、服装、鞋帽等商品，在穿戴过程中不应对人体皮肤有刺激性，并具有较好

的透气性和吸水性；盛放食物的器皿、化妆品、玩具等商品应具有无毒性；各种电器商品应具有安全可靠性等。

3．坚固耐用性

穿、用商品的坚固耐用性直接影响着商品的使用期限，所以坚固耐用性是评价绝大多数纺织品和大多数日用工业品、电器产品质量的重要依据。例如，针织品常利用各种强度指标来评定它们的耐穿耐用性能；皮革、橡胶制品和某些纸张也常用强度和耐磨耗指标来评定其耐用性能；某些电器商品直接测定其使用寿命来反映其耐用性能。

4．结构和外观

日用工业品的结构主要指其形状、大小和部件装配等。对所有的日用工业品都要求有其合理的结构，结构不合理会影响商品的外观。纺织品的组织结构不匀，会影响商品外观和机械性能。

日用品的外观有疵瑕，不仅严重破坏了商品的美观，而且有些疵瑕还直接影响这种商品的适用性能和坚固耐用性能。有些商品的外观疵瑕还反映了商品变质的情况。对于那些起着美化装饰作用的日用工业品，它们的造型、式样、花样、花纹、色彩等艺术要求更具有特殊意义。

四、影响商品质量的因素

影响商品质量的因素很多，既有生产环节的影响，也有流通环节的影响。从生产环节看，有的商品来源于制造业，有的商品则来源于种植业和养殖业。要保证和提高商品质量，重点是找出影响商品质量的各种因素，特别是关键因素，只有这样才能确保商品质量。

1．影响工业产品质量的因素

影响工业产品质量的因素主要有产品设计、原材料、制造工艺、设备和操作方法、标准水平和检验以及包装质量等。忽视任何一个因素，都会使商品质量受到影响。

（1）产品设计对质量的影响

产品生产之前的设计，是形成商品质量的前提，对于任何一种商品来说，如果设计质量不好，就会使商品先天不足，其质量就难以保证和提高。开发设计是形成商品质量的前提，开发设计包括使用原材料配方，商品的结构原理、性能、型式、外观结构及包装装潢设计等。开发设计质量不好，会给商品质量留下许多后遗症；设计出了差错，制造工艺再高超，生产操作再精细，也生产不出合格的商品来。

市场调研是商品开发与设计的基础，在开发设计之前，首先要充分研究商品消费需求，因为满足需求是商品质量的出发点和归宿；其次还要研究影响商品消费需要的因素，以使商品开发设计具有前瞻性；最后必须收集、分析并比较国内外同行业不同生产者的商品质量信息，总结以往成功和失败的经验，通过市场预测以确保质量等级、品种规格、数量、价格的商品能适应目标市场需要。

（2）原材料对质量的影响

原材料质量是决定商品质量的重要因素。原材料的质量特性包括化学组成、耐腐蚀性和耐气候性、阻燃性、几何结构特性、热学特性、力学特性、电学特性、光学特性等。

1）原材料质量不同，生产的工业品商品的质量也不同。例如，含硅量高的硅砂可制成透明度和色泽俱佳的玻璃制品，而含铁量高的硅砂只能制出透明度和色泽较差的玻璃制品；用不同长度的棉纤维纺出的纱线其外观和强度都有明显的区别；用含蛋白质较多的大麦制造的啤酒，稳定性不好。

2）原材料产地不同对商品质量的影响也不同。原材料的品质特性与原材料的产地有直接的关系。自然环境、气候条件对动植物的生长、发育影响很大。生物体和生活条件是统一的，任何种类的动植物都有适宜生存的自然条件和生活环境。由于动植物生存的自然条件和生活环境的不同，导致其品质、特性有很大差异，特别是动植物在不适宜生存的自然条件和生活环境下生存，其固有的品质、特性会发生变化，甚至其结构、成分含量等都会发生很大变化，从而对商品质量产生很大影响。日用工业品、纺织品的商品质量与原材料来源产地有直接关系，特别是食品商品更是如此。例如，云南烟叶质量是其他地方烟叶质量所不可比拟的，就是由云南某些地方的高温、气爽、雨量适中、日照时间长、土质肥沃的特殊气候条件和地利条件所决定的。

3）原材料生产季节不同对商品质量的影响也不同。动植物受季节的变化，生长发育受到很大影响，特别是成熟程度、结构成分、品质特性均有很大差别。例如，以春茶为原料制成的绿茶和花茶，其有效成分含量高，色、香、味、形好，对人体健康和提神的功效也大；以老叶为原料制成的茶，质量就差，口感、味道与春茶相比相差很大。

4）原料部位对许多商品质量的影响也很大。例如，动物皮的部位不同对皮鞋鞋面的硬度、光泽度、耐磨度、吸水性等影响很大；动物体的部位不同对肉制品的质量影响很大。

5）生产工业产品在选购原材料时，还必须研究原材料的成分、结构和性质对半成品或成品的影响，以确保选择原材料的标准，把好原材料质量验收关。在不影响商品质量的前提下，选用原材料时还应考虑资源的合理使用和综合利用。例如，选用资源丰富的代用原料，可以降低原材料的成本和扩大原材料来源；利用边角余料或适当搭配回收的废旧料以及其他综合利用方法，都有利于提高商品的社会效益和经济效益。

（3）生产工艺对质量的影响

生产过程就是产品质量形成过程。生产技术、生产工艺条件是形成产品质量的基础，是影响商品质量的内在因素。对于同品种、同规格、同种用途的产品，如果生产方法不同、生产工艺条件不同，其质量形成过程和质量特征、特性也是不同的。因此，产品加工方法、工艺条件的选择是决定产品质量的关键。许多商品虽然选用的原材料相同，但由于生产、加工的方法不同，赋予商品的品质、特性也是不同的，会形成品质、特性截然不同的商品。例如，啤酒生产过程中不进行杀菌处理的鲜啤酒（生啤），营养丰富，口味鲜美，但不耐贮存，一般保质期为3～7天；而经过巴氏杀菌工序的熟啤酒，色、味、营养稍差，但较耐贮存，保质期可达2～5个月。又如，采用同样的原棉，在棉布生产工艺中增加精梳工序纺出的纱，外观和内在质量明显改善，称为精梳纱，用该种纱织造的织物称为精梳织物。

边讲边练

绿茶与红茶、乌龙茶有什么区别呢？

【提示】绿茶与红茶、乌龙茶在制作方法上的不同在于采摘后是否立即进行熏蒸。因立即熏蒸，绿茶叶片没有发酵而叶片得以保持原有的绿色和原有的功能。

红茶、乌龙茶制作时，不是先加热，而是等待叶片枯萎，在这段时间里，发酵不断深化，茶叶由绿色变为褐色。由于红茶采用在熏蒸下让茶叶枯萎的加工，发酵进行得最为彻底，而乌龙茶通过日晒让叶片枯萎，因此发酵程度比红茶浅些。

如果按照茶叶发酵程度来分类的话，绿茶是不发酵茶，红茶是发酵茶，乌龙茶是半发酵茶。由于发酵程度不同，它们香味、颜色也不一样。

（4）商品结构

商品结构主要指商品的式样、形状、尺寸、规格、零部件组合等。商品结构合格、设计精巧、式样新颖、装配坚固、操作灵便，商品质量也会随之提高。反之如结构不良，则会影响商品在使用中的方便性、安全性，降低适用性，甚至失去使用价值。例如，每只皮鞋里都有一根钢勾心，安装在脚心部位的内底与外底之间，起着保护鞋底弧度和稳定鞋跟的作用，尤其中、高跟鞋，钢勾心就像是鞋的脊梁，但若钢勾心的安装不到位、纵向抗弯刚度和硬度不够，就会造成在穿用中脚不舒适、皮鞋后跟歪斜、容易崴脚等不良后果。

（5）标准水平、检验以及包装对商品质量的影响

1）商品质量问题，也与标准水平有关。在制定商品质量标准时要遵循经济合理的原则，但绝不是迁就落后，相反，应该保证技术先进，这就是说商品质量标准的水平应该适当高一些。有了较高水平的质量标准，又能真正加以贯彻，那么就可以从标准上保证商品质量。

2）质量检验是保证商品质量的主要手段之一。检验总是对既定成果而言的，因而它有事后把关的意义。但在质量的形成和实现过程中，每个环节的检验对于下一个环节又是事前的控制，即不合格的原材料或零部件不投料或不组装；不合格半成品不转入下道工序；不合格成品不进入流通和消费领域，因而它又有事前预防的意义。质量检验的好坏取决于检验测量的方法质量和检测量具、仪器等的质量。提供准确、真实可靠的检验数据，对于人们掌握商品质量的状况和变化规律，进而改进设计、加强管理、提高质量具有重要作用。

3）商品包装和装潢是构成产品质量的重要因素。良好、合理的包装与装潢，有利于流通过程中对商品的储存养护、保护商品的质量；有利于商品的销售和使用，提高竞争能力，增加商品的价值。

2. 影响农产品质量的因素

农业生产的产品种类很多，不同的农产品来源不同，影响因素也有所不同，归结起来主要有生产环境、动植物品种、植物栽培技术和动物饲养管理等。

（1）生产环境对农产品质量的影响

农作物的生长发育都与生产环境关系非常密切。太阳光的照射、气温和地温、土壤

和墒情以及产地生态环境等不仅影响农产品的收获期和产量，还影响农产品的质量。

塑料大棚技术的研究与应用，使蔬菜生产发生了巨大变化。通过建造塑料大棚，使塑料大棚内形成农田小气候，在此小环境内不仅能使作物得到光照，还能起到升温、保温、保持水分的作用，蔬菜可免受外界因素影响而正常生长。使人们在春季甚至严寒的冬季可以吃到过去夏季才成熟的新鲜蔬菜。

塑料地膜技术的研究与应用，使粮食作物和经济作物的生产发生了巨大变化。耕种时覆盖的塑料地膜，使耕地与地膜之间形成了农田小气候，在此小环境内不仅使作物获得较好的光照，又能使地温升高并起到保持水分的作用，促进种子早日萌发出土，迅速生长，提早成熟，还能提高产品质量。花生、玉米、水稻、西瓜和香瓜等的生产都应用过塑料地膜，特别是地膜覆盖的花生，不仅产量高，而且籽粒饱满质量好。

产品产地或产品原料产地的大气、土壤质量及用水质量是否符合绿色食品生态环境标准，已成为评价该产品能否成为绿色食品的重要条件之一。

边讲边练

橘生于淮南则为橘，生于淮北则为枳，叶徒相似，其实味不同。所以然者何？

【提示】水土异也。生长环境对农产品质量的形成具有非常重要的影响。许多通过原产地认证的农产品正是因为独特的地理和气候条件造就了其特色的风味和口感，从而得到消费者的青睐。

（2）动植物品种对农产品质量的影响

动植物品种非常重要，它不仅决定动植物产品的产量，还决定了动植物产品的质量。因此，各国都把种畜、种子和种苗标准化作为重要工作来抓，有计划地培育优良种畜、种子和种苗。

近几年我国在动植物品种研究上取得了很大的成就。例如，把牛的基因转移到猪体内，培育出理想的瘦肉型猪源；大豆和水稻细胞融合后形成了高蛋白水稻。

（3）植物栽培技术、动物饲养管理对农产品质量的影响

农作物在栽培过程中，如播种、施肥、灌溉等环节都存在着许多技术问题。只有掌握了各种作物的生长发育规律，按照作物特点播种或插秧，依作物需要施底肥和追肥，及时灌溉等才能高产高质。

动物的成长和发育也有自己的规律，不同动物的成长和发育又各有特点。为此，由于动物不同以及饲养动物的目的不同，在饲养过程中必须有针对性地进行科学管理。

3．流通过程对商品质量的影响

流通过程是指商品离开生产过程进入消费过程前的整个过程。这个过程包括商品的运输装卸、仓库储存保管和销售等环节，在这些环节中同样存在着影响商品质量的各种因素，这些因素的作用使得商品的质量不断降低。

（1）运输装卸对商品质量的影响

商品进入流通领域，运输是商品流转的必要条件，运输对商品质量的影响与运程的远近、时间的长短、运输的气候条件、运输路线、运输方式、运输工具、装卸工具等因素有关。

商品运输可以采用铁路、公路、水运、航空等运输方式。各种运输方式的选择，必须充分考虑商品的性质，运输方式要符合商品性质的要求，这样商品在运输过程中才能避免或减少外界因素的影响，确保商品质量。

温度、湿度、运输工具的清洁状况等是商品运输的基本条件。如果运输时温度、湿度不符合商品要求，运输工具清洁状况差，运输时与有影响物质接触，必然引起商品质量变化。只有控制好运输条件，才能确保商品质量。

商品运输中还得注意不能随意抛扔、不得倒置，注意防晒、防潮、防挤压、防剧烈震动等。这些问题注意到了，商品质量就会少出现问题。

商品在装卸过程中还会发生碰撞、跌落、破碎、散失等现象，这不但会增加商品损耗，也会降低商品质量。

（2）商品储存保管对商品质量的影响

商品储存是指商品脱离生产领域，尚未进入消费领域之前的存放。商品储存是商品流通的一个重要环节，因为商品由生产到消费存在着一个时间差，在这个时期内商品必须经过储存。商品在储存期间，由于商品本身的性质和储存的外部环境的影响，商品会发生一定的变化。商品在储存期间的质量变化与商品的性质、储存场所的内外环境条件、养护技术与措施、储存期的长短等因素有关。其中，商品本身的特性是商品质量变化的内因，而仓储环境条件（如温湿度、空气成分、微生物及害虫等）是储存期间商品质量变化的外因。

商品储存的地点即商品储存的场所应符合商品性质要求，以减少外界因素的影响，避免或减少商品损失或损耗。

温度、湿度是商品储存的条件。温度、湿度符合商品性质的要求，商品质量的变化就可避免或减缓。

堆码、苫垫等是商品储存放置的方法之一。商品堆码的形式应符合商品种类、性质和质量变化的要求，这样商品质量才可得到保证。商品苫垫得当可以防止和减少阳光、风雨对商品质量的影响。

商品储存期的长短是指储存期限。商品储存一定要按保存期和保质期保存，贯彻先进先出原则，使商品质量得到保证。

（3）销售服务对商品质量的影响

销售是商品由流通领域进入消费领域的环节，销售服务的质量也是影响消费者所购商品质量的因素。销售服务过程中的进货验收、入库短期存放、商品陈列、提货搬运、装配调试、包装服务、送货服务、技术咨询、维修和退换货服务等项工作质量的高低都将最终影响消费者所购商品的质量。许多商品的质量问题不是商品本身固有的，而往往是由于使用者缺乏商品知识或未遵照商品使用说明书的要求，进行了错误操作或不当操作所引起的。所以，商品良好的售前、售中、售后服务质量已被消费者视为商品质量的重要组成部分。

4．商品消费过程对商品质量的影响

商品在消费（使用）过程中，商品的使用范围和条件、商品的使用方法以及维护保养，甚至商品使用后的废弃处理等都影响着商品质量。

（1）商品使用范围对商品质量的影响

任何产品都有一定的使用范围和条件，在使用当中只有遵从其使用范围和使用条件，才能发挥商品的正常功能，否则就会对商品质量造成严重的影响。例如，燃气热水器要区分气源类别；家用电器要区分交流电和直流电以及电源电压值；电脑要注意工作场所的温度、湿度等。商品除有一定的使用范围和条件以外，正确安装也是保证商品质量的因素之一。例如，燃气热水器的分室安装或其烟道的正确安装；有些要求安装地线保护的电器必须按要求正确安装，否则无法保证电器安全，甚至会造成人身伤亡事故。

（2）使用方法和维护保养对商品质量的影响

正确使用和维护保养商品是保证商品质量、延长商品寿命的前提。消费者在使用商品的过程中应了解商品的结构、性能等特点，掌握正确的使用方法，并应具备一定的商品日常维护保养知识。例如，某些电器商品应经常保持清洁，定期添加润滑油等；皮革服装穿用时要避免坚硬物摩擦或被坚硬物划破等。生产者应该认真编制商品使用（食用）和养护说明书，使消费者能很容易地掌握商品的使用（食用）方法和养护方法，以便在使用过程中更好地保护商品质量。

边讲边练

iPhone 6 使用环境温度过低会对手机造成损坏

网友爆料上周在松花江边玩，当时气温大约是零下三十度，一路上用手机拍照，手机回家就没有声音了，放在暖气上，一晚上才恢复正常，这种情况是不是温度太低造成的？根据网友提供的信息推断，很有可能是因为气温过低，使得手机的部分功能出现了不正常工作的现象。很多北方的朋友都有这位网友的类似经历：每到冬天，电池耗电速度快、手机反应迟钝、屏幕出现重影……那么，智能手机的正常工作温度是多少呢？其实在非常寒冷的环境下使用设备时，你可能会发现电池使用时间降低，但这种情况只是暂时的，当电池温度返回正常操作范围，其性能也会随之恢复正常。

根据苹果官网提供的数据显示，iPhone 正常工作温度是 $0 \sim 35℃$；最佳使用温度是 $22℃$；非工作温度范围是$-20 \sim 45℃$。对于这个温度范围，苹果有一个更具体的解释。在低于正常工作温度的情况下，iPhone 电池在充电后，不能再长时间供电，而在高温下为设备充电可能进一步损坏设备，即使在高温环境下存放电池也可能造成不可挽回的损坏。

再回到温度过低的问题，除了气温太低会让手机电池暂时出问题外，如果从过低温度的室外进入到室内，会使得水汽凝结到手机上，进入主板中使手机受潮，因此会发生突然死机甚至无法开机的现象。

【问题】在手机使用过程中应注意什么问题？

【提示】手机在使用过程中会因为使用方式不得当导致商品品质下降，因此在商品消费过程中应注重合理消费商品。在气温骤变的情况下，尽量不要使用手机通话，或者改用耳机通话，避免手机直接暴露，或者给手机买个较厚的外壳，能起到一定保护作用。

（3）商品使用后的废弃处理对商品质量的影响

使用过的商品及其包装物作为废弃物被丢弃到环境中，有些废弃物可回收利用；有些废弃物则不能或不值得回收利用，也不易被自然因素或微生物破坏分解，成为垃圾；还有些废弃物会对自然环境造成污染，甚至破坏生态平衡。由于世界各国越来越关注和忧虑环境问题，不少国际组织积极建议，把对环境的影响纳入到商品质量指标体系中。因此，商品及其包装物的废弃物是否容易处理以及是否对环境有害，将成为决定商品质量的又一重要因素。

第三节　鉴别伪劣商品

消费者购买商品，是为了获得商品的使用价值，商品质量安全是商品使用价值和价值的重要体现，商品质量不安全或不符合规定，就不具备商品基本属性。现实生活中，我们时常会遇到各种各样的假冒伪劣产品，它们不同程度地伤害着我们消费者的身体心理健康，同时也很大程度地影响市场的变化，从而影响我们的经济发展水平。本节主要让学生认知伪劣商品的概念和基本特征，并初步掌握应从哪些方面入手识别伪劣商品。

边讲边练

　　1998 年 2 月春节期间山西省朔州文水县农民王青华用 34 吨甲醇加水后勾兑成散装白酒 57.5 吨，出售给个体户批发商王晓东、杨万才、刘世春等人。在明知这些散装白酒甲醇含量严重超标（后来经测定，每升含甲醇 361 克，超过国家标准 902 倍）的情况下，但为了牟取暴利，铤而走险，置广大乡亲生命于不顾，造成 27 人丧生，222 人中毒入院治疗，其中多人失明。1998 年 3 月 9 日，王青华等 6 名犯罪分子被判处死刑。这起震惊全国的假酒案致使山西白酒业从此一蹶不振。

　　"假酒案"后，全国对山西白酒一片恐慌，喊打声不断，"劝君莫饮山西酒"。当年，所有无证的酒厂关闭，有证的酒厂也要停产接受检查。原本与假酒案毫无瓜葛的山西名酒"汾酒"也因产自山西，受到了严重的影响和冲击，从行业排头的位置跌到了第九位。

　　朔州假酒案引起了党和国家高度重视，包括工商、消协在内的各部门联合执法，做了大量的工作，形成全国对假酒一片喊打的局面，此后涉及假酒的恶性事件基本不再发生，可以说，朔州假酒案是中国酒类市场监管的分水岭。

　　【问题】由朔州假酒案分析假冒伪劣商品有哪些危害？

　　【提示】假冒伪劣商品严重损害我国名优产品的信誉，侵犯企业的合法权益，给消费者生命安全造成严重危害，破坏了整个社会经济运行的规则，制约了先进生产力的发展。

假冒伪劣商品不是"商品"，因为它们不能像普通商品那样正常交易，或者它们没有包含社会必要劳动，它们即使含有少量劳动，但那不是一般意义的社会必要劳动，而是为了获取非正当利益、为了不等价交易而花费的劳动，它甚至可能是产生危害的一种劳动，因此它不能得到社会承认。

一、假冒伪劣商品的概念

所谓假冒伪劣商品是指含有一种或多种可以导致普通大众误认的不真实因素的商品。假冒伪劣商品可以分为假冒商品和劣质商品两种类型。假冒伪劣商品是假冒伪劣的物质产品，不包括精神产品。

1．假冒商品

假冒商品是指商品在制造时，逼真地模仿别人的产品外形，或未经授权，对已受知识产权保护的产品进行复制和销售，借以冒充别人的产品。在当前市场上主要表现为冒用、伪造他人商标、标志；冒用他人特有的名称、包装、装潢、厂名厂址；冒用优质产品质量认证标志和生产许可证标识的产品。

2．伪劣商品

伪劣商品是指生产、经销的商品，违反了我国现行法律、行政法规的规定，其质量、性能指标达不到我国已发布的国家标准、行业标准及地方标准所规定的要求，甚至是无标生产的产品。

3．假冒商品和伪劣商品的区别和联系

假冒商品和伪劣商品，既有区别又相互联系，是可以互相转化或相互包含的相同类型的商品。假冒商品，如前所述，是指非常逼真地模仿某个商品的外观，从而使用户、消费者误认为该商品就是真商品。假冒商品的生产者和销售者是在未经授权、许可（或认可）的情况下，对受知识产权保护的商品进行复制和销售。复制一般是指对商品的商标、包装、标签或具有其他重要的特性进行复制。所谓假冒，就是指行为人违反国家法律、法规的规定，以假借名牌或名家旗号的手法，生产销售其产品（商品），坑害用户、消费者的行为。因此，从广义上讲，假冒商品的内容与名称不相符，也属于伪劣商品的一种。但从狭义的角度看，伪劣商品主要是指质量低劣或者失去了使用价值，与假冒商品也有区别。如上述所指的假冒产地、厂名或认证标志、名优标志、他人注册商标的，属于假冒商品，不属于伪劣商品。伪劣商品有时也假冒其他名牌商品进行销售，则此时它既是伪劣商品，又是假冒商品。

伪劣商品和正品有严格区别。正品是指符合质量标准的商品，有时可分一等品、二等品、三等品等。相反，达不到质量标准的产品，有明显的外观瑕疵或影响使用价值的次品以及不符合技术标准而不能正常使用的废品等，如果进行销售都属于伪劣商品。

4．常见的假冒伪劣商品

（1）假冒他人注册商标的商品。

（2）假冒他人商品的产地、企业名称或代号的商品。

（3）虚构企业名称的商品。

（4）过期、失效、变质的商品。

（5）危及人身和财产安全的商品。

（6）名称与质地不符、所标明的指标与实际不符或者主要指标不符合国家标准的商品。

（7）冒用优质或认证标志，冒用许可证标志的商品。

（8）掺杂假冒、偷工减料的商品。

（9）以次充好、以假充真、以旧充新的商品。

（10）法律法规明令禁止生产、销售的商品。

（11）无标准、无检验合格证的商品。

（12）实施生产许可证管理而未标明许可证标志和编号的商品。

（13）未按有关规定标明规格、等级、主要技术指标或成分含量的商品。

（14）处理商品（含次品、副品、等外品）而未在商品或其包装的显著部位标明"处理品"（或"次品""副品""等外品"）字样的商品。

（15）生产和经销剧毒、易燃、易爆等危险品而未标明有关标识或未按规定提供使用说明的商品。

（16）限期使用的商品而未标明或未如实标明生产日期和失效时间的。

（17）未按规定标明产地、企业名称、企业地址和其他项目的商品。

边讲边练

【问题】这几种食品商品你认识吗？

二、假冒伪劣商品的危害

当市场秩序混乱，假冒伪劣商品盛行时，就会影响企业正常生产、销售，困扰人民生活消费，阻碍国民经济健康发展。

1. 对人体健康、生命和财产安全造成严重威胁

全国各地出现的毒酒事件，每年就致使数以千计的消费者中毒，多人致残、致死；每年查获假药案约为 2 万件，标值数亿元，多人因服用、注射了假药而死亡，对因假劣药物的无效而加剧病情、延误治疗的则无法统计；劣质化妆品使消费者为祛斑增白美容而变成"花脸""大麻子"毁容的事例屡见不鲜；劣质电线、电器作为多起火灾的"元凶"，现仍安装铺设在不少楼堂馆舍之中，埋下令人担忧的隐患；不时被披露报端的劣质钢材、水泥所造成的楼塌、桥垮、人伤亡的恶性事件，更是令人不寒而栗。

2. 给消费者造成精神和物质上的损失

购买的高档名牌真品，却名不符实。以数千元购回晶莹透亮的"天然"珠宝玉石，却是经人工优化处理过的加工品，甚至是玻璃、塑料等仿制品。新购回的电子软件竟让计算机染上了"病毒"。重金买回赝品，给消费者带来严重的物质损失。一些劣质产品，

功能不全，性能不稳，三天两头问题，为修理更需花费金钱、时间，导致物质损失的同时，还给消费者带来了精神等方面的损失。

3．扰乱正常的市场秩序

市场经济的特征就是竞争，而这种竞争应该是建立在公平、公正、公开、有序的社会环境下，通过市场价格的波动、市场各利益主体的竞争、市场供求关系的变化来进行经济运行调节的。

而假冒伪劣行为则是践踏法律，破坏"游戏规则"，通过剽窃技术、假冒品牌、仿造证照、制售劣品、廉价抛售、高额回扣等不正当竞争的卑劣手段抢占市场，造成大批名优真品积压仓库，优而不胜，劣而不汰，真货斗不过假货，好货斗不过劣货的现象比比皆是。由于假冒伪劣属违法行为，其生产经营活动一般都是隐蔽式进行，不仅使国家税收大量流失，国家每年还需拨出数额可观的专项资金，用于执法部门打假。

4．损害名优企业的声誉

名优畅销产品，是假冒伪劣商品的重灾区，被假冒侵权是司空见惯的不争事实。由于假冒伪劣产品抢占了部分市场份额，有的甚至超出了真品的销售量，使合法企业荣誉受损，销量下降，效益滑坡，有的生产能力闲置，开工不足，企业濒临倒闭。

例如，曾经如日中天、风靡一时的太阳牌锅巴，现已风光不再。假冒产品破坏了名牌产品的形象，让消费者真伪难辨，望而生畏，已使合法企业的信誉损失惨重，而为承受假冒产品引起的"责任事故"的索赔，为捍卫自身声誉所进行的调查、诉讼，为打假所需支付的各类费用，又会使企业在经济和精神方面不堪重负，如玉溪卷烟厂常年与假冒香烟进行不懈的斗争，每年在打假维权方面就耗资逾亿元。

5．使国家形象严重受损

假冒伪劣产品不仅在国内大量繁衍，而且也大批混入出口商品之中，甚至假冒国外和外资企业产品。对此，一些外商投资企业纷纷举报和投诉，假冒伪劣产品严重损害了我国形象。一些国家将"Made in China"与假冒伪劣商品画等号，认为中国是假冒伪劣商品的生产基地，有的国家和地区还专门成立打假联盟来对付中国商品。由于假冒伪劣的大量存在，极大地破坏了我国的投资环境，使国内外投资者和先进技术拥有者对他们的投入能否得到应有的回报表示担忧和疑虑，从而丧失了不少从国外引进先进技术和资金的机会。

知 识 拓展

买到伪劣商品应如何维权

根据《消费者权益保护法》第四十条相关规定：

消费者在购买、使用商品时，其合法权益受到损害的，可以向销售者要求赔偿。销售者赔偿后，属于生产者的责任或者属于向销售者提供商品的其他销售者的责任的，销售者有权向生产者或者其他销售者追偿。

消费者或者其他受害人因商品缺陷造成人身、财产损害的，可以向销售者要求赔偿，也可以向生产者要求赔偿。属于生产者责任的，销售者赔偿后，有权向生产者追偿。属于销售者责任的，生产者赔偿后，有权向销售者追偿。

消费者在接受服务时，其合法权益受到损害的，可以向服务者要求赔偿。

消费者权益受到损害时，可以通过下列途径解决：

（1）与经营者协商和解；

（2）请求消费者协会或者依法成立的其他调解组织调解；

（3）向有关行政部门投诉；

（4）根据与经营者达成的仲裁协议提请仲裁机构仲裁；

（5）向人民法院提起诉讼。

三、伪劣商品的鉴别

伪劣商品可以通过以下方法进行识别：对商品商标标识及其包装、装潢等特殊标志的真伪进行鉴别；通过感官品评或其他简易手段进行鉴别；按照国家标准对商品理化、卫生等各项指标进行检测；利用本部门的专业特长，特别是长期实践积累的经验，对本企业或行业生产或经销的商品进行鉴别。具体要点如下：

1．辨认商标标识

商标是商品的基本标记。假冒伪劣商品一般都是假冒名优商品。我国名优商品都使用经国家工商行政管理局登记注册的商标。真品商标为正规厂家印制，商标纸质好，印刷美观，精细考究，文字图案清晰，色泽鲜艳、纯正、光亮，烫金精细。而假冒商标是仿印正品商标，由于机器设备、印刷技术差，与真品商标相比，往往纸质较差，印刷粗糙，线条、花纹、笔画模糊，套色不正，光泽差，色调不分明，图案、造型不协调，版面不洁，无防伪标记。

已注册的商标应由公安部门所属特种行业管理的正规印刷厂印制，而假冒商标一般出自不正当渠道，这些渠道不正规的印刷技术会使所印商标上出现许多疵点特征。可以通过检验商标上是否有这些疵点特征来确定其真伪。

假冒商标的印刷疵点特征有：

（1）墨稿疵点特征：字体不正，笔画偏粗，间隔不均，字迹不清晰，图案细节被省略或很粗糙，花纹粗细不一，该圆滑处不圆滑，边线棱角不明显。

（2）制版疵点特征：印刷板周边有缺损，不光滑，版与版之间有差异，字迹变粗，笔画连接不清晰，粗细不均。

（3）印刷疵点特征：多色图案花纹衔接不好，版面拼接处不连贯或重叠部分过多或过少，商标边缘颜色有外溢，该印的地方没有印到。

（4）模切疵点特征：切边外有未切断的纤维，切边与商标边缘没有共同的起伏，切边处有缺损，不圆滑。

2．查看商品标识

根据《产品质量法》第十五条规定，产品或其包装上的标识应符合下列要求：

（1）有产品质量检验合格证明。

（2）有中文标明的产品名称，生产厂厂名和厂址。

（3）根据产品的特点和使用要求，需要标明产品规格、等级、所含主要成分的名称和含量的，都应予以标明。

（4）限期使用的产品，要标明生产日期和安全使用期或者失效日期。

（5）使用不当，容易造成产品本身损坏或者可能危及人身、财产安全的产品，应有警示标志或者中文警示说明。

假冒伪劣商品的标识一般不是正规企业生产，外包装标识或残缺不全，或乱用乱写，或假冒优质奖标记，欺骗消费者。

3. 检验商品特有标记

部分名优商品在其特定部位还有特殊标记，如飞鸽、凤凰、永久三大国产名牌自行车，在车把、车铃、车座、车架、车圈等处均有特殊标记。部分名优烟酒包装上的商品名称系用凹版印刷，用手摸有凹凸感，而假冒产品名称在包装上字体较平，无凸凹感。

4. 检查商品生产厂名

一些传统名优商品，以地名命名商品名称的，往往同一种商品生产厂家很多但正宗传统名优商品只有一家，因而要认准厂名。如正宗名优"德州扒鸡"，厂家是中国德州扒鸡总公司，注册商标是德州牌。正宗名优"金华火腿"，上有"浙江省食品公司制"和"金华火腿"，而虽有"金华火腿"印章，生产厂家并非"浙江省食品公司"的，多为冒牌货。

5. 检查商品包装

名优产品包装用料质量好，装潢印刷规范，有固定颜色和图案，套印准确，图案清晰，形象逼真。伪劣商品一般包装粗糙，图案模糊，色彩陈旧，包装用料材质差。对真假商品对比，可以辨认。

大多数名优商品的包装封口，均采用先进机械封口，平整光洁，内容物不泄漏。而假冒伪劣商品无论是套购的真品包装，还是伪造、回收的包装，封口多手工操作，不平整，常有折皱或裂口，仔细检查封口处，大都能发现破绽。如假冒名酒，将酒瓶倒置，往往会有酒液流出，用鼻嗅闻，能觉察到酒味。

使用回收真酒瓶装假酒，酒瓶常有污垢，封口不圆整，在同一包装箱内的酒出厂日期、生产批号不一。

许多名优产品包装上有中国物品编码中心统一编制的条形码，经激光扫描器扫描，计算机可以识别。冒牌货往往无此标志，或胡乱用粗细不等的黑色直线条纹以及数字欺骗消费者，用激光扫描器扫描，没有正常反应，计算机不能识别。

实操技巧

1. 假冒名酒的鉴别

假冒名酒鉴别的主要方法，一是感官品评，通过对受检酒样的色、香、味构成的风格品质有无该名酒典型风格，或具有的不同程度进行对比鉴别；二是根据国家名酒标准样品理化成分表、色谱分析图和感官评语与受检酒样逐项进行分析对比，从而得出具有权威性的结论。

2．识别洋酒真假五招

（1）看标识。按有关海关规定要求，洋酒标签上必须要有中文标识及卫生检验检疫章。而中文标识是必须经过国家相关部门多个证明及样品抽查合格后才能获得的。因此，没有中文标识及卫生检验检疫章的洋酒可能是假酒。

（2）辨标签。真品标签字迹清楚、轮廓好；假酒标签字迹模糊、不规则。

（3）观酒色。真品液体呈金黄色、透亮；假酒的液体则暗淡、光泽差。

（4）认防伪盖。真品瓶盖上的金属防伪盖与瓶盖是连为一体的，而假酒的防伪盖却是粘上去的。同时，真品金属防伪盖做工严密，塑封整洁、光泽好；而假酒瓶盖做工粗糙，塑封材质不好，偏厚，光泽差；假酒，商标模糊，立体感差。

（5）记防伪图案。各地葡萄酒防伪标志在不同的角度下可出现不同的图案变换，防伪线可撕下来；假酒的防伪标志无光泽，图案变换不明显，防伪线是印上去的。

3．白酒的鉴别

假白酒的外包装盒发旧，瓶体有明显的磨损痕迹，同时假酒商标的清晰度较差，颜色不正，没有防伪标识；看封口，真酒封口工序较多，防伪球、塑料盖俱全，假酒的封口则比较简陋，不够规范；看瓶盖，真酒的瓶盖上印有条码、生产日期、批号、防伪标识，假酒由于设备的限制则达不到。

4．啤酒的鉴别

造假者多是回收名牌啤酒的酒瓶，装入低档酒，重新贴上新商标，冒充名牌啤酒出售。此种酒在鉴别时主要看商标。真酒贴商标时要求非常严格，所有酒瓶商标位置完全一致，而假酒就没有那么规范了，有时商标位置根本找不准。

5．果酒的鉴别

果酒中的假酒多为红酒。红酒造假使用针头注入，通过酒瓶看不出什么破绽，鉴别时主要是看酒的颜色，真的红酒颜色柔和、不耀眼，而用色素兑的假酒颜色艳丽。此外，一般假酒瓶底都呈现沉淀。

边讲边练

【问题】2015年11月12日起，中国人民银行发行2015年版100元人民币，第五套人民币100元新币有哪些防伪特征？

【提示】

1．钞票特征

主色调为红色，票幅长155毫米、宽77毫米。正面主景为毛泽东头像，左侧为椭圆形花卉图案，票面左上方为中华人民共和国国徽图案，右下方为盲文面额标记。背面主景为人民大会堂图案，左侧为人民大会堂内圆柱图案，票面右上方为"中国人民银行"汉语拼音字母和蒙古族、藏族、维吾尔族、壮族四种民族文字的"中国人民银行"字样和面额。

2．防伪特征

（1）固定人像水印：位于正面左侧空白处，迎光透视，可见与主景人像相同、立体感很强的毛泽东头像水印。

（2）红、蓝彩色纤维：在票面的空白处，可看到纸张中有红色和蓝色纤维。

（3）磁性微文字安全线：钞票纸中的安全线，迎光观察，可见"RMB100"微小文字，仪器检测有磁性。

（4）手工雕刻头像：正面主景毛泽东头像，采用手工雕刻凹版印刷工艺，形象逼真、传神，凹凸感强，易于识别。

（5）隐形面额数字：正面右上方有一椭圆形图案，将钞票置于与眼睛接近平行的位置，面对光源做平面旋转45°或90°角，即可看到面额"100"字样。

（6）胶印缩微文字：正面上方椭圆形图案中，多处印有胶印缩微文字，在放大镜下可看到"RMB"和"RMB100"字样。

（7）光变油墨面额数字：正面左下方"100"字样，与票面垂直角度观察为绿色，倾斜一定角度则变为蓝色。

（8）阴阳互补对印图案：票面下面左下方和背面右下方均有圆形局部图案，迎光观察，正背面图案重合并组合成一个完整的古钱币图案。

（9）雕刻凹版印刷：用手指触摸有明显凹凸感。

（10）横竖双号码：正面采用横竖双号码印刷（均为两位冠字、八位号码）。横号码为黑色，竖号码为蓝色。

第四节　进行商品质量监督

商品质量从形成到实现的过程中，存在各种影响因素，加强商品质量监管，是推进商品质量提升、保证质量合格的商品进入流通领域的重要措施，也是营造安全、放心、健康的消费环境，规范市场秩序的重要内容。因此，熟悉国家现行的质量监督体系，能够对商品质量进行自主有效监督对于维护和提高商品质量至关重要。

商品质量监督是贯彻执行商品标准的手段，是保证和提高商品质量并取得经济效益的措施，也是标准化工作的重要组成部分。只有通过商品质量监督才能及时反馈商品标准的执行情况，为制定、修改商品标准，维护商品流通有序进行提供可靠的依据。

一、商品质量监督的概念

商品质量监督是指由国家指定的商品质量监督专门机构，按照国家的质量法规和商品质量标准的规定，对生产和流通领域的商品质量和质量保证体系进行监督的活动。商品质量监督与商品质量管理不同。商品质量监督所要解决的问题，是企业生产经营是否达到既定法规和标准的要求，并在此基础上对企业的质量保证工作实行监督；商品质量监督的职能部门是国家授权的法定机构，而不是普通的群众团体和民间组织；履行商品质量监督的依据，主要是国家的质量法规和批准发布的正式标准，并多属于强制性标准；商品质量监督是一个过程，它包括要求商品在符合标准的前提下所做出的连续性评价和促进改善的一系列工作。

二、商品质量监督的作用

商品质量监督实质上是国家对生产和流通领域商品质量进行宏观调控的一种手段，其具有如下作用：

（1）它是贯彻实施质量法规和商品标准不可缺少的重要手段。

（2）它是维护消费者利益、保障人体健康和生命安全的需要。

（3）它有利于提高商品竞争能力，促进对外贸易的发展。

（4）它有利于解决存在的商品质量问题，维护市场经济的正常秩序。

（5）它有利于商品质量管理和更好地实现国家计划质量目标。

三、商品质量监督的种类

我国的商品质量监督可分为国家的质量监督、社会的质量监督和用户的质量监督。

1. 国家的质量监督

国家的质量监督是指国家授权指定第三方专门机构，以公正的立场对商品进行的质量监督检查。

这种法定的质量监督是以政府行政的形式，对可能危及人体健康和人身、财产安全的商品，影响国计民生的重要工业产品，以及用户、消费者组织反映有质量问题的商品，实行定期或经常的监督、抽查和检验，公开公布商品质量抽查检验结果，并根据国家有关法规及时处理质量问题，以维护社会经济生活正常秩序和保护消费者的合法权益。

国家的商品质量监督，由国家质量技术监督部门进行规划和组织实施。

2. 社会的质量监督

社会的质量监督是指社会团体、组织和新闻机构根据消费者和用户对商品质量的反映，对流通领域的某些商品质量进行的监督检查。

这种质量监督是从市场一次抽样，委托第三方检验机构进行质量检验和评价，将检验结果特别是不合格商品的质量状况和生产企业名单予以公布，以造成强大的社会舆论压力，迫使企业改进质量，停止销售不合格商品，对消费者和用户承担质量责任，实行包修、包换、包退和赔偿经济损失。

中国质量管理协会用户委员会、中国消费者协会、中国质量万里行组织委员会等组织是社会质量监督的组织者和职权的行使者。

3．用户的质量监督

用户的质量监督是指内外贸部门和使用单位为确保所购商品的质量而进行的质量监督。

这种质量监督是购买大型成套设备和装置，以及采购生产企业生产的商品时，进驻承制单位和商品生产厂进行质量监督，发现问题有权通知企业改正或停止生产，及时把住质量关，以保证商品质量符合所规定的要求。这种质量监督包括用户自己派人或委托技术服务部门进驻承制单位实行质量监督，商检部门派驻厂人员进行质量监督，以及进货时进行验收检验。

边讲边练

国家质检总局关于公布 2015 年上半年国家监督抽查产品质量状况的公告

2015 年上半年，质检总局认真贯彻落实中央关于调整经济结构、深化改革和改善民生等重大战略部署，组织开展了日用及纺织品、电子电器、轻工产品、农业生产资料、机械及安防、电工及材料 6 大类产品质量国家监督抽查。现将有关情况公告如下：

一、基本情况

（1）2015 年上半年，国家监督抽查产品 36 种。其中包括：童车、旅游鞋、针织内衣、童鞋、机动车儿童乘员用约束系统、学生用品、轮滑鞋和摩托车乘员头盔等 8 种日用及纺织品；吸油烟机、电烤箱、微波炉、电冰箱、储水式电热水器、移动电话用锂离子电池和电源适配器等 7 种电子电器；纸尿裤和卫生巾（含卫生护垫）等 2 种轻工产品；磷酸一铵/磷酸二铵、脱粒机、植物保护机械、杀虫灯和农用薄膜等 5 种农业生产资料；镁碳砖、非金属密封板、砂轮、钢丝绳、阀门、稀土氧化物、动力用煤和海水及苦咸水利用膜产品等 8 种电工及材料；车床、加工中心（含数控铣床）、容积式空气压缩机、木工机床、锁具、危险化学品包装物等 6 种机械及安防产品。

（2）2015 年上半年，共抽查了 2 449 家企业生产的 2 476 批次产品，检出 237 批次产品不合格，不合格产品检出率为 9.6%。从抽查情况看，产品抽查合格率为 90.4%，与近三年整体情况对比，呈现波动上升态势，与 2014 年国家监督抽查合格率相比，降低了 1.9 个百分点。

（3）从企业生产规模来看，抽查的大、中、小型企业数分别占抽查企业总数的 15.9%、23.7% 和 60.4%，产品抽查合格率分别为 94.9%、94.7% 和 87.5%。与 2014 年相比，中型企业抽查合格率上升了 0.7 个百分点；大型和小型企业抽查合格率分别降低了 0.9 和 3.8 个百分点。抽查结果表明，大、中型生产企业产品质量基本稳定，小型企业抽查合格率相对较低。

（4）从实施市场准入管理的产品抽查情况看，2015上半年抽查了 8 种实施工业产品生产许可证管理的产品，覆盖 549 家企业的 549 批次产品，检出 48 批次不合格产品，产品抽查合格率为 91.3%；抽查了 9 种实施强制性认证管理的产品，覆盖 600 家企业的 621 批次产品，检出 59 批次不合格产品，产品抽查合格率为 90.5%。

（5）从不同产品抽查合格率分布情况看，2015 年上半年抽查合格率为 100% 的产品种类占总量的 11.1%，比 2014 年同期降低了 0.8 个百分点；抽查合格率在 80% 以上的产品种类占总量的 91.7%，同比上升了 7 个百分点。抽查的 36 种产品中，有 24 种产品抽查合格率在 90% 以上，仍有 3 种抽查合格率低于 80%，其中轮滑鞋产品抽查合格率最低，仅为 58.1%。

二、产品抽查结果分析

（1）日用及纺织品。上半年抽查了 8 种 661 家企业生产的 681 批次产品，抽查合格率为 89.6%，比 2014 年提高了 1.4 个百分点。其中，机动车儿童乘员用约束系统的抽查合格率为 100%；童车、针织内衣、学生用品、摩托车乘员头盔 4 种产品的抽查合格率在 90% 以上；旅游鞋、童鞋、轮滑鞋 3 种产品抽查合格率在 90% 以下，轮滑鞋质量问题较突出，主要不合格问题是制动器项目，产品抽查合格率为 58.1%。

（2）电子电器。上半年抽查了 7 种 427 家企业生产的 434 批次产品，抽查合格率为 88.7%，比 2014 年提高了 2.1 个百分点。其中，微波炉产品抽查合格率为 100%；吸油烟机、电烤箱、移动电话用锂离子电池和电源适配器 4 种产品抽查合格率均在 90% 以上；电冰箱、储水式电热水器 2 种产品抽查合格率均在 90% 以下，储水式电热水器质量问题较突出，造成产品不合格的主要问题是能效等级项目，产品抽查合格率为 68%。

（3）轻工产品。上半年抽查了 2 种 120 家企业生产的 120 批次产品，产品抽查合格率为 95%，比 2014 年提高了 9 个百分点。纸尿裤和卫生巾（含卫生护垫）2 种产品抽查合格率均为 95%。

（4）农业生产资料。上半年抽查了 5 种 348 家企业生产的 348 批次产品，产品抽查合格率为 95.1%，比 2014 年提高了 3.9 个百分点。其中，杀虫灯产品抽查合格率为 100%；磷酸一铵/磷酸二铵、脱粒机、植物保护机械和农用薄膜 4 种产品抽查合格率均在 90% 以上。

（5）电工及材料。上半年抽查了 8 种 543 家企业生产的 543 批次产品，产品抽查合格率为 87.8%，比 2014 年降低了 4 个百分点。其中，稀土氧化物产品抽查合格率为 100%；镁碳砖和钢丝绳 2 种产品抽查合格率均在 90% 以上；非金属密封板、砂轮、阀门、动力用煤和海水及苦咸水利用膜产品等 5 种产品的产品抽查合格率均在 90% 以下。

（6）机械及安防。上半年抽查了 6 种 350 家企业生产的 350 批次产品，产品抽查合格率为 92%，比 2014 年提高了 0.2 个百分点。其中，加工中心（含数控铣床）、容积式空气压缩机、锁具、危险化学品包装物 4 种产品抽查合格率均在 90%以上；车床和木工机床 2 种产品抽查合格率均在 90%以下。

2015 年上半年国家监督抽查结果已通过质检总局网站分批向社会公告，质检总局已责成相关省（自治区、直辖市）质量技术监督部门按照有关法律法规，对抽查不合格的产品及其生产企业依法进行处理，督促不合格产品生产企业落实质量安全主体责任。

【问题】根据以上资料，分析此次质量监督总局对商品质量的监督抽查属于哪一种形式的质量监督？这种质量监督对生产者和消费者有哪些意义？

【提示】材料的质量监督属于国家质量监督，这种质量监督具有较强的公信力，对于约束生产者生产经营行为、维护消费者权益有重要作用。

四、商品质量监督的形式

商品质量监督的形式种类很多，可以归纳为抽查型质量监督、评价型质量监督和仲裁型质量监督 3 种。

1. 抽查型质量监督

抽查型质量监督是指国家质量监督机构通过对从市场或企业抽取的商品样品进行监督检验判定其质量，从而采取强制措施责成企业改进质量，直至达到商品标准要求的一种监督活动。抽查型质量监督形式，一般只抽检商品的实物质量，不检查企业的质量保证体系。抽查的主要对象是涉及人体健康和人身、财产安全的商品，影响国计民生的重要工业产品，重要的生产资料商品和消费者反映有质量问题的商品。

2. 评价型质量监督

评价型质量监督是指国家质量监督机构通过对企业的产品质量和质量保证体系进行检验和检查，考核合格后，以颁发产品质量证书、标志等方法确认和证明产品已经达到某一质量水平，并向社会提供质量评价信息，实行必要的事后监督，以检查产品质量和质量保证体系是否保持或提高的一种质量监督活动。评价型质量监督是国家干预产品质量、进行宏观管理的一种重要形式。产品质量认证、企业质量体系认证、环境标志产品认证、评选优质产品、产品统一检验制度和生产许可证发放等都属于这种形式。

3. 仲裁型质量监督

仲裁型质量监督是指质量监督检验机构通过对有质量争议的商品进行检验和质量调查，分清质量责任，做出公正处理，维护经济活动正常秩序的一种质量监督活动。仲裁型质量监督具有较强的法制性，这项任务由质量监督管理部门承担，应选择经省级以上人民政府产品质量监督管理部门或其授权的部门审查认可的质量监督检验机构作为仲裁检验机构。

五、商品质量监督管理体制

我国的商品质量监督管理工作，已由技术监督和专业监督等系统的质量监督管理机构和质量监督检验机构形成了质量监督管理网络。

1．技术监督系统

全国的质量监督管理机构是国家质量监督检验检疫总局（简称质检总局），负责管理全国商品质量监督工作，组织协调有关部门开展商品质量监督检验工作。县级以上地方质量技术监督部门负责本行政区内的商品质量监督管理工作，组织协调本地区承担质量监督检验任务的单位开展质量监督检验工作。

为适应我国商品监督检验工作的需要，国家在各省、自治区、直辖市工业集中的城市都建立了产品质量监督检验机构。其任务是：根据标准进行商品质量监督检验，当产、销双方对商品质量有争议时执行仲裁检验，管理产品质量认证，组织生产许可证发放和参与优质产品审查工作等。

产品质量监督检验机构主要有 4 种形式：国家级产品质量监督检验测试中心，主要承担国家指定的商品质量监督抽查检验；各部级行业产品质量监督检验测试中心，负责本行业内部企业的产品质量监督检验；全国各地方产品质量监督检验站、所，可代表国家行使商品质量监督检验权，承担地方商品质量监督抽查检验；各省、市综合检验所，负责各专业检验机构未包括的商品质量的监督检验工作。

2．专业监督系统

我国专业监督系统的监督管理机构和质量监督检验机构包括外贸、卫生、兽药监察、船舶和锅炉等多个子系统。

（1）外贸子系统。质检总局是我国主管进出口商品检验的行政执法机构。质检总局以设在各地的进出口商品检验机构监督管理所辖地区的进出口商品检验。

（2）卫生子系统。国务院卫生行政部门主管全国的药品监督管理工作，药品检验所负责药品的质量监督检验工作。各级卫生行政部门负责所管辖范围内的食品卫生监督工作，卫生防疫站负责食品卫生监督检验工作。

（3）兽药监察子系统。各级农牧行政管理机关主管兽药监督管理工作。各级兽药监察机构，协助农牧行政管理机关，分别负责全国和本辖区的兽药质量监督检验工作。

（4）船舶子系统。由国家船舶检验局及其在有关地区设立的船舶检验机构负责船舶的质量监督管理和检验工作。

（5）锅炉子系统。国家人力资源和社会保障部设锅炉压力容器安全监察局，主管全国的锅炉压力容器安全监察工作。省、自治区、直辖市人力资源和社会保障局设锅炉压力容器安全监察处，工业集中的地区、市人社局设锅炉压力容器安全监察科，主管所管辖区域的锅炉压力容器安全监察工作。

此外，中国消费者协会、中国质量管理协会等社会团体，也在全国各地设立了质量监督机构。

中国消费者协会

中国消费者协会于 1984 年 12 月经国务院批准成立，是对商品和服务进行社会监督的保护消费者合法权益的全国性社会组织。中国消费者协会的宗旨是：对商品和服务进行社会监督，保护消费者的合法权益，引导广大消费者合理、科学消费，促进社会主义市场经济健康发展。

一、法定职能

根据《中华人民共和国消费者权益保护法》第三十七条消费者协会履行下列公益性职责：

（1）向消费者提供消费信息和咨询服务，提高消费者维护自身合法权益的能力，引导文明、健康、节约资源和保护环境的消费方式；

（2）参与制定有关消费者权益的法律、法规、规章和强制性标准；

（3）参与有关行政部门对商品和服务的监督、检查；

（4）就有关消费者合法权益的问题，向有关部门反映、查询，提出建议；

（5）受理消费者的投诉，并对投诉事项进行调查、调解；

（6）投诉事项涉及商品和服务质量问题的，可以委托具备资格的鉴定人鉴定，鉴定人应当告知鉴定意见；

（7）就损害消费者合法权益的行为，支持受损害的消费者提起诉讼或者依照本法提起诉讼；

（8）对损害消费者合法权益的行为，通过大众传播媒介予以揭露、批评。

各级人民政府对消费者协会履行职责应当予以必要的经费等支持。

消费者协会应当认真履行保护消费者合法权益的职责，听取消费者的意见和建议，接受社会监督。

依法成立的其他消费者组织依照法律、法规及其章程的规定，开展保护消费者合法权益的活动。

二、消费者协会对投诉的处理程序

接受投诉后，即向被投诉单位或主管部门发出转办单，并附上投诉信，要求按有关法律、法规、政策，在一定期限内答复，一般情况下在正式立案后的 15 日内处理完毕。超期未办的，再次催促或采取其他办法，直到办结为止。

对内容复杂、争议较大的投诉，消协将直接或会同有关部门共同处理。需要做鉴定的，将提请有关法定鉴定部门鉴定并出具书面鉴定结论。鉴定所需的费用一般由鉴定结论的责任方承担。

对涉及面广、危及广大消费者权益的，或者损害消费者权益情节严重又久拖不决的重要投诉，将向政府或有关部门及时反映，同时通过大众传播媒介予以揭露、批评，并配合有关职能部门进行查处。

为方便消费者投诉，中国消费者协会设计了统一格式的投诉卡。消费者可以按卡样制表填写投诉内容，也可以按上述内容写投诉书，然后将凭证、证明材料复印件附上，寄给或送给消费者协会。

实操训练

中国奶制品污染事件分析

1. 事件简介

2008 年中国奶制品污染事件（或称 2008 年中国毒奶制品事件）是中国的一起食品安全事件。事件起因是很多食用三鹿集团生产的奶粉的婴儿被发现患有肾结石，随后在其奶粉中被发现化工原料三聚氰胺。根据公布数字，截至 2008 年 9 月 21 日，因使用婴幼儿奶粉而接受门诊治疗咨询且已康复的婴幼儿累计 39 965 人，正在住院的有 12 892 人，此前已治愈出院 1 579 人，死亡 4 人，另截至 9 月 25 日，香港有 5 人、澳门有 1 人确诊患病。事件引起各国的高度关注和对乳制品安全的担忧。中国国家质检总局公布对国内的乳制品厂家生产的婴幼儿奶粉的三聚氰胺检验报告后，事件迅速恶化，包括伊利、蒙牛、光明、圣元及雅士利在内的多个厂家的奶粉都检出三聚氰胺。该事件亦重创中国制造商品信誉，多个国家禁止了中国乳制品进口。9 月 24 日，中国国家质检总局表示，牛奶事件已得到控制，9 月 14 日以后新生产的酸乳、巴氏杀菌乳、灭菌乳等主要品种的液态奶样本的三聚氰胺抽样检测中均未检出三聚氰胺。

2. 曝光过程

早在 2004 年的阜阳劣质奶粉事件中，公布的不合格奶粉企业和伪劣奶粉中，三鹿奶粉亦在列，但随后证实为疾控中心工作人员失误所致，把三鹿撤出"黑名单"，多个国家机关联合发文，要求各地允许三鹿奶粉正常销售。

2008 年 9 月 2 日，河北省产品质量监督检验院对蛋白质、亚硝酸盐，以及抗生素残留等营养指标、理化指标及安全指标等进行检测，结果全都合格。该检验结果并由中央电视台新闻频道的《每周质量报告》节目专访播出。

不过据新浪从有关方面获得的"三鹿内部邮件"显示"2008 年 3 月以来，三鹿集团先后接到消费者反映：婴幼儿食用三鹿婴幼儿奶粉后，出现尿液变色或尿液中有颗粒现象"。后在法院审判中，公司管理人员证实公司最早接收投诉是在 2007 年年底。

2008 年 9 月 8 日网络报道甘肃岷县 14 名婴儿同时患有肾结石病症，引起外界关注。至 2008 年 9 月 11 日甘肃全省共发现 59 例肾结石患儿，部分患儿已发展为肾功能不全，同时已死亡 1 人，这些婴儿均食用了三鹿 18 元左右价位的奶粉。而且人们发现两个月来，中国多省已相继有类似事件发生。中国卫生部高度怀疑三鹿牌婴幼儿配方奶粉受到三聚氰胺污染，三聚氰胺是一种化工原料，可以提高蛋白质检测值，人如果长期摄入会导致人体泌尿系统膀胱、肾产生结石，并可诱发膀胱癌。

3. 事件升级

国家质检总局对全国婴幼儿奶粉三聚氰胺含量进行检查，结果显示，有 22 家婴幼儿奶粉生产企业的 69 批次产品检出了含量不同的三聚氰胺，除了河北三鹿外，还包括广东雅士利、内蒙古伊利、蒙牛集团、青岛圣元、上海熊猫、山西古城、江西光明乳业英雄牌、宝鸡惠民、多加多乳业、湖南南山等 22 个厂家 69 批次产品中检出三聚氰胺，被要求立即下架。但中央电视台报道的三鹿奶粉三聚氰胺含量与之前《甘肃日报》报道不符，其含量减少了 90%。

中国共有 109 家婴幼儿奶粉生产企业，中国国家质检总局对这些企业的 491 批次产品进行了排查，检验显示有 22 家企业 69 批次产品检出了含量不同的三聚氰胺。

检出三聚氰胺婴幼儿配方乳粉企业名单如下：

公 司 名 称	产 品 名 称	抽 样 数	不 合 格 数	三聚氰胺含量/（毫克/千克）
石家庄三鹿集团股份有限公司	三鹿牌婴幼儿配方乳粉	11	11	2 563
上海熊猫乳品有限公司	熊猫可宝牌婴幼儿配方乳粉	5	3	619
青岛圣元乳业有限公司	圣元牌婴幼儿配方乳粉	17	8	150
山西古城乳业集团有限公司	古城牌婴幼儿配方乳粉	13	4	141.6
江西光明英雄乳业股份有限公司	英雄牌婴幼儿配方乳粉	2	2	98.6
宝鸡惠民乳品（集团）有限公司	惠民牌婴幼儿配方乳粉	1	1	79.17
内蒙古蒙牛乳业股份有限公司	蒙牛牌婴幼儿配方乳粉	28	3	68.2
广东雅士利集团股份有限公司	雅士利牌婴幼儿配方乳粉	30	8	53.4
深圳金必氏乳业有限公司	金必氏牌婴幼儿配方乳粉	2	2	18
施恩（广州）婴幼儿营养品有限公司	施恩牌婴幼儿配方乳粉	20	14	17
广州金鼎乳制品厂	金鼎牌婴幼儿配方乳粉	3	1	16.2
内蒙古伊利实业集团股份有限公司	伊利牌儿童配方乳粉	35	1	12
烟台澳美多营养品有限公司	澳美多牌婴幼儿配方乳粉	16	6	10.7
青岛索康营养科技有限公司	爱可丁牌婴幼儿配方乳粉	3	1	4.8
西安市阎良区百跃乳业有限公司	御宝牌婴幼儿配方乳粉	3	1	3.73
烟台磊磊乳品有限公司	磊磊牌婴幼儿配方乳粉	3	3	1.2
上海宝安力乳品有限公司	宝安力牌婴幼儿配方乳粉	1	1	0.21
福鼎市晨冠乳业有限公司	聪尔壮牌婴幼儿配方乳粉	1	1	0.09

2008 年 9 月 21 日，香港媒体委托香港检验中心验出黑龙江生产的"雀巢金装助长奶粉"含有三聚氰胺。香港多家连锁超市决定将雀巢在黑龙江生产的奶粉全面下架。停售及回收的雀巢奶粉包括五款 900 克装的"雀巢金装助长奶粉"和"儿童高钙奶粉"，以及一款 1 800 克装的"雀巢速溶奶粉"。同日，甘肃省质量技术监督局验出三鹿牌较大婴儿及幼儿配方奶粉（慧幼 2 段）含有阪崎氏肠杆菌。

【问题】

（1）请结合食品商品质量要求的基本内容，对案例中婴幼儿奶粉进行质量评价。

（2）根据事件曝光的过程及后续处理措施分析该案例中的监督属于何种监督方式，同时分析案例中暴露的我国商品质量监督中的问题。

学习效果检测

一、单选题

1.（　　）是国家干预产品质量的手段之一，其目的是扶优限劣，鼓励生产企业生产更多的优质产品。

　　A．随机型质量监督　　　　　　　　B．抽查型质量监督

　　C．评价型质量监督　　　　　　　　D．仲裁型质量监督

2．产品质量国家监督抽查属于（　　）质量监督形式，它具有权威性、随机性、公正性、公开性。

　　A．抽查型　　　　B．稳定型　　　　C．评价型　　　　D．强制型

3．在定期监督抽查中，不是对本辖区的重要产品（　　）的监督。

　　A．经常性　　　　B．周期性　　　　C．准时性　　　　D．连续性

4．ISO 14000 环境管理系列标准是继 ISO 9000 质量管理和（　　）之后的又一个管理系列标准。

　　A．质量保证系列标准　　　　　　　B．质量统计管理

　　C．质量标准计划　　　　　　　　　D．质量方针

5．以下不属于纺织品、日用品质量评价的基本要求的是（　　）。

　　A．适用性　　　　B．卫生安全性　　　C．坚固耐用性　　D．营养价值

二、多选题

1．反映食品营养价值最基本指标的是（　　）。

　　A．营养成分　　　　B．消化吸收率　　　C．发热量　　　　D．色香味形

2．属于纺织品质量基本要求的有（　　）。

　　A．材料　　　　　　B．组织结构　　　　C．机械性能　　　D．服用性能

3．商品质量的基本特性有（　　）。

　　A．持久性　　　　　B．相对性　　　　　C．可变性　　　　D．针对性

4．（　　）都属于对有形商品的质量要求。

　　A．适用性　　　　　B．审美性　　　　　C．可变性　　　　D．信息性

5．影响工业产品质量的因素有（　　）。

　　A．产品设计对质量的影响　　　　　B．原材料对质量的影响

　　C．生产工艺对质量的影响　　　　　D．商品结构

三、判断题

1．商品质量的高低直接决定商品使用价值的实现，也在很大程度上影响着商品流通过程的顺利进行。　　　　　　　　　　　　　　　　　　　　　　（　　）

2．在商品经济不发达、商品供不应求的条件下，人们对商品质量的评价侧重于物质需要的满足，评价商品质量的核心内容是商品的基本性能和寿命。　　　（　　）

3．安全卫生性是指商品为满足一定的用途所必须具备的各种性能，它是构成商品使

用价值的基本条件。 （ ）

4．商品寿命是指商品在规定条件下和规定时间内，完成规定功能的能力。 （ ）

5．只要商品的质量符合国家要求，就不是伪劣商品。 （ ）

6．商品质量监督，是指由国家指定的商品质量监督专门机构，按照国家的质量法规和商品质量标准的规定，对生产和流通领域的商品质量和质量保证体系进行监督的活动。

（ ）

7．仲裁型质量监督是指质量监督检验机构通过对有质量争议的商品进行检验和质量调查，分清质量责任，做出公正处理，维护经济活动正常秩序的一种质量监督活动。

（ ）

第三章

商品标准化

【知识目标】理解商品标准及标准化内涵，掌握商品标准的分类和分级，了解我国商品标准化的工作推进。

【能力目标】能够识别商品标准代号。

从秦始皇用国家法令推行书同文、车同轨，统一度量衡和法制，从活字印刷术发明者毕昇成功地运用了标准件、互换性、分解组合、重复利用等方法和原则，到机器大工业为基础的近代标准化；从连锁经营、CI 战略、农业产业化，再到依法治国与以德治国等，无一不渗透着标准及标准化对人类社会进步的贡献。

物流企业为商品交换提供服务，其本身运作的过程亦是无形商品交换的过程，所以掌握商品标准和标准化内涵，严把物流过程中商品质量标准关，贯彻和落实物流服务质量标准是物流从业人员必须具备的一项重要技能。

第一节　识别商品标准代号

在日常生活中，我们非常关心产品的质量合格与否，我们的吃穿住用行是否安全、放心，这里的"格"，其实就是标准。标准不仅对产品的性能和规格做了具体规定，而且对产品的检验方法、包装、标志、运输、储存也做了相应规定，只要严格按标准组织生产，按标准检验和包装，产品质量就能得到可靠的保障。商品标准与我们的生活和物流作业息息相关，因此，对于物流作业人员，需要懂得商品标准的内涵，掌握商品标准代号含义，有意识地进行商品交接、验收、入库等标准化作业。那么商品的标准有哪些种类，商品标准代号代表什么含义呢？

一、商品标准的概念与分类

1. 商品标准的概念

商品标准是对商品质量以及与质量有关的各个方面（如商品的品名、规格、性能、用途、使用方法、检验方法、包装、运输、储存等）所做的统一技术规定，是评定、监督和维护商品质量的准则和依据。

商品标准是技术标准的一种,主要是对商品的品质规格及检验方法所做的技术规定。在标准中明确规定商品的结构、化学组成、规格、质量、等级、检验、包装、储存、运输、使用以及生产技术等规定。它是在一定时期和一定范围内具有约束力的产品技术准则,是商品生产、检验、验收、监督、使用、维护和贸易洽谈的技术依据,对于保证和提高商品质量,提高生产和使用的经济效益,具有重要意义。

2．商品标准的分类

（1）按发生作用的范围不同分类

1）国际标准。国际标准是指国际标准化组织（ISO）、国际电工委员会（IEC）和国际电信联盟（ITU）制定的标准,以及国际标准化组织确认并公布的其他国际组织制定的标准,并为世界上多数国家承认和通用的产品质量标准。国际标准属于推荐性标准。

知识拓展

世界三大国际标准化机构简介

1．国际标准化组织（International Organization for Standardization，简称 ISO）

国际标准化组织（ISO）是目前世界上最大、最有权威性的国际标准化专门机构。1946 年 10 月 14 日至 26 日,中、英、美、法、苏等 25 个国家的 64 名代表集会于伦敦,正式表决通过建立国际标准化组织。1947 年 2 月 23 日,ISO 章程得到 15 个国家标准化机构的认可,国际标准化组织宣告正式成立。参加 1946 年 10 月 14 日伦敦会议的 25 个国家,为 ISO 的创始人。ISO 是联合国经社理事会的甲级咨询组织和贸发理事会综合级（即最高级）咨询组织。此外,ISO 还与 600 多个国际组织保持着协作关系。

国际标准化组织的目的和宗旨是:"在全世界范围内促进标准化工作的发展,以便于国际物资交流和服务,并扩大在知识、科学、技术和经济方面的合作。"其主要活动是制定国际标准,协调世界范围的标准化工作,组织各成员国和技术委员会进行情报交流,以及与其他国际组织进行合作,共同研究有关标准化问题。

2．国际电工委员会（International Electrotechnical Commission，简称 IEC）

国际电工委员会（IEC）成立于 1906 年,至今已有 100 多年的历史。它是世界上成立最早的国际性电工标准化机构,负责有关电气工程和电子工程领域中的国际标准化工作。

IEC 的宗旨是,促进电气、电子工程领域中标准化及有关问题的国际合作,增进国家间的相互了解。为实现这一目的,IEC 出版包括国际标准在内的各种出版物,并希望各成员在本国条件允许的情况下,在本国的标准化工作中使用这些标准。近 20 年来,IEC 的工作领域和组织规模均有了相当大的发展。今天 IEC 成员国已从 1960 年的 35 个增加到 61 个。它们拥有世界人口的 80%,消耗的电能占全球消耗量的 95%。目前 IEC 的工作领域已由单纯研究电气设备、电机的名词术语和功率等问题扩展到电子、电力、微电子及其应用、通信、视听、机器人、信息技术、新型医疗器械和核仪表等电工技术的各个方面。IEC 标准已涉及了世界市场中的 35% 的产品,到 20 世纪末,这个数字已达 50%。

3. 国际电信联盟（International Telecommunication Union，简称 ITU）

国际电信联盟是联合国的一个专门机构，也是联合国机构中历史最长的一个国际组织，简称"国际电联""电联"或"ITU"。

该国际组织成立于 1865 年 5 月 17 日，是由法、德、俄等 20 个国家在巴黎会议为了顺利实现国际电报通信而成立的国际组织，定名"国际电报联盟"。

1932 年，70 个国家的代表在西班牙马德里召开会议，决议把"国际电报联盟"改写为"国际电信联盟"，这个名称一直沿用至今。

1947 年在美国大西洋城召开国际电信联盟会议，经联合国同意，国际电信联盟成为联合国的一个专门机构。总部由瑞士伯尔尼迁至日内瓦。另外，还成立了国际频率登记委员会（IFRB）。

为了适应电信科学技术发展的需要，国际电报联盟成立后，相继产生了 3 个咨询委员会。1924 年在巴黎成立了"国际电话咨询委员会（CCIF）"；1925 年在巴黎成立了"国际电报咨询委员会（CCIT）"；1927 年在华盛顿成立了"国际无线电咨询委员会（CCIR）"。这 3 个咨询委员会都召开了不少会议，解决了不少问题。1956 年，国际电话咨询委员会和国际电报咨询委员会合并成为"国际电报电话咨询委员会"，即 CCITT。

1972 年 12 月，国际电信联盟在日内瓦召开了全权代表大会，通过了国际电信联盟的改革方案，国际电信联盟的实质性工作由三大部门承担，它们是国际电信联盟标准化部门（ITU-T）、国际电信联盟无线电通信部门和国际电信联盟电信发展部门。其中电信标准化部门由原来的国际电报电话咨询委员会（CCITT）和国际无线电咨询委员会（CCIR）的标准化工作部门合并而成，主要职责是完成国际电信联盟有关电信标准化的目标，使全世界的电信标准化。

我国于 1920 年加入了国际电报联盟，1932 年派代表参加了马德里国际电信联盟全权代表大会，1947 年在美国大西洋城召开的全权代表大会上被选为行政理事会的理事国和国际频率登记委员会委员。中华人民共和国成立后，我国的合法席位一度被非法剥夺。1972 年 5 月 30 日在国际电信联盟第 27 界行政理事会上，正式恢复了我国在国际电信联盟的合法权利和席位，我国积极参加了国际电信联盟的各项活动。

2）区域标准。区域标准又称为地区标准，可用 DB 表示，是指世界某一国际地区性（或国家集团性）标准化组织制定和发布的标准。这些国际地区性（或国家集团性）标准化组织有的是由于地理原因，有的是由于政治原因而形成的，这些标准仅在这些地区（或国家集团）内发生作用，如欧洲标准化委员会（CEN）、非洲地区标准化组织（ARSO）等地区组织所制定和使用的标准。

对于我国来说，对没有国家标准和行业标准而又需要在省、自治区、直辖市范围内统一的工业产品的安全、卫生要求，可以制定区域标准。区域标准由省、自治区、直辖市标准化行政主管部门制定，并报国务院标准化行政主管部门和国务院有关行政主管部门备案，在公布国家标准或者行业标准之后，该地区标准即应废止。

3）国家标准。国家标准是指对全国经济、技术发展有重大意义，必须在全国范围内统一的标准。国家标准由国务院标准化行政主管部门制定、审批和公布，在全国范围内实施。截至 2015 年底，我国共有国家标准 32 842 项。

4）行业标准。对没有国家标准又需要在全国某个行业范围内统一的技术要求，可以制定行业标准，作为对国家标准的补充，当相应的国家标准实施后，该行业标准应自行废止。行业标准由行业标准归口部门审批、编号、发布，实施统一管理。行业标准的归口部门及其所管理的行业标准范围，由国务院标准化行政主管部门审定，并公布该行业的行业标准代号。截至 2015 年底，我国备案的行业标准共 54 148 项。

5）地方标准。地方标准是在没有国家和行业标准的情况下，由地方（如省）制订、批准发布，在本行政区域内统一使用的标准，具体有：①工业产品的安全、卫生要求；②药品、兽药、食品卫生、环境保护、节约能源、种子等法律、法规规定的要求；③其他法律、法规规定的要求。地方标准由省、自治区、直辖市标准化行政主管部门统一编制计划、组织制定、审批、编号、发布。到 2015 年底，我国备案的地方标准共 29 916 项。

6）企业标准。企业标准是指由企业制定发布，在该企业范围内统一使用的标准。其代号由"Q"加斜线再加上企业代号组成，如美国波音飞机公司、德国西门子电器公司、新日本钢铁公司等企业发布的企业标准都是国际上有影响的先进标准。企业产品标准应在发布后 30 日内向政府备案。

企业标准仅限于企业使用。对于没有国家标准、行业标准和地方标准的，企业可以制定标准；对于已有国家标准、行业标准和地方标准的，国家鼓励企业制定严于国家标准、行业标准和地方标准的企业标准。截至 2015 年底，我国备案的企业产品标准超过 100 万项。

（2）按商品标准的表达形式分类

1）文件标准。文件标准是以文字（包括表格、图形等）的形式对商品质量所做的统一规定。绝大多数商品标准都是文件标准。文件标准在其开本、封面、格式、字体、字号等方面都有明确的规定，应符合 GB 1.1—2009《标准化工作导则 第 1 部分：标准的结构和编写》的有关规定。

2）实物标准。实物标准是指对某些难以用文字准确表达的质量要求（如色泽、气味、手感等），由标准化主管机构或指定部门用实物做成与文件标准规定的质量要求完全或部分相同的标准样品，作为文件标准的补充，同样是生产、检验等有关方面共同遵守的技术依据。例如，粮食、茶叶、羊毛、蚕茧等农副产品，都有分等级的实物标准。实物标准是文件标准的补充，实物标准要经常更新。国家实物标准的代号为"GSB"，其顺序号是由《标准文献分类法》规定的一级类目、二级类目和二级类目范围的顺序号组成，如"GSBX 69055-96 三花酒"。

（3）按标准的约束程度不同分类

1）强制性标准，又称法规性标准，即一经批准发布，在其规定的范围内，有关方面都必须严格贯彻执行。国家对强制性标准的实施情况依法进行有效监督。

2）推荐性标准，又称自愿性标准，即国家制定的标准由各企业自愿采用、自愿认证，国家利用经济杠杆鼓励企业采用。实行市场经济的国家大多数实行推荐性标准，如国际标准及美国、日本等国的大多数标准。

我国标准化工作取得的成绩

经过多年发展，我国标准化管理体制和标准修订机制逐步完善，市场主体和社会各界参与标准化活动的能力和意识普遍提高。近年来，国家标准委会同各行业部门对国家标准进行全面清理，共废止原国家标准2 500多项，修订国家标准9 500多项，下达国家标准制修订计划项目 2 万项，标准化工作领域不断拓展，标准制修订速度和质量明显提高。截至2015年底，全国的国家标准总数为32 842项，正在制修订中的国家标准12 726项，国家标准的采标率达到68%。初步确立了国家标准体系，初步解决了标准的老化、缺失、水平低等问题，使国家标准的标龄缩短到5年以内，基本形成了由国家标准、行业标准、地方标准和企业标准组成的覆盖一、二、三产业的我国标准体系，经济社会效益日益显著。

近年来，我国标准化工作的国际交流与合作取得突破，在国际标准化活动中的地位和作用明显提升。截至2016年上半年，中国有46位专家担任了ISO（国际化标准组织）技术机构主席职务，承担了ISO技术机构秘书处70个，以积极成员身份实质参与了656个ISO技术机构工作。中国提交并立项的ISO标准提案达340项，其中189项已正式发布为ISO的国际标准。

我国标准化工作取得的巨大成绩，为促进我国经济社会又好又快发展提供了有效支撑。

（4）按标准的成熟程度不同分类

标准可以分为正式标准和试行标准。试行标准与正式标准具有同等效用，同样具有法律约束力。试行标准一般在试行二至三年后，经过讨论修订，再作为正式标准发布。现行标准绝大多数为正式标准。

（5）按商品标准的保密程度分类

标准可以分为公开标准和内部标准。我国的绝大多数标准都是公开标准。少数涉及军事技术或尖端技术机密的标准，只准在国内或有关单位内部发行，这类标准称为内部标准。

二、商品标准的级别

对需要在全国范围内统一的技术要求，应当制定国家标准。国家标准由国务院标准化行政主管部门制定。对没有国家标准而又需要在全国某个行业范围内统一的技术要求，可以制定行业标准。行业标准由国务院有关行政主管部门制定，并报国务院标准化行政主管部门备案，在公布国家标准之后，该项行业标准即行废止。对没有国家标准和行业标准而又需要在省、自治区、直辖市范围内统一的工业产品的安全、卫生要求，可以制定地方标准。地方标准由省、自治区、直辖市标准化行政主管部门制定，并报国务院标准化行政主管部门和国务院有关行政主管部门备案，在公布国家标准或者行业标准之后，该项地方标准即行废止。

企业生产的产品没有国家标准和行业标准的，应当制定企业标准，作为组织生产的依据。企业的产品标准须报当地政府标准化行政主管部门和有关行政主管部门备案。已有国家标准或者行业标准的,国家鼓励企业制定严于国家标准或者行业标准的企业标准,在企业内部适用。

三、商品标准的编号

1．中华人民共和国国家标准编号

国家标准的编号由国家标准代号"GB"或"GB/T"及其后的两组数字组成,第一组数字表示标准的顺序编号,第二组数字表示标准批准或重新修订的年代。

"GB"为强制性国家标准代号,其含义是"国标"两个字汉语拼音的第一个字母的组合。

"GB/T"为推荐性国家标准代号,其含义是"国标"和"推"3个字汉语拼音的第一个字母的组合。

国家标准顺序号是发布的国家标准的顺序排号,国家标准发布年号为发布该国家标准年份的四位数字,国家标准顺序号和年号之间加杠分开,如"GB 17323—1998 瓶装饮用纯净水"和"GB/T 17392—1998 国旗用织物"。

其编号方式为:(国家标准代号)+(标准顺序号)—发布年号

2．中华人民共和国行业标准编号

行业标准代号由国务院标准化行政主管部门规定。

识知 拓展

行业标准代号表

中华人民共和国 1999 年发布的行业标准代号见表 3-1。

表 3-1　中华人民共和国 1999 年发布的行业标准代号

序　号	行业标准名称	行业标准代号
1	农业	NY
2	水产	SC
3	水利	SL
4	林业	LY
5	轻工	QB
6	纺织	FZ
7	医药	YY
8	民政	MZ
9	教育	JY
10	烟草	YC
11	黑色冶金	YB
12	有色冶金	YS
13	石油天然气	SY
14	化工	HG
15	石油化工	SH

（续）

序　号	行业标准名称	行业标准代号
16	建材	JC
17	地质矿产	DZ
18	土地管理	TD
19	测绘	CH
20	机械	JB
21	汽车	QC
22	民用航空	MH
23	兵工民品	WJ
24	船舶	CB
25	航空	HB
26	航天	QJ
27	核工业	EJ
28	铁路运输	TB
29	交通	JT
30	劳动和劳动安全	LD
31	电子	SJ
32	通信	YD
33	广播电影电视	GY
34	电力	DL
35	金融	JR
36	海洋	HY
37	档案	DA
38	商检	SN
39	文化	WH
40	体育	TY
41	商业	SB
42	物资管理	WB
43	环境保护	HJ
44	稀土	XB
45	城镇建设	CJ
46	建筑工业	JG
47	新闻出版	CY
48	煤炭	MT
49	卫生	WS
50	公共安全	GA
51	包装	BB
52	地震	DB
53	旅游	LB
54	气象	QX
55	外经贸	WM
56	海关	HS
57	邮政	YZ

　　行业标准编号由行业标准代号、标准顺序号和发布的年号组成。行业标准也分为强制性标准和推荐性标准。表 3-1 中给出的是强制性行业标准代号，推荐性行业标准的代

号是在强制性行业标准代号后面加"/T"。例如，农业行业的推荐性行业标准代号是 NY/T，纺织行业的强制性标准和推荐性标准"FZ 20013—1996 防虫蛀毛纺织产品"和"FZ/T 73006—1995 腈纶针织内衣"。

其编号方式为：（行业标准代号）+（标准顺序号）—（发布年号）

3．中华人民共和国地方标准编号

地方标准编号由地方标准代号、标准顺序号和发布年号组成。

强制性地方标准代号为：DB+地区代码

推荐性地方标准代号为：DB+地区代码/T

其编号方式为：（地方标准代号）/（标准顺序号）—（发布年号）

强制性的地方标准代号由"DB"加省、自治区、直辖市行政区划代码前两位数字和"/T"组成。

其中，地区代码为各省、自治区、直辖市行政区划代码的前两位数字，如 11 表示北京市、12 表示天津市、13 表示河北省、14 表示山西省等。

识 拓展
知

全国各省、自治区、直辖市和特别行政区代码表

名　　称	代　　码	名　　称	代　　码
北京市	110000	河南省	410000
天津市	120000	湖北省	420000
河北省	130000	湖南省	430000
山西省	140000	广东省	440000
内蒙古自治区	150000	广西壮族自治区	450000
辽宁省	210000	海南省	460000
吉林省	220000	重庆市	500000
黑龙江省	230000	四川省	510000
上海市	310000	贵州省	520000
江苏省	320000	云南省	530000
浙江省	330000	西藏自治区	540000
安徽省	340000	陕西省	610000
福建省	350000	甘肃省	620000
江西省	360000	青海省	630000
山东省	370000	宁夏回族自治区	640000
新疆维吾尔自治区	650000	台湾省	710000
香港特别行政区	810000	澳门特别行政区	820000

4．中华人民共和国企业标准编号

企业标准代号由"Q"和斜线加企业代号组成。企业代号的规定分两种情况：一是凡中央所属企业的企业代号，由国务院有关行政主管部门规定；二是各地方所属企业的企业代号，由所在省、自治区、直辖市政府标准化主管部门规定。企业代号可用汉语拼音或阿拉伯数字或两者兼用表示。

其编号方式为：（企业标准代号）（即 Q/企业代号）+（标准顺序号）—（发布年号）

由省、自治区、直辖市发布的标准，还要在其企业标准代号"Q"前加上本省、自

治区、直辖市的简称汉字，如"京 Q/企业代号""皖 Q/企业代号"等。

边讲边练

请解读下列标准：

GB18168—2000

京 Q/EGF024—1997

DB11/068—1996

NY1234—94

【提示】

GB18168—2000 表示 2000 年发布的第 18168 号强制性国家标准。

注意发布年号的表示，1996 年以后发布的标准用 4 位数字表示，1996 年之前发布的标准用 2 位数字表示。

京 Q/EGF024—1997 表示 1997 年发布的北京市某企业的第 024 号企业标准。

DB11/068—1996 表示 1996 年发布的第 068 号强制性北京地方标准。

NY1234—94 表示 1994 年发布的第 1234 号强制性农业行业标准。

第二节　认知商品标准化

各种商品质量的评定，都需要有一个衡量的准则，这个准则就是商品标准。制定和修订商品标准的目的，在于通过贯彻执行，来保证或提高商品的质量。制定、修订和贯彻执行商品标准的整个实践过程，就是商品标准化的活动过程。有效地推进商品标准化进程，有助于企业提高产品质量，促进商品交易，甚至是保障人体健康和人身、财产安全，保护环境，对企业可持续发展也起着至关重要的作用，因此对于物流作业人员，要树立正确的标准化理念，会运用标准化方法，制定、发布和实施物流作业标准。

一、商品标准化的概念与分类

1．商品标准化的概念

商品标准化是指在商品生产和流通加工的各个环节中制定、发布，以及实施商品标准的活动。推行商品标准化的最终目的是达到统一，从而获得最佳市场秩序和社会效益。

商品标准化是现代技术经济科学体系中的一个重要组成部分，它对于发展社会生产力，促进科技进步，扩大对外经济技术交流，提高社会、经济效益等都有着重要的作用。

2．商品标准化的内容

商品标准化的内容包括名词术语统一化，商品质量标准化，商品零部件通用化，商品品种规格系列化，商品质量管理与质量保证标准化，商品检验与评价方法标准化，商品分类编码标准化，商品包装，储运，养护标准化等。

具体内容如下：

（1）商品质量标准化，是指要求按照统一的技术标准进行商品生产和检验，并对同类所有商品进行质量评定。

（2）商品品种规格系列化，是指将同类商品，依据一定的规律，一定的技术要求，按照不同的规格、尺寸等进行合理分档，使之形成系列。

（3）商品零部件通用化，是指在相互独立的商品体系中，选择和确定具有功能互换性或尺寸互换性的标准零部件。即使同一类商品或不同商品零件、部件之一部分或大部分可相互通用。

（4）技术语言标准化，是指商品使用的名词、术语、符号、代号等必须统一、简化、明确，以利提高工作效率，便于相互交流和正确理解。

商品标准化是一项系统管理活动，涉及面广，专业技术要求高，政策性强，因此必须遵循统一管理与分级管理相结合的原则，吸取国外标准化的先进经验，建立一套完善的标准化机构和管理体系，搞好分工协作，调动各方面的积极性，这样才能顺利完成商品标准化的任务。

知识拓展

我国的标准化机构

国家质量监督检验检疫总局是国务院主管标准化工作的直属机构。中国国家标准化管理委员会为国家质量监督检验检疫总局管理的事业单位。中国国家标准化管理委员会是国务院授权履行行政管理职能，统一管理全国标准化工作的主管机构。国务院有关行政主管部门和有关行业协会也设有标准化管理机构，分工管理本部门本行业的标准化工作。各省、自治区、直辖市及市、县政府部门也设有标准化管理机构。国家质量监督检验检疫总局对省、自治区、直辖市质量技术监督局实行业务领导，对省以下质量技术监督管理系统实行垂直领导。

二、我国采用国际标准和国外先进标准

1．我国采用国际标准和国外先进标准的原则

国家大力提倡采用国际标准，在采用中应符合以下的原则：

（1）应当符合我国有关的法律法规，并遵循国际惯例，做到技术先进、经济合理、完全可靠。

符合我国的法律法规与遵循国际惯例从总体上讲是不矛盾的。尤其是我国加入WTO以后，所颁布的法律法规与国际惯例更加衔接，一些不适合国际惯例的法规、管理办法等都正在进行修订，但很难保证我国所有的法律法规在所有的技术问题上与国际惯例都能够做到完全一致。而我们在采用国际标准时，首先要保证标准的内容符合我国的法律法规，与我国现行法律法规相违背或不一致的内容不能采用。比如在有关国际标准中，我国对某些国家或地区的称谓和划分与国际上的称谓与划分有一些差异，因而当我国采用该国际标准时，就要保证标准要以我国政府的立场为基础，而不能与国际标准完全一致。

（2）制定我国标准应以相应的国际标准为基础，尤其要优先采用国际标准中的基础

标准和方法标准。

为了与国际上的技术要求相衔接，首先应采用国际标准中的基础标准与方法标准，以保证我国的标准化工作与国际上的标准化工作在一个可以互相了解、具有共同的试验方法的基础上进行。因而在国家标准中，主要应采用适合我国的基础标准和方法标准。

在安全、卫生、环保方面，我国将按照《标准化法》的规定制定强制性标准。上述保障国家安全等正当目标，正是强制性标准的范围，而这些内容与 WTO/TBT 协定中的规定是完全一致的。因而，除上述对我国无效或不适用的原因之外，完全可以采用国际标准。

知 识 拓 展

可制定国际标准的其他国际组织

目前，被国际标准化组织确认并公布的其他国际组织是国际计量局（BIPM）、国际人造纤维标准化局（BISFA）、食品法典委员会（CAC）、时空系统咨询委员会（CCSDS）、国际建筑研究实验与文献委员会（CIB）、国际照明委员会（CIE）、国际内燃机会议（CIMAC）、国际牙科联盟会（FDI）、国际信息与文献联合会（FID）、国际原子能机构（IAEA）、国际航空运输协会（IATA）、国际民航组织（ICAO）、国际谷类加工食品科学技术协会（ICC）、国际排灌研究委员会（ICID）、国际辐射防护委员会（ICRP）、国际辐射单位和测试委员会（ICRU）、国际制酪业联合会（IDF）、互联网工程特别工作组（IETF）、国际图书馆协会与学会联合会（IFTA）、国际有机农业运动联合会（IFOAM）、国际煤气工业联合会（IGU）、国际制冷学会（IIR）、国际劳工组织（ILO）、国际海底组织（IMO）、国际种子检验协会（ISTA）、国际电信联盟（ITU）、国际理论与应用化学联合会（IUPAC）、国际毛纺组织（IWTO）、国际动物流行病学局（OIE）、国际法制计量组织（OIML）、国际葡萄与葡萄酒局（OIV）、材料与结构研究实验所国际联合会（RILEM）、贸易信息交流促进委员会（TARFIX）、国际铁路联盟（UIC）、贸易促进和电子商务中心（UN/CEFACT）、联合国教科文组织（UNESCO）、国际海关组织（WCO）、国际卫生组织（WHO）、世界知识产权组织（WIPO）、世界气象组织（WMO）等。

2. 我国采用国际标准和国外先进标准的方法

采用国际标准，包括采用国外先进标准，是指把国际标准和国外先进标准的内容，通过分析研究，不同程度地纳入我国的各级标准中，并贯彻实施以取得最佳效果的活动。

等同采用国家标准是采用国际标准的基本方法之一。它是指我国标准在技术内容上与国际标准完全相同，编写上不做或稍做编辑性修改。可以用图示符号"≡"表示，其缩写字母代号为"idt"或"IDT"。

等效采用国际标准是采用国际标准的基本方法之一。它是指我国标准在技术内容上基本与国际标准相同，仅有小的差异，在编写上则不完全相同于国际标准。可以用图示符号"="表示，其缩写字母代号为"eqv"或"EQV"。

非等效采用国际标准是采用国际标准的基本方法之一。它是指我国标准在技术内容的规定上，与国际标准有重大差异。可以用图示符号"≠"表示，其缩写字母代号为"neq"或"NEQ"。

实操技巧

我国采用国际标准或国外先进标准程度的表示方法，见表3-2。

表3-2　我国采用国际标准或国外先进标准程度的表示方法

采 用 程 度	符　　号	缩 写 字 母
等同	≡	idt 或 IDT
等效	=	eqv 或 EQV
非等效	≠	neq 或 NEQ

在我国标准目录中，分别用3种符号表示；在电报传输或电子数据处理中，分别用3种缩写字母表示。

采用国际标准（不包括即将制定完成的国际标准）的我国标准，其采用程度在我国标准的封面上和首页上表示方法如下：

GB×××—××（idt　ISO×××—××××）

GB×××—××（eqv　ISO×××—××××）

GB×××—××（neq　ISO×××—××××）

国际标准对于国家间的贸易往来和科技交流、国际范围的专业化合作、合理利用资源和保护生态环境都有着十分重要的意义。积极采用国际标准和国外先进标准早已成为我国重要的技术经济政策。

3. 国际上将国际标准和国外先进标准订入本国国家标准的办法

ISO/IEC导则21-1981（E）中规定，一般采用6种方法将国际标准和国外先进标准订入（编入）本国国家标准。

（1）认可法

由国家标准机构直接宣布某项国际标准为国家标准，其具体办法是发一认可公告或通知，公告和通知中一般不附带国际标准的正文，也不在原标准文本上加注采用国家的编号。

（2）封面法

在国际标准上加上采用国国家标准的编号，并附一简要说明和要求，如说明对原标准做了哪些编辑修改，以及如何贯彻等要求。

（3）完全重印法

将国际标准翻译或不做翻译，采用原标准标题，重新印刷作为国家标准，并可在国际标准正文前面，加一篇引言，做一些说明或指示、要求。

（4）翻译法

国家标准采用国际标准的译文，可以用两种文字（原文和译文）或一种文字出版，采用时，也可在前言中说明对被采用的国际标准做了哪些编辑性修改，或做一些要求说明。

（5）重新制定法

根据某项国际标准，重新起草国家标准，即把国际标准"融入"国家标准之中，或做层次上的修改，或做结构上的变动，但一般要保留国际标准的主要指标，或基本上保留原结构格局。

（6）包括与引用法

制定国家标准时，完全引用或部分引用国际标准的内容。根据国际标准的"包容"情况及专业深度，制定国家标准时可以选择相关部分进行贯彻，其余部分不贯彻；也可包括其国际标准的一部分，其余根据需要补充新的内容和指标。

实操训练

温州打火机案成为中国应对欧盟 CR 法规第一案件

2001 年 10 月，在我国胜利完成加入世贸组织的各项谈判时，一个旨在保护欧洲打火机制造商利益的贸易法案也在悄然拟定中，这就是欧盟卫生和消费者保护协会主持制定的《打火机——防止儿童开启要求及测试方法》（简称 CR 法规）。

2001 年 10 月 2 日，温州打火机协会副会长黄发静收到了贸易合作伙伴欧洲打火机进口商协会会长克劳斯·邱博一份电函，告知欧盟正在拟定进口打火机的 CR 法规草案。这是欧盟对 1994 年美国 CR 法规的"克隆"。其核心内容，即规定进口价格在 2 欧元以下的打火机，必须要加装一个 5 周岁以下儿童难以开启的装置即安全锁，否则不准进入欧盟市场。由此，素有"打火机王国"之称的温州打火机行业即将遭受一场灭顶之灾。

1994 年，美国发生了多次因儿童玩弄打火机而不慎失火的事件，美国著名的打火机生产厂商 ZIPPO 公司为保护自身利益，借机游说有关立法机构，促成美国出台了 CR 法规，规定凡售价 2 美元下的打火机都必须执行该法规，加装一个防止儿童开启的安全装置，否则不能在美国市场销售。这个法规生效后，温州打火机首当其冲，出口美国市场严重受阻。黄发静介绍，温州打火机以价廉物美、品种繁多等优势打破了日本、韩国、欧盟等一些国家垄断世界打火机市场的局面，大有独步天下之势。但 CR 法规实施后，温州打火机在美国市场马上萎缩，8 年来几乎没有增长。

目前，温州拥有打火机生产企业（户）约 500 余家，年产打火机 8.5 亿只，出口量约占总产量的 80%，约占世界打火机市场份额近 70%。因温州打火机的外贸出厂价基本上是 1 欧元左右，在欧盟市场极具竞争力，市场份额曾一度高达 80%。欧盟在著名的 BIC 公司、东海公司等打火机制造商的压力下，启动有关程序拟定涉及国际贸易的 CR 法规。该法规于 2002 年 4 月 30 日获得通过，并将在 2004 年强制执行。CR 法规的出台，意味着温州生产的价格在 2 欧元以下、装有燃料的玩具型打火机将被禁止在欧盟上市。此消息传出后，温州的打火机出口受到严重影响。据悉，每年的岁末和年初都是温州打火机接收订单最旺盛的季节，而 2001 年入冬以来，接到的出口订单明显减少。可以预见，一旦 CR 法案开始执行，目前设计生产的温州打火机在欧盟市场上将受到极大冲击，这已有先例。早在 1994 年美国关于类似 CR 法规的实施，就使温州打火机产业受到重创，8

年来温州打火机在美国市场节节败退，现在的出口量只相当于出口欧洲市场的 1/5。温州打火机事件是一起利用国际贸易技术壁垒保护本国产业的典型案例，也是我国"入世"后，在国际贸易领域第一次遭遇 WTO 成员方的技术壁垒。

CR 法规与贸易技术壁垒协议的冲突分析

WTO 体系下对贸易技术壁垒进行约束的主要是乌拉圭回合谈判达成的《贸易技术壁垒协议》（以下简称 TBT 协议）。TBT 协议由 1 个序言、15 个条款和 3 个附件组成。它包括 4 项基本原则：一是各国应该认识到国际标准和合格评定程序能为提高生产效率和推动国际贸易做出重大贡献，鼓励各国制定国际标准和合格评定程序；二是这些技术法规和标准，包括包装、标志、标签等不会给国际贸易制造不必要的障碍；三是不应妨碍任何国家采取必要手段和措施保护其基本安全利益，保护其出口产品质量，保护人类、动物或植物的生命和健康，保护环境和防止欺骗行为，但不能用这些措施作为对同等情况的国家进行歧视或变相限制国际贸易的手段；四是国际标准化有利于发达国家向发展中国家转让技术，帮助发展中国家制定技术法规、标准以及合格评定程序。

【问题】

（1）温州打火机事件暴露了我国企业的哪些问题？

（2）面对国际贸易中的技术壁垒，我国企业应该何去何从？

（3）从商品标准化角度看，该案例对政府有何启发？

学习效果检测

一、单选题

1. 下述关于实物标准不正确的是（　　）。

　　A．实物标准是一种标准样品

　　B．大多数商品标准都是实物标准

　　C．实物标准是文件标准的补充

　　D．实物标准要经常更新

2. 下述关于企业标准不正确的是（　　）。

　　A．企业标准是仅限于企业使用的标准

　　B．在没有上级标准时，企业可以制定标准

　　C．在有上级标准时，企业不可以制定标准

　　D．企业标准由企业制定

3. 国际标准代号是（　　）。

　　A．GB　　　　　　　　　　　　B．GB/T

　　C．ISO　　　　　　　　　　　　D．Q/XX

4. 强制性国家标准代号是（　　）。

　　A．GB　　　　　　　　　　　　B．GB/T

　　C．ISO　　　　　　　　　　　　D．Q/XX

5．推荐性国家标准代号是（　　　）。

    A．GB　　　　　　　　　　　　　　B．GB/T

    C．ISO　　　　　　　　　　　　　　D．Q/XX

6．企业标准代号是（　　　）。

    A．GB　　　　　　　　　　　　　　B．GB/T

    C．ISO　　　　　　　　　　　　　　D．Q/XX

7．根据《中华人民共和国标准化法》的规定，对没有国家标准而又需要在全国某个行业范围内统一的技术要求，可以制定（　　　）。

    A．国家标准　　　　　　　　　　　B．行业标准

    C．地方标准　　　　　　　　　　　D．企业标准

8．GB/T3856—2007是（　　　）代号。

    A．推荐性国家标准　　　　　　　　B．推荐性行业标准

    C．企业标准　　　　　　　　　　　D．地方标准

9．对已有产品国家标准的企业，鼓励制定（　　　）国家标准的企业标准。

    A．等于　　　　　　　　　　　　　B．少于

    C．低于　　　　　　　　　　　　　D．高于

10．按标准的约束性，国际标准是（　　　）。

    A．强制性标准　　　　　　　　　　B．推荐性标准

    C．行业标准　　　　　　　　　　　D．企业标准

11．土特产、某些工艺品，常常使用（　　　）作为交货和验收的依据。

    A．实物标准　　　　　　　　　　　B．文件标准

    C．强制标准　　　　　　　　　　　D．推荐性标准

12．在下列选项中，（　　　）是国际标准通常采用的标准代号。

    A．ISO　　　　　　　　　　　　　　B．IEC

    C．EN　　　　　　　　　　　　　　D．BS

二、多选题

1．根据《标准化法》，我国标准划分为（　　　）等几个级别。

    A．国家标准　　　　　　　　　　　B．行业标准

    C．地方标准　　　　　　　　　　　D．企业标准

2．地方标准是指在没有（　　　）的情况下，需要在某一地区内统一制定和使用的标准。

    A．国家标准　　　　　　　　　　　B．行业标准

    C．地方标准　　　　　　　　　　　D．企业标准

三、填空题

1．涉及（　　　　　　）和（　　　　　　　　）的标准及法律、行政法规规定强制执行的标准均为强制性标准。

2．国际标准都是（　　　　　　　　）标准，但因其较高的权威性和科学性各国自愿

采纳。

3．根据法律的约束性，标准可以分为（　　　　　　）和（　　　　　）。

4．我国将商品标准划分为（　　　　）、（　　　　）、（　　　　）和（　　　　）等 4 个层次。

四、请解读下列标准

1．GB1350—86

2．GB/T12113—1996

3．Q/EGF024—1997

4．DB34/T166—1996

5．JB/T4192—1996

第四章

商品分类管理

【知识目标】 熟悉商品分类的概念、作用和基本原则，掌握商品分类的基本方法，熟悉商品分类标志，掌握商品编码的基本原则，熟悉常见的商品条码。

【能力目标】 能够遵循商品分类原则对商品进行合理的分类，能够合理选择和使用商品分类方法，能够恰当地选择商品分类标志，能够进行简单的商品编码，能够制作商品条码。

在商品生产、流通和消费过程中，商品的生产、销售、使用和研究都需要对商品进行细致的分类操作，无论是商品的设计人员、生产人员、储存人员、运输人员、检验人员、销售人员还是使用者，认识商品分类及分类体系，都有着至关重要的作用。物流人员对商品进行仓储管理、运输管理、配送管理等，都是建立在商品分类的基础上的，可以说，商品分类是一切物流操作的基础。

合理地认知商品分类和商品分类体系，认知和选择合理的分类标识，根据分类的基本原则能够对涉及范围内的商品进行合理的分类，并加强对商品的管理，以及对商品进行编码，能够制作和应用条码，这些都是物流专业人员必须掌握的基本技能。

第一节　进行商品分类

当工作人员想要对一定范围内的商品进行分类的时候，首先要弄清楚什么是商品分类，本次分类的目的是什么？在理解商品分类的实质和其作用的基础上，还要弄清需要遵循什么原则进行分类，以及可以采用的分类方法有哪些，然后，就是具体执行了。

一、商品分类概述

1．商品分类的概念

商品分类是在商品生产的发展过程中形成的。随着社会分工的不断发展，商品生产和交换的范围和领域不断扩大，商品的数量和种类也在不断增加。为了合理地组织商品生产和流通，就需要对商品进行科学的分类，以提高社会生产的效率。商品分类是指为了满足生产、流通和消费的需要，按照一定的分类标志，科学、系统地将商品分成若干不同类别的过程。

商品分类的结果，一般可划分为大类、中类、小类、品类、品种和细目等类目层次。

商品大类一般根据生产和流通中的行业来划分，如食品、纺织品、日用工业品、建材等，既要同生产行业对口，又要与流通组织相适应。

商品品类又称商品品目，是指具有若干共同性质或特征的商品总称，如食品类商品可分为蔬菜与果品、肉及肉制品、水产品、乳及乳制品、蛋及蛋制品、食糖、茶叶、酒类等。

商品品种是指商品的具体名称，它是按商品的性质、成分等方面的特征来划分的，如去头屑洗发水、维生素洗发水、润亮洗发水等。

商品的细目是对商品品种的详细区分，包括商品的花色、规格、品级等。

识知 拓展

商品分类的类目层次及其应用实例见表 4-1。

表 4-1　商品分类的类目层次及其应用实例

商品类目层次	应用举例 1	应用举例 2
商品门类	消费品	消费品
商品大类	食品	工业品
商品中类	饮品类食品	日用化学商品
商品小类	饮料	洗涤用品
商品品类或品目	碳酸饮料	肥皂
商品品种	可乐	洗衣皂
商品细目	百事可乐	雕牌透明皂

2．商品分类的作用

商品分类是将千万种商品在商品生产与交换中实现科学化、系统化管理的重要手段。商品分类必然对发展生产、促进流通、满足消费以及提高现代化管理水平和企业效益起到积极作用，具体表现在以下几个方面：

（1）商品分类有利于信息工作的开展。商品分类种类繁多，特征多样，价值不等，用途各异，只有将商品进行科学的分类，统一商品用语，商品在生产、运输、储存、销售各环节中涉及的各项经济指标、统计数据和商品信息才具有可比性和实际意义。信息技术在经济管理中广泛应用，对商品的科学分类和编码提出了更新、更高的要求。

（2）商品分类有助于了解商品特征，进行科学的经营管理。在商品经营管理中，通过科学的商品分类和商品目录的编制，能使经营者容易实施有效、科学的商品采购管理和陈列管理以及较好地掌握企业的经营业绩，达到易于统计、分析和决策的效果；另一方面科学的商品分类有助于商店经营者有秩序地安排畅销商品和促销商品的有效供给以及合理地设计商品布局和陈列，从而便于消费者选购商品。

（3）商品分类有助于商品的现代化管理。随着科技的飞速发展和国际贸易的需要，要求对商品实行现代化管理。计算机在商品现代化管理中的广泛应用，为商品的科学分类、编码及快速处理和存储商品信息创造了条件，同时对商品分类和编码提出了更高的要求。许多国家在国内外贸易中利用计算机和商品信息系统查询商品的性能、生产国别、生产经营者、价格、货源量等信息，加速了商品现代化管理的进程。

（4）商品分类有助于商品学教学和科研的开展。商品学教学中，按照教学需要对商品进行分类，使讲授的知识系统化、专业化，便于在有限的学时内使学生掌握各类中的代表性商品，进行举一反三的教学。在商品学的科学研究中，也必须从个别商品特征归纳出各类商品特征，这样才能深入分析商品性能，研究商品质量和品种及其变化规律。

3．商品分类的基本原则

（1）必须明确拟分类的商品集合体所包括的范围。不同国家、不同历史阶段，商品所包括的范围不完全相同，不同行业、不同部门所管理的范围也不完全相同。因此，在进行商品分类时，首先必须明确拟分类的商品集合体所包括的范围，这样进行的商品分类才能符合客观实际。

（2）必须提出商品分类的明确目的。由于各行业、各部门和各企业进行商品分类的目的和要求不同，商品分类所形成的体系也多种多样，不同的商品分类体系有各自特定的分类目的。因此，对商品进行分类时必须明确商品分类的目的。

（3）必须选择适当的分类标志。对商品进行分类时，选择分类标志至关重要，只有分类标志能够满足分类的目的和要求，才能保证分类清楚，具有科学性和系统性。商品的自然属性特征和社会经济属性特征均可作为商品分类标志。为了保证分类的唯一性和稳定性，必须选择最稳定的本质特征作为标志。

4．商品分类的基本方法

我们在生产生活中，最常用的商品分类的基本方法主要有线分类法和面分类法。

（1）线分类法

1）线分类法的概念。线分类法又称层级分类法，是指将分类对象按所选定的若干分类标志，逐次地分成相应的若干层级类目，并排列成一个有层次、逐级展开的分类体系。分类体系的一般表现形式是大类、中类、小类等级别不同的类目逐级展开，体系中各层级所选用的标志不同，同位类构成并列关系，上下位类构成隶属关系。由一个类目直接划分出来的下一级各类目之间是不重复、不交叉的并列关系。如 GB/T7635.1—2002《全国主要产品分类与代码：可运输产品》结构，如图 4-1 所示。

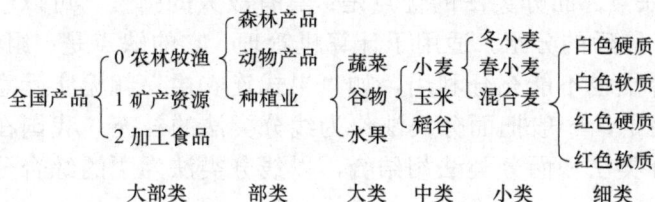

图 4-1 《全国主要产品分类与代码：可运输产品》结构（部分）

2）线分类法应遵循的基本原则：

① 在线分类法中，由某一上位类类目划分出的下位类类目的总范围应与上位类类目范围相同（都属于产品）。

② 当一个上位类类目划分成若干个下位类类目时，应选择一个划分标志（如森林产品、动物产品、种植业按照原料来源划分）。

③ 同位类类目之间不交叉、不重复，并只对应于一个上位类（如冬小麦、春小麦、混合麦都对应小麦类）。

④ 分类要依次进行，不应有空层或加层。

3）线分类法的优缺点。层次性好，能较好地反映类目之间的逻辑关系，使用方便，既适合于手工处理信息的传统习惯，又便于计算机处理信息。但线分类体系也存在着分类结构弹性差（分类结构一经确定，不易改动）、效率较低（当分类层次较多时，代码位数较长，影响数据处理的速度）等缺点。

（2）面分类法

1）面分类法的概念。面分类法又称平行分类法，是指将拟分类的商品集合总体，根据其本身的属性或特征，分成相互之间没有隶属关系的面，每个面都包含一组类目，将每个面中的一种类目与另一个面中的一种类目组合在一起，即组成一个复合类目。

服装的分类就是按面分类法组配的（见表 4-2）。把服装用的面料、款式、穿着用途分为 3 个互相之间没有隶属关系的"面"，每个"面"又分成若干个类目。使用时，将有关类目组配起来。如，纯毛男式西装、纯棉女式连衣裙等。

表 4-2　服装面分类法

面　　料	式　　样	款　　式	任　意　组　合
纯棉	男式	西装	纯毛男式西服
纯毛	女式	运动装	涤棉女士运动装
蚕丝	儿童装	夹克	蚕丝中老年连衣裙
棉/涤	婴儿式	连衣裙	纯棉婴儿连衣裤
化纤	中老年式	连衣裤	化纤男士连衣裙
……	……	……	……

2）面分类法应遵循的基本原则：

① 根据需要，应将分类对象的本质属性作为分类对象的标志。

② 不同类面的类目之间不能相互交叉，也不能重复出现。

③ 每个面有严格的固定位置。

④ 面的选择以及位置的确定应根据实际需要而定。

3）面分类法的优缺点。面分类法的优点是：具有较大的弹性，可以较大量地扩充新类目，不必预先确定好最后的分组，适用于计算机管理。它的缺点是：组配结构太复杂，不便于手工处理，其容量也不能充分利用，如"男式连衣裙"就无实际意义。

目前，在实际运用中，一般把面分类法作为线分类法的补充。我国在编制国家标准时，通常采用的是线分类法和面分类法相结合，以线分类法为主的综合分类法。

二、商品分类标志

1．选择商品分类标志的基本原则

在进行商品分类时，分类标志的选择非常重要。分类标志是编制商品分类体系和商品目录的重要依据和基准。由于可供选择的分类标志很多，为了使商品分类能满足分类的目的和要求，并将分类对象明确区分开来，在选择分类标志时就要坚持如下基本原则：

（1）目的性

标志的选择应根据分类的目的要求在一定范围内进行，使选用的标志能满足分类的目的和要求，这是商品分类的关键。

（2）区分性

在选择商品特征时，应选择能突出商品的最本质、最基本的特征，以从本质上把不同类别的商品明确区分开来。

（3）适应性

能划分规定范围内所有的商品，并为不断补充新商品留有余地，以保证商品分类的相对稳定性和连贯性。

（4）唯一性

在同一类别范围内只能采用一种分类标志，不能同时采用两种或多种分类标志，分类后的每个商品品种只能出现在一个类别里。

（5）简便性

必须使商品分类在实际运用中有易行性，便于掌握，从而利于商品流通，便于采用数字编码和运用计算机进行处理。

2．常用的商品分类标志

商品分类标志是编制商品分类体系和商品目录的重要依据。可供选择的商品分类标志很多，在商品分类实践中常用的分类标志有以下几种：

（1）以商品的用途作为分类标志

以商品的用途作为分类标志在实际中应用最普遍。商品用途是体现商品使用价值的重要标志，也是探讨商品质量和商品品种的重要依据。以商品用途作为分类依据，适合对商品类别、品种的进一步划分。例如，商品按用途分为生活资料商品和生产资料商品，生活资料分为食品、纺织品、日用品、家用电器等；日用商品按用途分为鞋类、玩具类、洗涤用品、化妆品类等；化妆品类按用途分为面部化妆品、发用化妆品、身体化妆品等；面部化妆品按用途分为彩妆类、洗面类、护肤类等；如此可以继续细分下去。

按商品用途分类，便于比较相同用途的各种商品的质量水平和产销情况、性能特点、效用，能促使生产者提高质量、增加品种，并且能方便消费者对比选购，有利于生产、销售和消费的有机衔接。但对贮运部门和有多用途的商品不适用。

（2）以商品的原材料作为分类标志

商品的原材料是决定商品质量和引起商品质量变化的重要因素。以商品的原材料作为分类标志在实际中也应用广泛。例如，皮鞋按原材料分为牛皮鞋、猪皮鞋、羊皮鞋、人造革皮鞋等；服装面料按原材料分为棉织品、毛织品、麻织品、丝织品、人造棉织品、涤纶织品、锦纶织品等。此分类方法从原料的特点上来表示各类商品的区别。

以原料为标志分类的优点很多，它分类清楚，还能从本质上反映各类商品的性能、特点，为确定销售、运输、储存条件提供了依据，有利于保证商品在流通中的质量。但对那些用多种原材料组成的商品如汽车、电视机、洗衣机、电冰箱等不宜用原材料作为分类标志。

（3）以商品的生产加工方法作为分类标志

很多商品即使采用相同的原材料制造，由于生产方法和加工工艺不同，所形成商品的质量水平、性能、特征等都有明显差异，因此对相同原材料可选用多种加工方法生产的商品，适宜以生产加工方法作为分类标志。例如，酒类按生产加工方法分为蒸馏酒、发酵酒、配制酒等。

这种分类因为生产方法、工艺不同，突出了商品的个性，有利于销售和工艺的革新。但对于那些虽生产方法有差别，但商品性能、特征没实质性区别的商品不宜采用，如平板玻璃可用浮法或垂直引上法。

知识 拓展

茶叶通常可以分为绿茶、红茶、乌龙茶、黑茶、花茶等，但这样的分类不是以茶叶的颜色来划分的，而是以茶叶加工方法不同来划分的，如绿茶品质特点是绿叶绿汤或绿叶清汤，要求多酚类化合物基本上不氧化。其通用制作工序是采摘、杀青、揉捻（做形）、干燥。按杀青热源的不同，分蒸汽杀气和锅炒杀青，因干燥方法的不同分为炒青、烘青和晒青。红茶属于全发酵茶类，是以茶树的芽叶为原料，经过萎凋、揉捻（切）、发酵、干燥等典型工艺过程精制而成。因其干茶色泽和冲泡的茶汤以红色为主调，故名红茶。乌龙茶亦称青茶，属半发酵茶，品种较多，乌龙茶是经过采摘、萎凋、摇青、炒青、揉捻、烘焙等工序后制出的品质优异的茶类。黑茶一般是采用粗老叶为其原料，经过杀青、揉捻、发酵、焙火等几个主要步骤加工而成，其中黑茶在发酵程度上是属于全部发酵，这样一来黑茶随着保存时间越久，其品质也会更加好。制成的茶叶色泽呈乌褐色，制成的毛茶是制作紧压茶的主要材料。花茶则是以绿茶中的烘青茶、红茶等做主要原料，用茶叶和花拼和窨制，使茶叶吸收花香而得花茶之名。窨制就是把鲜花放进经烘干冷却的茶坯中闷存一定时间，利用茶叶的吸附异味的特性，使其充分吸收花的香味，然后把花筛去，再烘干，即为成品。

（4）以商品的化学成分作为分类标志

商品由于化学成分不同，在特征上存在着显著的差异，在用途和效用上也有很大的区别，并要求有不同的保管方法。因此，采用此种方法进行分类，便于研究和了解商品的特征、用途和效用，许多商品都采用此种方法分类。例如，纺织品按成分分为纤维素类织品、蛋白质类织品等，化肥分为氮肥、磷肥、钾肥等。

这种分类能反映商品的本质特性，对于深入研究商品的特性、保管和使用方法以及开发新品种、满足不同消费者的需要等具有重要意义，但对化学成分复杂的商品（如水果、蔬菜、粮食等）或化学成分区分不明显的商品（收音机）则不适用。

边讲边练

啤酒可以有以下一些分类，请说出它们的分类标志分别是什么？

第一种分类可以分成三类：

（1）淡色啤酒。俗称黄啤酒，根据其颜色的深浅不同，又将淡色啤酒分为三类：①淡黄色啤酒。酒液呈淡黄色，香气突出，口味淡雅，清亮透明。②金黄色啤酒。呈金黄色，口味清爽，香气突出。③棕黄色啤酒。酒液大多是褐黄、草黄，口味稍苦，略带焦香。

（2）浓色啤酒。色泽呈棕红或褐色，原料为特殊麦芽，口味醇厚，苦味较小。

（3）黑色啤酒。酒液呈深棕红色，大多数红里透黑，故称黑色啤酒。

第二种分类可以分成三类：

（1）低浓度啤酒。原麦汁浓度为 7%～8%，酒精含量在 2% 左右。

（2）中浓度啤酒。原麦汁浓度为 11%～12%，酒精含量在 3.1%～3.8%，是中国各大啤酒公司主要产品。

（3）高浓度啤酒。原麦汁浓度为 14%～20%，酒精含量在 4.9%～5.6%，属于高级啤酒。

第三种分类可以分成两类：

（1）鲜啤酒。又称生啤，是指在生产中未经杀菌的啤酒，但也属于可以饮用的卫生标准之内。此酒口味鲜美，有较高的营养价值，但酒龄短，适于当地销售。

（2）熟啤酒。经过杀菌的啤酒，可防止酵母继续发酵和受微生物的影响，酒龄长，稳定性强，适于远销，但口味稍差，酒液颜色变深。

第四种分类可以分成若干类：

（1）白啤酒。又称麦酒（Ale），主要产于英国，它是用麦芽和酒花酿制而成的饮料。采用顶部高温发酵法，酒液呈苍白色，具酸味和烟熏麦芽香，酒精含量为 4.5%，麦芽浓度为 5%～5.5%。饮时需稍加食盐，为欧洲人所喜爱。

（2）黄啤酒（Beer）。它是市场上销售最多的一种啤酒，呈淡黄色，味清苦，爽口、细致。

（3）熟啤酒。又称拉戈（Lager），主要产于美国，采用底温发酵法酿制，在储存期中使酒液中的发酵物质全部耗尽，然后充入大量二氧化碳气装瓶，它是一种彻底发酵的啤酒。

（4）烈啤酒。又称司都特啤酒（Stout），主要产于英国和爱尔兰，与白啤酒风味近似，但比白啤酒强烈。此酒最大的特点是酒花用量多，酒花、麦芽香味极浓，略有烟熏味。

（5）黑啤酒。又称跑特啤酒（Porter），最初是伦敦脚夫喜欢喝的一种啤酒，故以英文"Porter"相称。它使用较多的麦芽、焦麦芽，麦汁浓度高，香味浓郁，泡沫浓而稠，酒精含量 4.5%，其味较烈啤酒要苦、要浓。

（6）烈黑啤酒。又称包克啤酒（Bock），是一种用啤酒沉制而成的浓质啤酒，通常比一般的啤酒黑而甜，但酒性最强。它通常是冬天制，春天喝。

（7）扎啤（Jar）。高级桶装鲜啤酒。

【提示】以上练习中，第一种按颜色分类；第二种按麦汁浓度划分；第三种按是否经过杀菌处理划分；第四种按传统的风味划分。

三、商品分类体系

1．商品分类体系的概念

在任一次商品分类中，可将任一商品集合总体逐次划分为若干大类，并逐次划分为中类、小类、品类等类目，这些类目构成一个完整的、具有内在联系的类目系统，这个类目系统即为商品分类体系。

2．建立商品分类体系的基本原则

要使商品分类体系满足科学研究和生产实践的需要，就必须遵循以下基本原则：

（1）科学性原则

必须明确要分类的商品所包括的范围，这样进行的商品分类才能符合客观实际；同时商品的命名要统一、科学、准确。分类层次的划分要客观、合理，关键在于选择的分类依据应该是分类对象最稳定的本质特征或属性，这样才能经得起时间的考验。

（2）系统性原则

将待分类对象按规定的归类原则选择合适的分类标志进行分类，形成一个由若干个相互联系、相互制约的子系统构成的大系统。每个分类对象在这个序列中都占有一个位置，并反映出它们彼此之间既有联系又有区别的关系。

（3）可扩性原则

商品分类要充分考虑到科技进步、新产品不断涌现的现实情况，在设置商品分类体系时，要留出足够的空位来安置新商品，从而使商品分类体系具有可扩性。

（4）兼容性原则

兼容性是指相关的各个分类体系之间应具有良好的对应与转换关系。建立新的分类体系时，要尽可能与原有的分类体系保持一定的连续性，使相应的分类体系之间相互衔接和协调，同时要考虑与国际统一的分类体系对应和协调，以利于推广使用、沟通和交流。

（5）实用性原则

商品分类要有利于从商品生产、销售、经营习惯出发，最大限度地方便消费者的需要，并保持商品在分类上的科学性。

3．主要的商品分类体系

（1）基本分类体系

基本分类体系是按商品的基本使用价值即商品的用途作为分类标志，将商品分为生活资料商品（供衣、食、住、行、用等的商品）和生产资料商品（工业生产资料商品、农业生产资料商品）两大类。基本分类体系对于组织生产和消费水平的宏观调控具有重要作用，如图 4-2 所示。

图 4-2 商品按用途分类

（2）应用性分类体系

应用性分类体系是以实用性为原则，为满足使用者的需要进行分类所形成的分类体系。这种分类体系是从处理商品方便角度出发的，没有统一的分类标志，而是根据商品的某些共性加以分类，可以适应不同分类目的的需要，是一种实用性很强的分类体系，如图 4-3 所示。

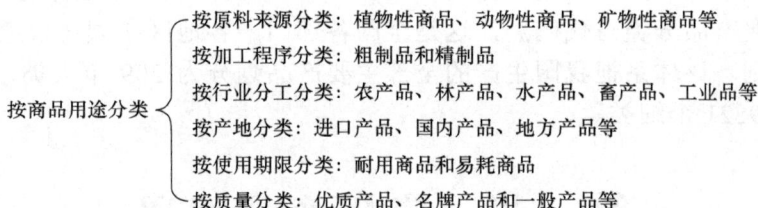

图 4-3 商品按某些共性分类

（3）国际贸易商品分类体系

世界各国间的贸易活动以及各国在海关管理、征收关税、市场及关税研究、贸易经济、贸易管理、商情研究、进出口业务及制度贸易政策等方面都需要有一个统一的国际贸易商品分类体系。目前，由有关国际组织主持编制、发布和实施，具有相当高的科学性和完整性，在国际上被公认并广泛采用的国际商品分类体系有如下 3 个：

1）《海关合作理事会分类目录》（简称 CCCN）。此分类目录在 1959 年正式实施，在 1965 年、1972 年、1978 年分别进行了三次系统修订，主要适用于海关税则的商品分类。目前有 150 多个国家和地区采用此分类体系编制本国的海关税则。

2）《国际贸易标准分类》（简称 SITC）。《国际贸易标准分类》由联合国于 1950 年制定，在 1951 年的国际会议上通过，1960 年和 1975 年进行了两次修订。它主要是为了便于统计世界经济，促进国际贸易，使海关手续合理化。联合国也据此编制国际贸易统计资料，以便对世界贸易进行系统的研究。

3）《商品分类和编码协调制度》（简称 HS）。《商品分类和编码协调制度》是在《海关合作理事会分类目录》和《国际贸易标准分类》实施经验的基础上，参酌国家间其他税则、统计、交通等分类协调制度，由海关合作理事会主持，经 60 多个国家和多个国际组织多年研究后编制的，于 1983 年以国际公约的形式通过，并自 1981 年 1 月 1 日起在国际上开始实施。它是最新的、系统的和多用途的国际贸易商品统一分类体系，被当前世界各国广泛采用。

《海关合作理事会分类目录》的分类原则为：按商品的原材料，结合加工程度和用途以及工业部门来划分商品目录。据此分类体系将国际贸易商品划分为 21 类、99章、1 011 税目，每一项税目下又分成若干条子目。该分类体系采用 4 位数编码。

《国际贸易标准分类》把所有国际贸易商品划分为 10 类、63 章、233 组、786 分组，分组以下又细分为若干个子目。该分类体系采用 4 位数编码。

《商品分类和编码协调制度》把所有国际贸易商品分为 21 类、99 章、1 241 节、5 019 目，其中第 77 章留空以增补新商品，第 98 章、第 99 章留空供各缔约国专用。该分类体系采用 6 位数编码。

（4）国家标准分类体系

国家标准分类体系是为适应现代化经济管理的需要，以国家标准形式对商品进行科学、系统地分类编码所建立的商品分类体系。2002 年我国颁布了国家标准 GB7635.1—2002《全国主要产品分类与代码》，这是全国各部门、各地区必须一致遵守的商品分类与商品编码准则。该体系把我国生产的全部主要产品划分为 209 个大类、446 个中类、1271 个小类、9821 个细类。

第二节　应用商品编码

为了更好地应用商品分类，在商品分类的同时要对商品进行编码，以明确分类效果。在分类和编码的基础上，形成商品目录。如何对商品进行编码，以及如何应用编码和分类的综合成果——商品目录呢？

一、商品代码

1．商品代码的概念

商品代码又称商品编码，或商品代号、货号，是在商品分类的基础上，赋予某种或某类商品以某种代表符号或代码的过程，对某一类商品赋予统一的符号系列称为商品代码化或者商品编码化。

商品分类和编码是分别进行的，商品分类在先，编码在后。商品科学分类为编码的合理性创造了前提条件，但编码是否科学得当会直接影响商品分类体系的实用价值。

商品代码往往是商品目录的组成部分，商品分类与代码共同构成了商品目录的完整内容。使用商品代码，是为了加强企业的经营管理，提高工作效率，便于计划、统计、物价管理及核算工作，简化业务手续；使用商品代码还可以便于记忆、清点商品，便于实现现代化管理；对于容易混淆的商品名称，使用商品代码可以避免差错。

2．商品代码的种类

目前，商品代码主要有数字型代码、字母型代码、混合型代码和条码 4 种。

（1）数字型代码，是用阿拉伯数字对商品进行编码形成的代码符号。数字型代码将每个商品的类别、品目、品种等排列成一个数字或一组数字。其特点是结构简单、使用方便、易于推广、便于利用计算机进行处理。数字型代码是目前各国普遍采用的一种代码。

GB7635—2002 采用的就是数字型代码。它是全国主要产品的分类与代码标准。

（2）字母型代码，是用一个或者若干个字母表示分类对象的代码。按字母顺序对商品进行分类编码时，一般用大写字母表示商品大类，小写字母表示其他类目。字母型代码便于记忆，可提供人们识别的信息，但不便于机器处理信息，特别是当分类对象数目较多时，常常出现重复现象。故字母编码常用于分类对象较少时的情况，在商品分类编码中较少使用。

（3）混合型代码，又称数字、字母混合型代码，是由数字和字母混合组成的代码。它兼有数字型编码和字母型编码的优点，结构严密，具有良好的直观性和表达性，同时又有使用上的习惯。但编码组成形式复杂，给计算机输入带来一定的不便。字母常用于表示商品的产地、性质等特征，可放在数字前边或后边，用于辅助数字代码，如"H1226"代表浙江产的杭罗，"C8112"表示涤粘中长纤维色布。因此，在商品分类编码中常使用这种编码。

（4）条码，是由条型符号构成的图形表示分类对象的代码。将在第三节中具体讲解。

3. 商品代码的编制方法

商品代码是通过商品编码形成的。所谓商品编码，是指将商品用一种易于被人和计算机识别的符号体系表示出来的过程。商品编码的直接产物就是商品代码。商品编码与商品分类密切相关。

商品编码的目的在于方便使用，因此在编码时必须遵循一定的原则：①唯一性原则，每一个代码应与指定的商品类目一一对应；②可扩性原则，代码结构中应留有足够的备用码，以适应新类目的增加和旧类目删减的需要；③简明性原则，尽可能使代码的长度最短；④稳定性原则，代码一经确定后就不要变更；⑤层次性原则，代码应能清晰地反映商品分类体系和分类目录内部固有的逻辑关系；⑥统一协调性原则，编码应与国家商品分类编码标准相一致，与国际通用商品分类编码制度相协调；⑦自检能力，代码必须具有检测差错的自身核对性能，以适应计算机处理。

商品代码的编制方法主要有顺序编码法、层次编码法、平行编码法和混合编码法等。

（1）顺序编码法，是按商品类目在分类体系中出现的先后次序，依次给以顺序代码的一种编码方法。这种编码比较简单，常用于容量不大的编码对象集合体。

（2）层次编码法，是按商品类目在分类体系中的层次顺序，依次赋予对应的数字代码的编码方法。它主要应用于线分类体系，编码时将代码分成若干层次，并与分类对象的分类层次相对应。代码从左到右表示层级由高至低，各层次的代码常采用顺序码或系列顺序码。

GB/T7635.1 全部采用数字编码，其长度是 8 位，代码结构分成 6 层，各层分别命名为大部类、部类、大类、中类、小类和细类。其中，第一至第五层各用一位数字表示，第一层代码为 0～4，第二层、第五层代码为 1～9，第三层、第四层代码为 0～9；第六层用 3 位数字表示，代码为 001～999。第五层和第六层代码之间用圆点（·）隔开。

例如，白色硬质冬小麦的 8 位层次编码是 0 11 11·011 则它的代码结构见表 4-3。

表 4-3　白色硬质冬小麦的代码结构

0	1	1	1	1	011
大部类	部类	大类	中类	小类	细类

层次编码法的优点是代码较简单，逻辑关系好，系统性强，信息容量大，能明确反映分类编码对象的属性、特征及其隶属关系，容易查找所需类目，便于管理和统计。缺点是弹性较差，为延长其使用寿命，往往要用延长代码长度的方法，预先留出相当数量的备用码。

（3）平行编码法，也称特征组合编码法，是指将编码对象按其属性或特征分为若干个面，每一个面内的编码对象按其规律分别确定一定位数的数字代码，面与面之间的代码没有层次关系或者隶属关系，最后根据需要选用各个面中的代码，并按预先确定的面的排列顺序组合成复合代码的一种编码方法。它多应用于面分类体系。

平行编码法的优点是编码结构有较好的弹性，可以比较简单地增加分类编码面的数目，必要时还可更换个别的面。但这种编码也有编码容量利用率低的缺点，因为并非所有可组配的复合代码都有实际意义。

（4）混合编码法，是由层次编码法和平行编码法组合而成的一种编码方法。编码时先选择分类对象的各种特征，然后将某些特征用层次编码法表示，其余特征用平行编码法表示。

二、商品目录

1．商品目录的概念

商品目录是指国家或部门根据商品分类的要求，对所经营管理的商品编制的总明细分类集。商品目录是以商品分类为依据，因此也称商品分类目录或商品分类集。商品分类是在商品逐级分类的基础上，用表格、符号和文字全面记录商品分类体系和编排顺序的书本式工具。

在编制商品目录时，国家或部门都是按照一定的目的，首先将商品按一定的标志进行定组分类，再逐次制定和编排。也就是说，没有商品分类就不可能有商品目录，只有在商品科学分类的基础上，才能编制层次分明、科学、系统、标准的商品目录。商品目录的编制就是商品分类的具体体现，商品目录是实现商品管理科学化、现代化的前提，是商品生产、经营、管理、流通的重要手段。

2．商品目录的种类

商品目录由于编制目的和作用不同，因此种类很多。例如，按商品用途不同编制的目录有食品商品目录、纺织品商品目录、家电商品目录、化工原料商品目录等；按管理权限不同编制的目录有一类商品目录、二类商品目录、三类商品目录；按适用范围不同编制的目录有国际商品目录、国家商品目录、部门商品目录、企业商品目录等。

（1）国际商品目录

国际商品目录是指由国际上有权威的各国际组织或地区性集团编制的商品目录，如联合国编制的《国际贸易标准分类目录》、国际关税合作委员会编制的《商品、关税率分类目录》、海关合作理事会编制的《海关合作理事会商品分类目录》和《商品分类及编码协调制度》等。

（2）国家商品目录

国家商品目录是指由国家指定专门机构编制，在国民经济各部门、各地区进行计划、统计、财务、税收、物价、核算等工作时必须一致遵守的全国性统一商品目录，如由国务院批准原国家标准局发布的《全国工农业产品（商品、物资）分类与代码》等。

（3）部门商品目录

部门商品目录是指由行业主管部门即国务院直属各部委或局根据本部门业务工作需要所编制并发布的仅在本部门、本行业统一使用的商品目录，如国家统计局编制发布的《综合统计商品目录》、原商业部编制发布的《商业行业商品分类与代码》等。部门商品目录的编制原则应与国家商品目录保持一致。

（4）企业商品目录

企业商品目录是指由企业在兼顾国家和部门商品目录分类原则基础上，为充分满足本企业工作需要，而对本企业生产或经营的商品所编制的商品目录。企业商品目录的编制，必须符合国家和部门商品目录的分类原则，并在此基础上结合本企业的业务需要，进行适当的归并、细分和补充，如营业柜组经营商品目录、仓库保管商品经营目录等，都具有分类类别少、对品种划分更详细的特点。

三、应用 HS 编码

1. HS 编码概述

HS 编码为编码协调制度的简称，其全称为《商品名称及编码协调制度的国际公约》，简称协调制度。HS 编码涵盖了《海关合作理事会税则商品分类目录》（CCCN）和联合国的《国际贸易标准分类》（SITC）两大分类编码体系，是系统的、多用途的国际贸易商品分类体系。

从 1992 年 1 月 1 日起，我国进出口税则采用世界海关组织《商品名称及编码协调制度》，该制度是一部科学的、系统的国际贸易商品分类体系，采用 6 位编码，适用于税则、统计、生产、运输、贸易管制、检验检疫等多方面，目前全球贸易量98%以上使用这一目录，HS 编码已成为国际贸易的一种标准语言。我国进出口税则采用 10 位编码，前 8 位等效采用 HS 编码，后两位是我国子目，它是在 HS 分类原则和方法基础上，根据我国进出口商品的实际情况延伸的两位编码。

HS 采用 6 位数编码，把全部国际贸易商品分为 22 类、98 章。章以下再分为目和子目。商品编码第一、二位数码代表"章"（Chapter），第三、四位数码代表"目"（Heading），第五、六位数码代表"子目"（Subheading）。前 6 位数是 HS 国际标准编码，HS 有 1 241 个四位数的税目、5 113 个六位数子目。有的国家根据本国的实际，已分出第七、八、九位数码。

《商品名称及编码协调制度》节选

商品编码	商品名称	所需证件标志	备注
0101210010	改良种用濒危野马	AFEB	
0101210090	其他改良种用马	AB	
0101290010	非改良种用濒危野马	AFEB	
0101290090	非改良种用其他马	AB	
0101301010	改良种用的濒危野驴	AFEB	
0101301090	改良种用的其他驴	AB	
0101309010	非改良种用濒危野驴	AFEB	
0101309090	非改良种用其他驴	AB	
0101900000	骡	AB	
0102210000	改良种用家牛	AB	
0102290000	非改良种用家牛	4xAB	
0102310010	改良种用濒危水牛	ABEF	
0102310090	改良种用其他水牛	AB	
0102390010	非改良种用濒危水牛	4ABEFx	
0102390090	非改良种用其他水牛	4ABx	
0102901010	改良种用濒危野牛	AFEB	
0102901090	其他改良种用牛	AB	
0102909010	非改良种用濒危野牛	4xABFE	
0102909090	非改良种用其他牛	4xAB	
0103100010	改良种用的鹿豚、姬猪	AFEB	
0103100090	其他改良种用的猪	AB	
0103911010	重量在10千克以下的其他野猪	4xABFE	改良种用的除外
0103911090	重量在10千克以下的其他猪	4xAB	改良种用的除外
0103912010	10千克≤重量<50千克的其他野猪	4xABFE	改良种用的除外
0103912090	10千克≤重量<50千克的其他猪	4xAB	改良种用的除外
0103920010	重量在50千克及以上的其他野猪	4xABFE	改良种用的除外
0103920090	重量在50千克及以上的其他猪	4xAB	改良种用的除外
0104101000	改良种用的绵羊	AB	
0104109000	其他绵羊	AB	改良种用的除外
0104201000	改良种用的山羊	AB	
0104209000	非改良种用山羊	AB	

在HS中，"类"基本上是按经济部门划分的，如食品、饮料和烟酒在第四类，化学工业及其相关工业产品在第六类，纺织原料及制品在第十一类，机电设备在第十六类。运输设备在第十七类，武器、弹药在第十九类等。HS"章"分类基本采取两种办法：①按商品原材料的属性分类，相同原料的产品一般归入同一章。章内按产品的加工程度从原料到成品顺序排列，如第52章"棉花"，按原棉——已梳棉——棉纱——棉布

顺序排列。②按商品的用途或性能分类。制造业的许多产品很难按其原料分类，尤其是可用多种材料制作的产品或由混合材料制成的产品（如第 64 章"鞋"、第 65 章"帽"、第 95 章"玩具"等）及机电仪产品等，HS 按其功能或用途分为不同的章，而不考虑其使用何种原料，章内再按原料或加工程序排列出目或子目。HS 的各章均列有一个起"兜底"作用、名为"其他"的子目，使任何进出口商品都能在这个分类体系中找到自己适当的位置。

2. 查询 HS 编码

在进行 HS 编码查询时，需遵循以下规则：

规则 1

类、章及分章的标题，仅为查找方便而设；具有法律效力的归类，应按税目条文和有关类注或章注确定，如税目、类注或章注无其他规定，按以下规则确定。

规则 2

① 税目所列货品，应视为包括该项货品的不完整品或未制成品，只要在进口或出口时该项不完整品或未制成品具有完整品或制成品的基本特征；还应视为包括该项货品的完整品或制成品（或按本款可作为完整品或制成品归类的货品）在进口或出口时的未组装件或拆散件。

② 税目中所列材料或物质，应视为包括该种材料或物质与其他材料或物质混合或组合的物品。税目所列某种材料或物质构成的货品，应视为包括全部或部分由该种材料或物质构成的货品。由一种以上材料或物质构成的货品，应按规则 3 归类。

规则 3

当货品按规则 2②或由于其他原因看起来可归入两个或两个以上税目时，应按以下规则归类：

① 列名比较具体的税目，优先于列名一般的税目。但是，如果两个或两个以上税目都仅述及混合或组合货品所含的某部分材料或物质，或零售的成套货品中的某些货品，即使其中某个税目对该货品描述得更为全面、详细，这些货品在有关税目的列名应视为同样具体。

② 混合物、不同材料构成或不同部件组成的组合物以及零售的成套货品，如果不能按照规则 3①归类时，在本款可适用的条件下，应按构成货品基本特征的材料或部件归类。

③ 货品不能按照规则 3①或②归类时，应按号列顺序归入其可归入的最末一个税目。

规则 4

根据上述规则无法归类的货品，应归入与其最相似的货品的税目。

规则 5

除上述规则外，本规则适用于下列货品的归类：

① 制成特殊形状仅适用于盛装某个或某套物品并适合长期使用的照相机套、乐器盒、枪套、绘图仪器盒、项链盒及类似容器，如果与所装物品同时进口或出口，并通常与所装物品一同出售的，应与所装物品一并归类。但本款不适用于本身构成整个货品基

本特征的容器。

②除规则5①规定的以外，与所装货品同时进口或出口的包装材料或包装容器，如果通常是用来包装这类货品的，应与所装货品一并归类。但明显可重复使用的包装材料和包装容器可不受本款限制。

规则6

货品在某一税目项下各子目的法定归类，应按子目条文或有关的子目注释以及以上各条规则来确定，但子目的比较只能在同一数级上进行。除本税则目录条文另有规定的以外，有关的类注、章注也适用于本规则。

实操技巧

如何进行 HS 编码查询

进行 HS 编码查询学习能够让我们更好地认识商品的分类及商品的性质。在练习归类的同时也加深对商品本质的理解。

具体举例：

（1）添加钙、锌的袋装全脂牛奶（按重量计，脂肪含量为5%）04012000

（2）添加麦片、水的袋装早餐奶（按重量计，脂肪含量为5%）19019000

归类说明：本组题均为牛奶，并且都在牛奶中添加了物质。这些物质的添加是否改变了原货品的性质就成为本题解题的关键。添加钙、锌的袋装全脂牛奶（按重量计，脂肪含量为5%）是在牛奶中添加帮助人体吸收的微量元素，这种物质的添加，无论从表观或者从性质上都未改变牛奶的基本特征，按归类总规则3②的要求，按照乳的基本特征归入第4章，根据题目中所给的条件，未提及浓缩或者加糖，我们即按未浓缩未加糖的乳归入品目0401，再根据其脂肪含量归入子目04012000。

添加麦片、水和糖的袋装早餐奶（按重量计，脂肪含量为5%），因为在牛奶中添加了除糖外的多种物质，故不可以按添加糖的乳归入品目0402。而且添加了这几种物质后改变了牛奶的特性，使之成为"以牛奶为基本成分的乳制品"，变成了乳饮料。我们就应按乳制品归入品目1901，查阅其下子目后按未具体列名的乳制品归入19019000。

（3）玩具喇叭 95030050

归类说明：玩具喇叭一般是用塑料制成，无论从音质还是适用范围均远远无法达到专门乐器的水平，故不可按乐器归类。又因其属于玩具，故归入第95章，按玩具乐器归入子目95030050。

（4）溜冰鞋 95067010

归类说明：溜冰鞋属于体育用品，无论从构造上还是用途上都不是普通的鞋。根据第64章章注一（六），应按体育用品归入第95章的品目9506，查看其下子目，按具体列名归入子目95067010。

（5）防紫外线便携折叠伞 66019100

（6）防紫外线便携折叠伞套（单独报验）63079000

归类说明：本组题都跟伞有关，一个是伞本身，另一个是伞的外包装。便携折叠伞属于伞类商品，查阅章的标题应归入第66章，并根据其具体列名归入品目6601

下的编码 66019100，而便携折叠阳伞伞套（单独报验）属于折叠伞的附件，似乎也应归入第 66 章，并按折叠伞的附件归入品目 6603，但由本章注释二可知品目 6603 不包括纺织材料制的零件、附件及装饰品或者任何材料制的罩套、流苏……此类货品即使与品目 6601、6602 的物品一起报验，只要未装配一起，则不应视为上述品目所列物品的组成零件，而应分别归入各有关品目。因折叠伞套通常使用纺织材料制成，属纺织制成品，而非服装类制品，故归入第 63 章，查阅本章品目条文，将其按其他制成品归入品目 6307，因在该品目下未发现此商品的具体列名，故最终按未具体列名的商品归入子目 63079000。

（7）已初榨的花生油（已脱胶，但未经化学改性）15071000

（8）花生油（经熟炼、氧化、脱水、硫化等方法化学改性）15180000

归类说明：花生油是通过压榨或用溶剂从第 12 章的花生中提取。两种花生油的不同点是化学改性情况。两种商品作为油脂类均应归入第 15 章，查阅本章的品目条文，花生油是按照加工程度进行区分。将已初榨的、已脱胶、但未经化学改性花生油按具体列名归入编码 15071000；经过熟炼、氧化、脱水、硫化等化学方法改变化学性质的花生油，归入海关编码 15180000。

（9）石棉手套 68129100

归类说明：石棉手套属于一种含以石棉纤维制成的纺织品，似乎应按纺织品归入第 11 章，但查阅第 11 章注释一（四）可知此类不包括品目 6812 的石棉制品。将其按石棉制品归入第 68 章，查阅本章品目条文，将其按石棉制服装归入品目 6812。查阅品目 6812 下的子目，未见有手套的具体列名，故根据第 11 章的产品分类将手套归入衣着附件的情况，最终将手套以石棉制的衣着附件归入子目 68129100。

第三节　条形码的制作和应用

条形码在我国的应用越来越普遍，几乎所有商品都印有条形码甚至二维码，条形码可以提高读取速度，加快物流效率已经成为大家的共识。那么，我们对条形码的认识是否全面？又应该如何来制作和应用呢？

一、商品条码概述

1. 商品条码的定义

商品条码是由一组粗细不同、黑白（或彩色）相间的条、空及对应字符按规则组合起来，用以表示一定信息的图形，见图 4-4。

EAN-13 码

EAN-8 码

UPC-A 码

UPC-E 码

图 4-4　主要的商品条码

2．商品条码应用原理

条形码是由宽度不同、反射率不同的条和空，按照一定的编码规则（码制）编制成的，用以表达一组数字或字母符号信息的图形标识符，即条形码是一组粗细不同，按照一定的规则安排间距的平行线条图形。常见的条形码是由反射率相差很大的黑条（简称条）和白条（简称空）组成的。

商品条码采用条码符号表示信息，条、空颜色不同，对光形成不同反射率而产生较大反差，扫描器利用光来扫读条码符号，将光信号转换为电信号，然后由译码器将获得的电信号译成相应的数据代码输入计算机，计算机就能确定出商品的代码、名称、品种和生产厂等信息。

随着计算机应用的不断普及，条形码的应用得到了很大的发展。

3．使用商品条码的好处

商品条码读取信息有很多优点，如操作简单易行，准确度高（错误率仅为三百万分之一）；输入速度快，是键盘输入速度的 20 倍；灵活实用，可自动扫描识别，也可手工键盘输入；商品条码实现了高效的销售管理，降低了商品流通成本，进而增加了企业效益；商品条码可以有效防止假冒，保护消费者的利益。所以，使用商品条码给各方都带来了好处。

（1）给制造商带来的好处

提高商品在国际、国内市场的竞争力；便于搜集销售信息，了解消费趋势，有效制订生产、销售计划；改善库存管理水平；提高工作效率。

（2）给批发商带来的好处

迅速准确地处理订货、送货业务；改善库存管理，防止资金积压；提高服务质量；掌握商情，增加竞争力。

（3）给零售商带来的好处

掌握商品信息，改善商店管理，提高经济效益。

（4）给顾客带来的好处

节省购货时间，增强信赖感，获得理想的购物环境。

识知 拓展

企业如何办理商品条形码手续呢？

（1）企业应有合法的营业执照和在工商行政管理局注册的商标，有外汇或人民币的支付能力。

（2）企业产品出口到美国和加拿大两国，首先应申请成为美国编码协会 UPC 的会员，使用 UPC 条码，若产品出口到其他国家或地区，则应申请成为 EAN 的用户，使用 EAN 条码。在取得该会员资格后，便可以得到厂商代码，以便对出口商品进行编码。

（3）企业申请办理条形码，首先应向国家物品编码分中心填报申请。经审查通过后上报国家物品编码中心，并正式通知企业。由企业与编码分中心协商条码的具体设计。

（4）条形码的颜色选择。要求各种颜色的对比反差大，以选择最佳识别效果。条形码印刷一般是置于商品包装主显示面的右侧，以利于光电扫描器的识别。

二、商品条码的种类

商品条码起源于 20 世纪 40 年代，首先应用于商业领域。目前，世界上应用的商品条码主要有国际通用商品条码（EAN 条码，European Article Numbering System 的缩写）和北美通用产品条码（UPC 条码，Universal Product Code 的缩写）两种。

UPC 条码是 1973 年美国统一代码委员会（UCC）在美国和加拿大地区推广使用的商品条码。EAN 条码是欧洲物品编码协会在吸取 UPC 经验的基础上开发出的与 UPC 兼容的欧洲物品编码系统。为了在世界范围内推行条码系统，协调条码在各国的应用，1981年欧洲物品编码协会更名为国际物品编码协会。目前，EAN 会员已遍及六大洲的 50 多个国家和地区，是国际上应用广泛的商品代码。1991 年 4 月，中国物品编码中心代表我国加入国际物品编码协会 EAN，并根据物品编码协会的商品条码通用规则，制定了我国的国家标准《通用商品条码》（GB12904）。它的制定为统一我国商品的标识，准确、有效地采集、处理、传递商品信息，满足我国出口商品的需要及实现商品在流通领域中的现代化管理提供了保障。

1．EAN 条码

EAN 条码是国际物品编码协会制定的一种条码，通用于全世界。中国的通用商品条码就是这种结构，其结构与国际物品编码协会推行的 EAN 条码相同。这种条码常用的有 EAN-13 和 EAN-8 两种。

（1）EAN-13 条码

这种条码也称为 EAN 标准版条码，既可用于销售包装，又可用于储运包装。这种条码由 13 位数字的字符代码构成。

EAN-13 条码是由上部的条码结构及其下部的供人识别的字符即 EAN/UCC-13 代码两部分所组成。条码符号中的条或空的基本单位是模块，模块是一种代表规定长度的物理量，是确定条与空宽度的计量单位，因此 EAN 条码符号是按照特定的编码规则所组成的倍数模块宽度不同的条与空的组合。

EAN-13 条码符号由左侧空白区、起始符、左侧数据符、中间分隔符、右侧数据符、校验符、终止符、右侧空白区等 8 个部分，共 13 个模块组成，如图 4-5 所示。

图 4-5 EAN-13 商品条码的符号结构

EAN-13 条码通常有 3 种代码结构，见表 4-4。

表 4-4　EAN-13 条码 3 种常见代码结构

结构类型	厂商识别代码（前缀码+企业代码）	商品项目代码	校验码
结构一	$\times_{13}\times_{12}\times_{11}\times_{10}\times_9\times_8\times_7$	$\times_6\times_5\times_4\times_3\times_2$	$\times_1$
结构二	$\times_{13}\times_{12}\times_{11}\times_{10}\times_9\times_8\times_7\times_6$	$\times_5\times_4\times_3\times_2$	$\times_1$
结构三	$\times_{13}\times_{12}\times_{11}\times_{10}\times_9\times_8\times_7\times_6\times_5$	$\times_4\times_3\times_2$	$\times_1$

前缀码代表商品来源的国家或地区，包括 2 位或 3 位数字。必须指出的是，前缀码并不代表商品的原产地，而只能说明分配和管理有关厂商识别代码的国家（地区）编码组织。部分 EAN 成员国（地区）和代码见表 4-5。

表 4-5　部分 EAN 成员国（地区）和代码

国家（地区）代码	国家（地区）	国家（地区）代码	国家（地区）
00~13	美国、加拿大	690~695	中国
30~37	法国	489	中国香港
45、49	日本	471	中国台湾
50	英国	750	墨西哥
73	瑞典	880	韩国
76	瑞士	885	泰国
80~83	意大利	955	马来西亚

前缀码由国际物品编码协会总部进行分配和管理。中国被分配的是 3 位数字是690~695。

厂商识别代码由该国或地区物品编码机构分配。我国的厂商识别代码由中国物品编码中心按照国家标准规定，在 EAN 分配的前缀码的基础上增加 3~5 位数编制的，用于对厂商的唯一标识。我国以 690、691 为前缀码的 EAN-13 码采用表中的代码结构一；以692、693 为前缀码的 EAN-13 码采用表中的代码结构二。

商品项目代码由 3~5 位数字组成，由厂商根据有关规定自行分配。在编制商品项目代码时，厂商必须遵守商品编码的基本原则，同一商品项目的商品只能编制一个商品项目代码，对不同的商品项目必须编制不同的商品项目代码。商品名称、商标、种类、规格、数量、包装类型等商品基本特征不同，应视为不同项目的商品。

校验码是根据前 12 位数按 GB12904—2008 商品条码规定的方法计算得出的，用于计算机自动校验整个代码录入是否正确。校验码由 1 位数字构成。

知识拓展

校验码的计算

1. 代码位置序号

代码位置序号是指包括校验码在内的，由右至左的顺序号（校验码的代码位置序号为 1）。

2. 计算步骤

校验码的计算步骤如下：

a. 从代码位置序号 2 开始，对所有偶数位的数字代码求和。

b. 将步骤 a 的和乘以 3。

c. 从代码位置序号 3 开始，对所有奇数位的数字代码求和。

d. 将步骤 b 与步骤 c 的结果相加。

e. 用大于或等于步骤 d 所得结果且为 10 最小整数倍的数减去步骤 d 所得结果，其差即为所求校验码的值。

计算步骤如下表所示：

步　骤	举 例 说 明													
1. 自右向左顺序编号	位置序号	13	12	11	10	9	8	7	6	5	4	3	2	1
	代码	6	9	0	1	2	3	4	5	6	7	8	9	X
2. 从代码位置序号 2 开始，所有偶数位的数字之和①	9+7+5+3+1+9=34 ①													
3. ①×3=②	34×3=102 ②													
4. 从代码位置序号 3 开始，所有奇数位的数字之和③	8+6+4+2+0+6=26 ③													
5. ②+③=④	102+26=128 ④													
6. 用大于或等于④所得结果且为 10 最小整数倍的数减去④所得结果，其差即为校验码	130−128=2													
结果	校验码 X=2													

（2）EAN-8 条码

EAN-8 条码也称 EAN 缩减版条码，只用于商品的销售包装，由 8 位数字的字符代码组成。它主要应用于商品包装上没有足够的面积印刷标准版条码，可将商品编成 8 位数字代码。由于缩减版条码不能直接表示生产厂家，所以只有在不得已时才使用。

EAN-8 条码没有企业代码，只有商品代码，由国家物品编码管理机构分配，在使用上有严格控制。

缩短版商品条码的代码（EAN-8 码）只有一种结构，见表 4-6。

表 4-6　EAN-8 码代码结构

×_8×_7×_6	×_5×_4×_3×_2	×_1
前缀码	商品项目代码	校验码

2. UPC 条码

UPC 条码是美国统一代码委员会制定的一种代码，主要用于美国和加拿大。这种条码常用的有 UPC-A 和 UPC-E 两种。

（1）UPC-A 条码

UPC-A 条码也称标准（或完整）的 UPC 条码，用于商品销售和商品储运两种包装，由 12 位字符代码组成。

UPC-A 条码符号由左侧空白区、起始符、左侧数据符、中间分隔符、右侧数据符、校验符、终止符、右侧空白区等 8 个部分，共 113 个模块组成，但其在各部分的分布与 EAN-13 商品条码不同，（见图 4-6）。

UPCA

系统字符 ← 0 89600 12456 9 → 校验字符

图 4-6　UPC-A 条码示例

UPC-A 条码的代码结构见表 4-7。

表 4-7　UPC-A 条码的代码结构

$\times_{12}$	$\times_{11}\times_{10}\times_9\times_8\times_7$	$\times_6\times_5\times_4\times_3\times_2$	$\times_1$
系统符	厂商识别代码	商品项目代码	校验码

其中 $\times_{12}$ 称为系统码，在左侧的安全空间，用数字 0～9 标识，数字不同含义也不同，见表 4-8。

表 4-8　UPC-A 商品条码的系统字符的应用规定

系 统 字 符	应 用 范 围	系 统 字 符	应 用 范 围
0，6，7	规则包装的商品	4	零售商自用的店内码
2	不规则重量的商品	5	商家的优惠券
3	药品及医疗用品	1，8，9	备用码

（2）UPC-E 条码

UPC-E 条码也称为缩减版的 UPC 条码，用于商品销售包装，由 8 位字符代码组成。只有当商品很小，无法印刷 UPC-A 条码时，才允许使用 UPC-E 条码，如香烟、胶卷、化妆品等商品。

UPC-E 条码的代码结构见表 4-9。

表 4-9　UPC-E 条码的代码结构

$\times_8$	$\times_7\times_6\times_5\times_4\times_3\times_2$	$\times_1$
系统符	压缩后的企业代码和商品项目代码	校验码

3．店内条码

在自动扫描商店中，为便于 POS 系统对商品的自动扫描结算，商店对没有商品条码或商品条码不能识读的商品，自行编码和印制条码，并只限在自己店内部使用。通常将这类条码称为商店条码，又叫店内码。店内码可分为两类：一是用于变量消费单元的店内码，如鲜肉、水果、蔬菜、熟食品等商品是按基本计量单位计价，以随机数量销售的，其编码的任务不宜由厂家承担，只能由零售商完成。零售进货后，要根据顾客需要包装商品，用专用设备对商品称重并自动编码和制成店内码，然后将其粘贴或悬挂到商品外包装上。二是用于定量消费单元的店内码。这类商品是按商品件数计价销售的，应由生产厂家编印条码，但因厂家生产的商品未申请使用条码或其印刷的条码不能被识读，为便于扫描结算，商店必须制作使用店内码。

三、条形码的制作

条形码在使用时非常方便，制作起来也比较容易，尤其条形码制作软件和多种条形码打印设备的出现，让个人制作和使用条形码变得能够实现，这里介绍两种简单的利用常用软件制作条码的方法。

1．利用 Word制作商品条形码

（1）单击菜单栏中的"视图"菜单，选择"工具栏"命令，在打开的工具栏中，在

㊀ 这里以 2003 版为例进行介绍，用 Word 2007 版、2010 版制作条形码相对简单些。

"控件工具箱"前打勾，如图 4-7 所示，勾选后可以在编辑区看到控件工具箱。

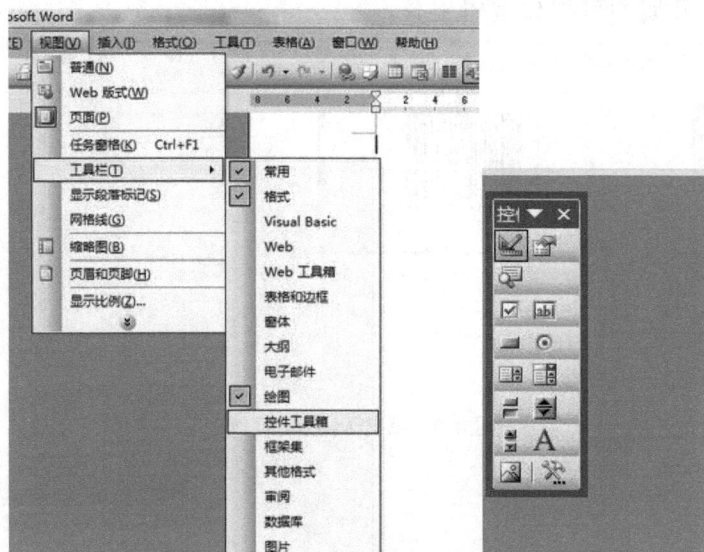

图 4-7　控件工具箱示例

（2）在"控件工具箱"中找到右下角的"其他控件"按钮，如图 4-8 所示，单击后在下拉列表中找到"Microsoft BarCode Control 9.0"。

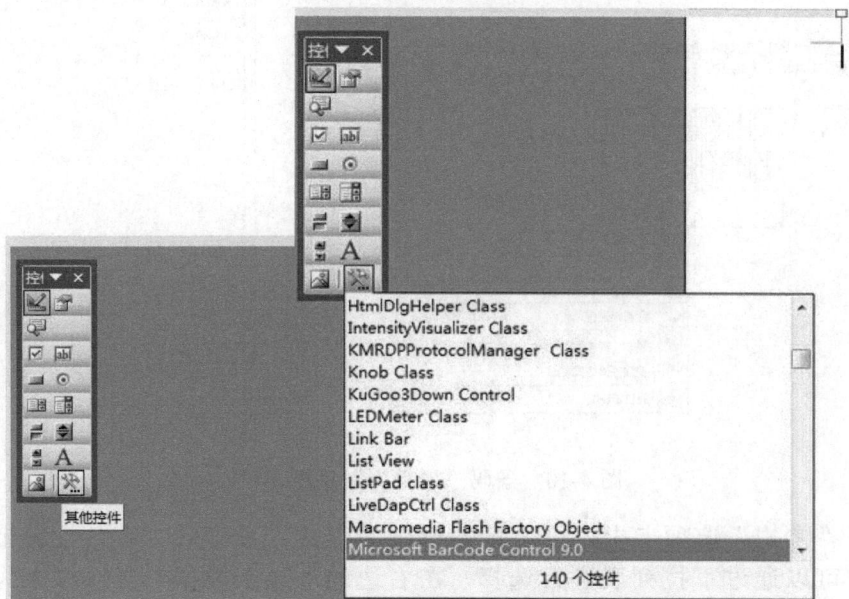

图 4-8　其他控件示例

（3）单击后在页面的编辑区立即出现了一个条形码的图标，如图 4-9 所示，这个图标是系统自动生成的，要对条形码的样式和条形码的信息进行设置或更改。

（4）若要修改默认条形码的样式、条形码的颜色和线条的宽度等内容，可以右击刚刚插入的条形码图标，从中找到"属性"选项，如图 4-10 所示。选择"属性"后，弹出

"属性"对话框,在"属性"对话框中选择"自定义"选项,点击"自定义"选项右边的"..."按钮,打开属性可视化编辑工具。

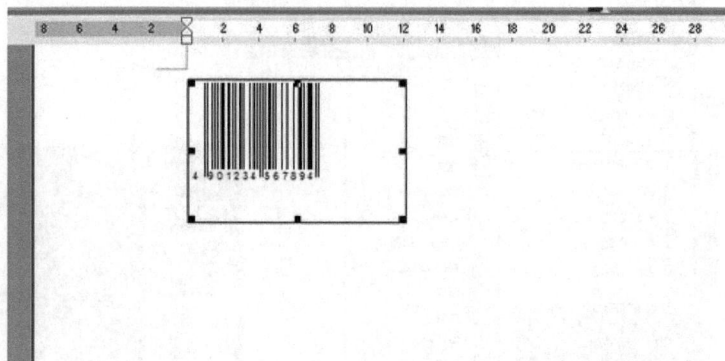

图 4-9　条形码生成示例

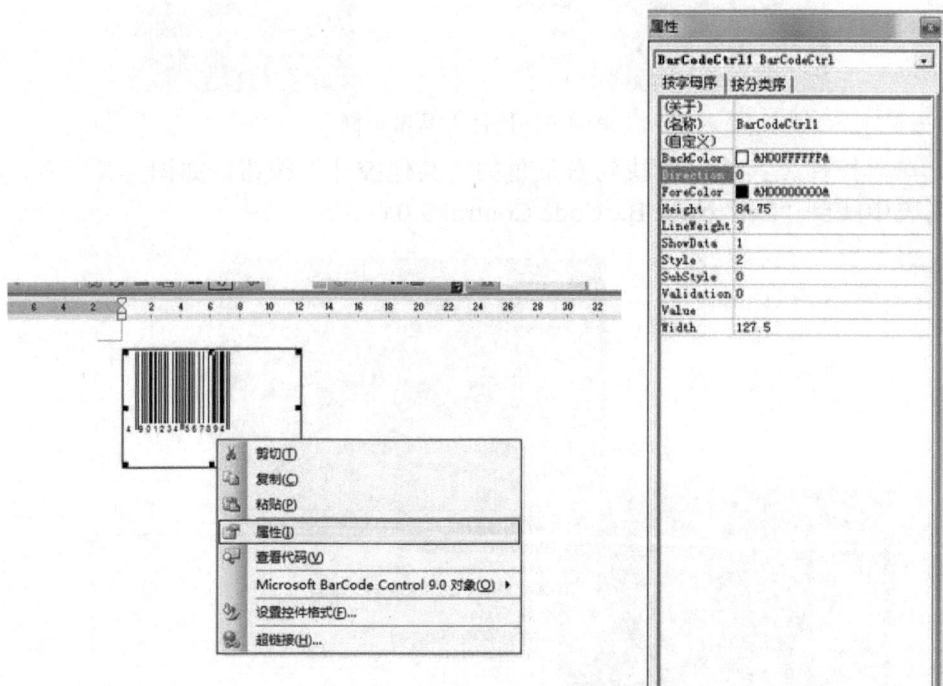

图 4-10　条码"属性"对话框示例

（5）在"常规"选项卡中,可设置条形码的样式、子样式、有效性验证、线条宽度和方向,可以通过下拉列表进行选择,在右边的"显示数据"复选框中勾选或去掉勾选可以设置条形码中是否显示数据,如图 4-11 所示。点击"颜色"选项卡,可以对条形码的颜色进行设置,从"属性"颜色样式中选择一种颜色后,再从右边的调色板中选择颜色。

（6）设计好样式后,接下来就是设置条形码的数据了,可以按照商品或书目等的名称进行编号,保存在数据库中,当用条形码扫描机扫描时,数据库就可以自动识别商品名称了。

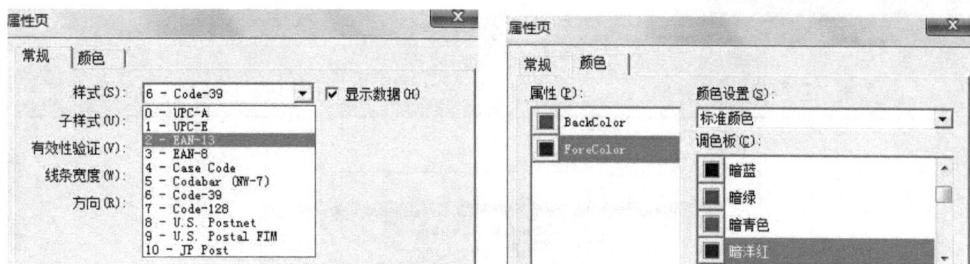

图 4-11　条码常规及颜色属性对话框

（7）点击"属性"对话框中的"Value"选项，在右边的框中输入数据，输入框中默认的数据是空白，如我们输入"123456789"。

（8）设置完成后，点击控件工具"关闭"按钮，退出控件设计模式。这样一个条形码就制作好了。点击"文件"→"保存"命令，保存制作好的条形码。

2．利用 CorelDRAW 制作商品条形码

（1）安装 CorelDRAW 并选择条形码实用程序。

（2）以 CorelDRAW11 中文版（6\7\8\9\10\11\12 各个版本此功能均可通用）为例，点选"编辑"菜单→"插入条形码"，如图 4-12 所示。

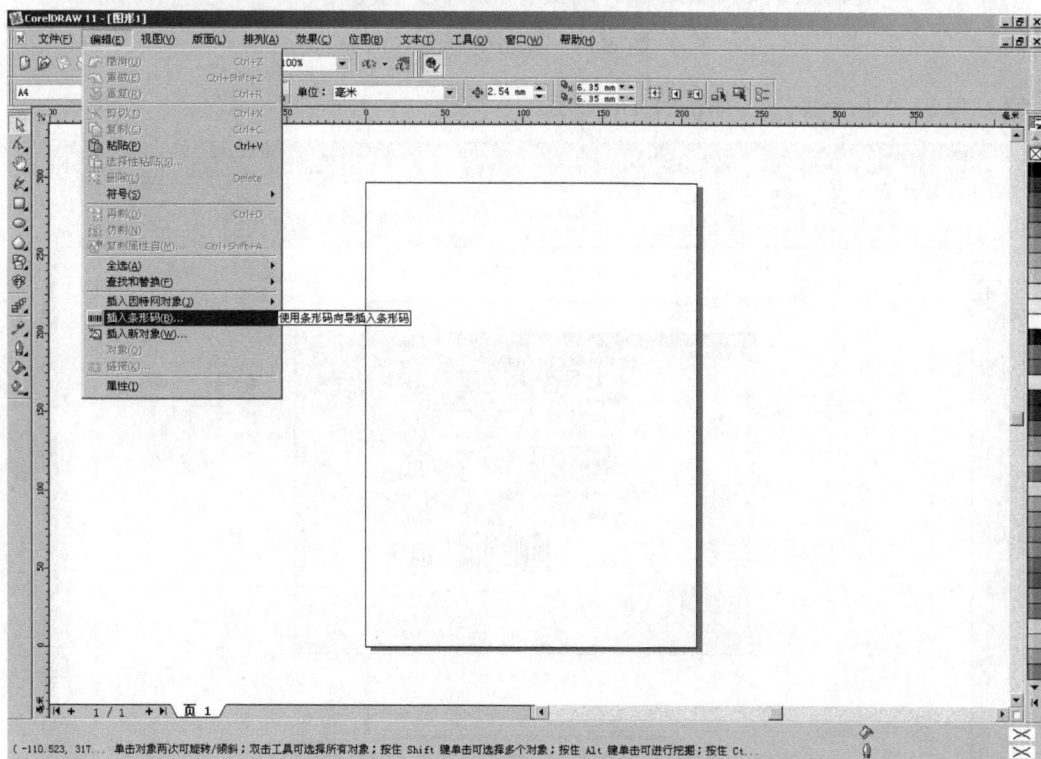

图 4-12　插入条形码

（3）从行业标准格式中选择 EAN-13（中国通用格式），如图 4-13 所示。

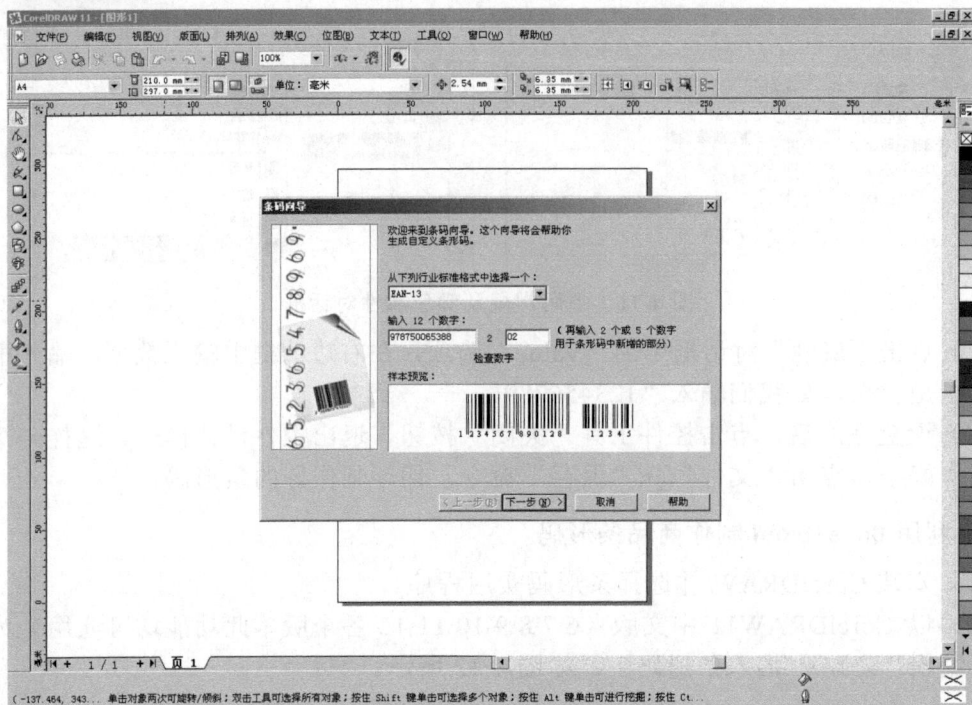

图 4-13　选择 EAN-13

（4）单击"下一步"，如图 4-14 所示。

图 4-14　调整条形码属性

（5）单击"完成"，如图4-15所示。

图4-15　生成条形码

（6）条形码出现在工作面板中，暂时不做任何修改。点选"编辑"菜单→"复制"，或直接按<Ctrl+C>，复制条形码，如图4-16所示。

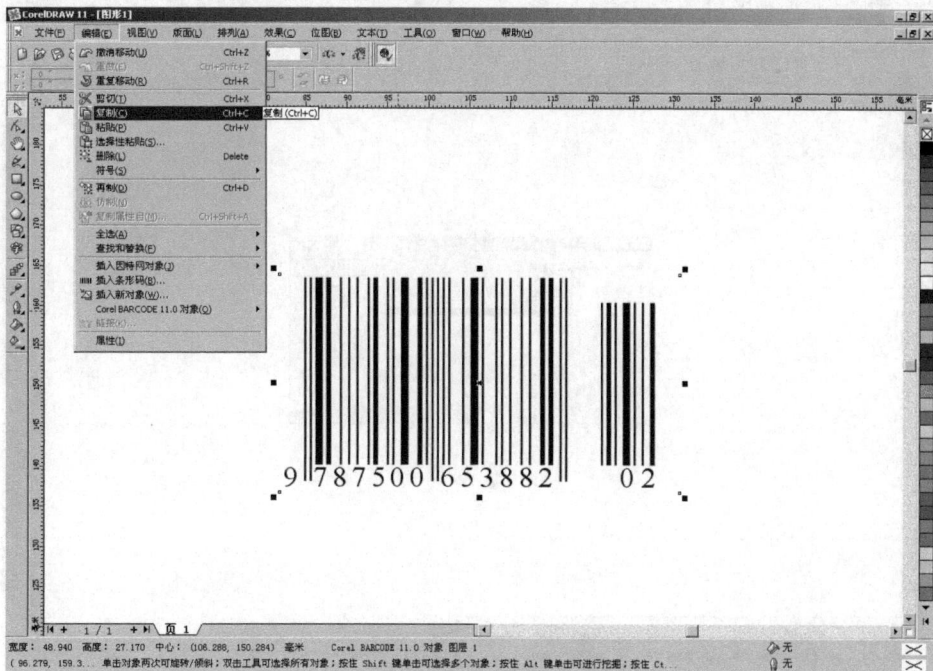

图4-16　复制条形码

（7）点选"编辑"菜单→"选择性粘贴"，如图 4-17 所示。

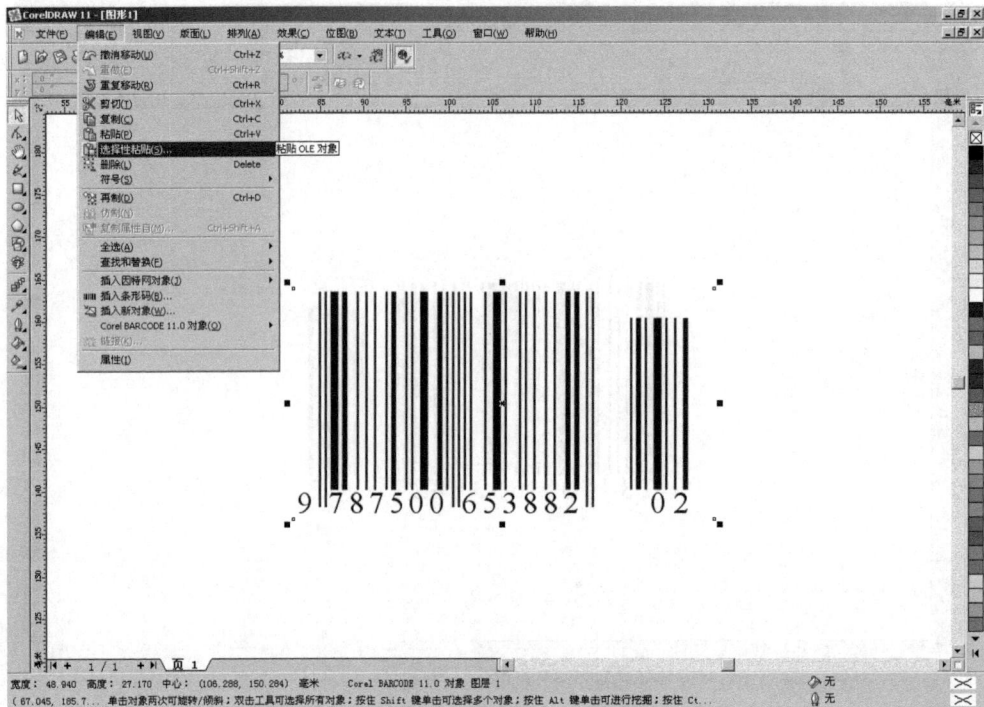

图 4-17　选择性粘贴

（8）在"选择性粘贴"面板中选择"粘贴"→"图片（元文件）"，如图 4-18 所示。

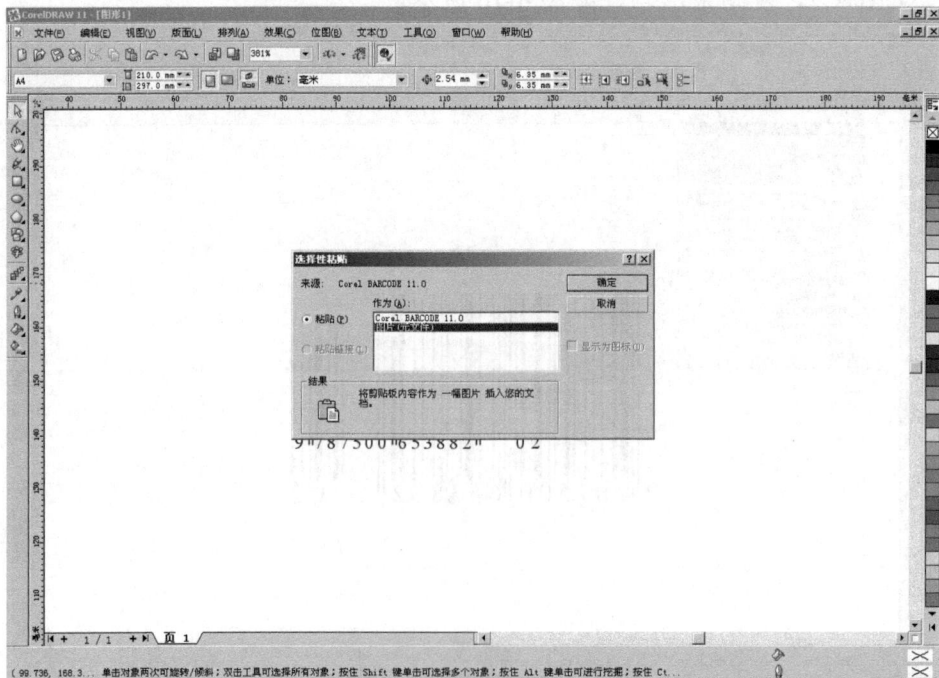

图 4-18　选择"图片（元文件）"

（9）右击条形码，选择"取消全部组合"，如图 4-19 所示。

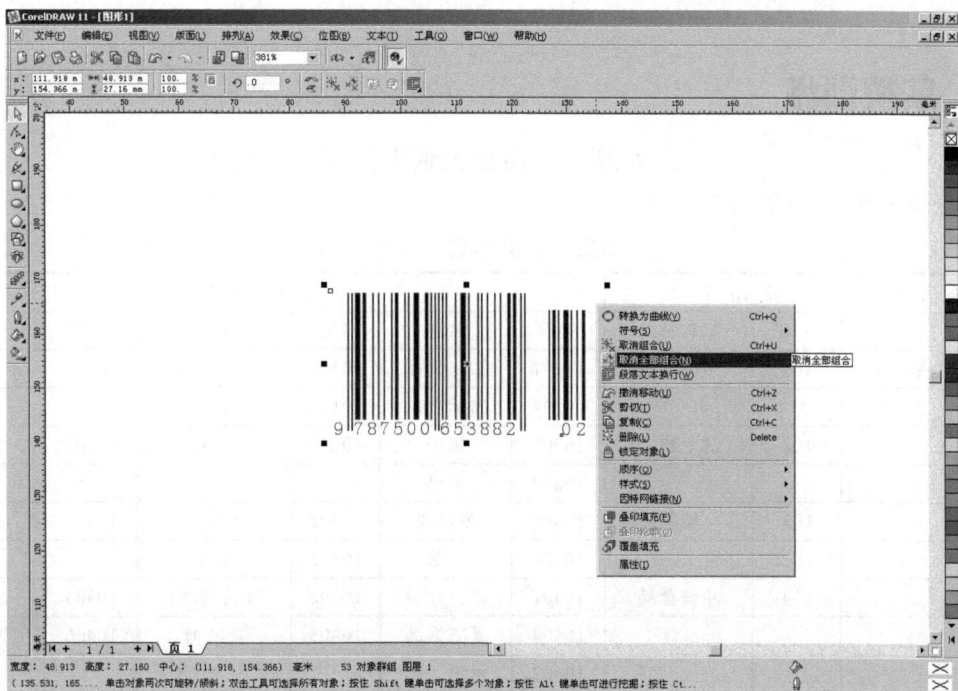

图 4-19　取消全部组合

（10）选中条形码数字，现在可以修改字体属性了，变更字体为"OCR-B-10 BT"，如图 4-20 所示。

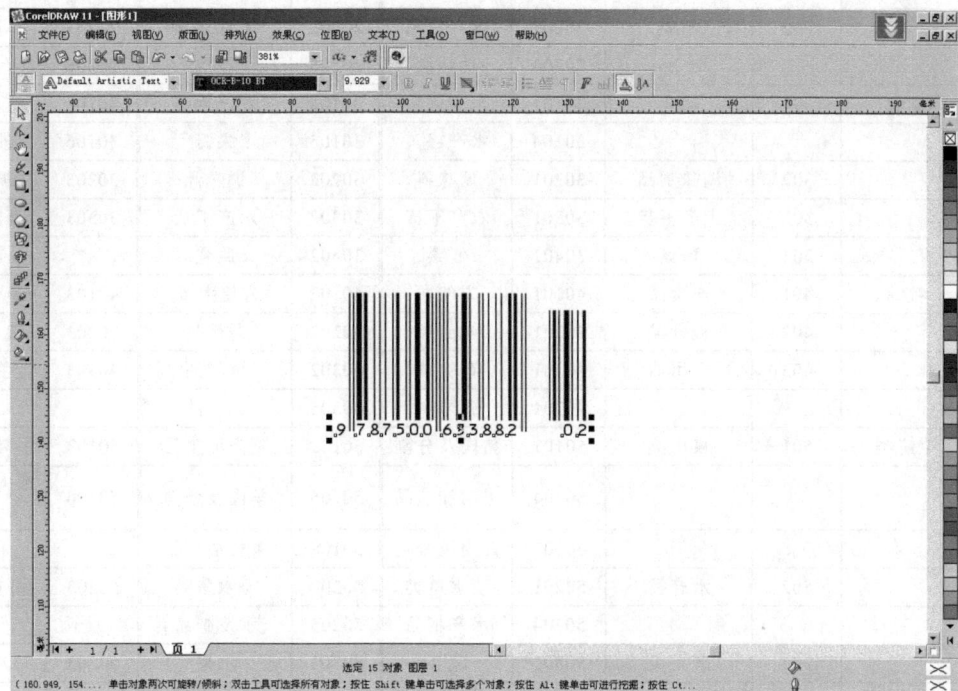

图 4-20　修改字体属性

（11）标准的条形码制作成功，其他参数均为默认值。

实操训练

某超市商品分类情况分析

某超市商品分类情况如下表：

商品经营类别表（节选）

商品大类		商品中类		商品小类					
代码	名称	代码	名称	代码	名称	代码	名称	代码	名称
1	包装食品	101	休闲食品	10101	膨化食品	10102	干果炒货	10103	果脯蜜饯
				10104	肉脯食品	10105	鱼片		
		102	饼干糕点	10201	饼干	10202	派类	10203	糕点
				10204	曲奇				
		103	糖果	10301	香口胶	10302	巧克力	10303	硬糖
				10304	软糖	10305	果冻		
		104	冲调食品	10401	奶、豆粉	10402	麦片/餐糊	10403	茶叶
				10404	夏凉饮品	10405	功能糖	10406	固体咖啡
				10407	藕粉、羹				
		105	营养保健品	10501	参茸滋补	10502	浓缩保健	10503	减肥食品
				10504	药酒	10505	蜂产品		
2	饮料烟酒	201	饮料	20201	碳酸饮料	20102	饮用水	20103	茶饮/咖啡
				20104	果汁	20105	功能饮料	20106	常温奶品
		202	酒类	20201	国产白酒	20202	葡萄/色酒	20203	啤酒
				20204	功能酒	20205	进口酒	20206	其他
3	副食	301	罐头	30101	水果罐头	30102	农产罐头	30103	畜产罐头
				30104	水产罐头	30105	果酱	30106	沙拉酱
		302	调味制品	30201	调味料	30202	调味汁	30203	调味酱
		303	土产干货	30301	农产干货	30302	水产干货	30303	畜产干货
		304	酱菜	30401	酱菜	30402	腐乳		
4	粮油	401	速食品	40101	方便面	40102	方便粥/饭	40103	速食调理
		402	粮食类	40201	米面类	40202	杂粮类	40203	粮食制品
		403	食用油	40301	花生油	40302	调和油	40303	色拉油
				40304	粟米油	40305	菜籽油		
5	生鲜类	501	畜禽类	50101	猪肉及分割	50102	猪肉加工品	50103	牛肉及分割
				50104	牛肉加工品	50105	羊肉及分割	50106	羊肉及加工品
				50107	禽类及分割	50108	禽类加工品		
		502	水产类	50201	淡水鱼类	50202	海水鱼类	50203	虾蟹贝龟
				50204	水产制品	50205	水发制品		
		503	蔬果类	50301	蔬菜	50302	水果	50303	干菜
		504	熟食速食	50401	熟食制品	50402	速食制品		

（续）

商品大类		商品中类		商品小类					
代码	名称	代码	名称	代码	名称	代码	名称	代码	名称
6	日配类	601	面包主食	60101	面包西点	60102	主食面点		
		602	熟食素食	60201	熟食制品	60202	豆制小菜	60203	半成品
				60204	素食制品				
		603	奶蛋类	60301	鲜奶	60302	发酵奶	60303	调味奶
				60304	奶油乳酪	60305	蛋品类		
		604	冻品类	60501	速冻面点	60502	微波食品	60503	肉类制品
				60504	水产制品	60505	蔬菜制品	60506	冰棒雪糕
		606	保鲜果汁	60601	鲜果汁	60602	鲜菜汁		

（1）结合上表，该种分类方法是什么方法？有何特点？

（2）上述超市中的分类，有哪些不足？

（3）请根据所学知识，对上述商品进行重新分类。

学习效果检测

一、单选题

1. 商品分类是指为了满足生产、流通和消费的需要，按照一定的（　　　），科学地、系统地将商品分成若干不同类别的过程。

　　A．分类标志　　　　　B．分类标准　　　　　C．分类原则　　　　D．分类方法

2. （　　　）体现具有若干共同性质或特征商品的总称，如食品类商品又可分为蔬菜和水果、肉和肉制品、乳和乳制品、蛋和蛋制品等。

　　A．大类　　　　　　　B．中类　　　　　　　C．小类　　　　　　D．细目

3. 商品分类是商品学研究的（　　　）。

　　A．前提　　　　　　　B．条件　　　　　　　C．基础　　　　　　D．本质

4. 根据选择商品分类标志的唯一性原则，商品分类时，在（　　　）范围内，只能采用一种分类标志。

　　A．同一层级　　　　　B．不同层级　　　　　C．所有层级　　　　D．大类和中类

5. 商品分类标志的选择要能够包括分类的（　　　）商品。

　　A．少数　　　　　　　B．部分　　　　　　　C．多数　　　　　　D．全部

6. 商品分类时主要采用线分类法和面分类法，实践中通常将两种方法（　　　）。

　　A．分别使用　　　　　B．组合使用　　　　　C．交叉使用

7. 线分类法属于（　　　）的分类方法，使用范围最广泛。

　　A．古典　　　　　　　B．传统　　　　　　　C．现代　　　　　　D．便捷

8. 根据（　　　）不同，可将商品分为生活资料商品和生产资料商品。

　　A．用途　　　　　　　B．原材料　　　　　　C．加工工艺　　　　D．化学成分

9. 商品分类和商品编码的关系是（　　　）。

    A. 分类在先   B. 编码在先   C. 不分先后   D. 不确定

10. 商品条码是用来表示商品标识代码的一种（　　　）条码，可被机器快速识读和处理。

    A. 数字型   B. 字母型

    C. 模块组合型   D. 数字字母组合型

11. EAN/UCC-13 代码的结构有（　　　）个层次。

    A. 1   B. 2   C. 3   D. 4

二、多选题

1. 商品分类的基本方法主要有（　　　）。

    A. 线分类法   B. 面分类法   C 分层分类法   D. 分级分类法

2. 在商品分类实践中常用的分类标志有（　　　）。

    A. 商品用途   B. 原材料   C. 生产加工方法   D. 化学成分

3. 商品代码的编制方法主要有（　　　）。

    A. 顺序编码法   B. 层次编码法   C. 平行编码法   D. 混合编码法

4. 在商品的分类实践中，通常以商品的（　　　）作为分类标志。

    A. 用途   B. 原材料   C. 加工工艺   D. 化学成分

5. 商品代码依其所用符号不同，可分为（　　　）等类型。

    A. 数字型   B. 字母型

    C. 数字字母混合型   D. 图形

6. 商品标识代码的编制必须遵循（　　　）原则。

    A. 唯一性   B. 稳定性   C. 无含义性   D. 简明性

7. 商品条码一般印在（　　　）上。

    A. 商品   B. 商品包装   C. 商品标签   D. 运输工具

8. 商品条码中的条码符号由（　　　）等部分构成。

    A. 起始符   B. 终止符   C. 数据符   D. 校验符

第五章

商 品 检 验

【知识目标】了解商品检验的基本概念，掌握商品检验的内容、过程和环节，知道
商品检验标准，会运用简单的感官检验或理化检验方法对常见商品进
行检验，了解商品分级的概念、作用及方法。

【能力目标】能够利用简单方法对常见商品进行检验。

商品检验是国家商检部门依据商检法规对流通或生产领域的商品进行检验的活动，
它既能保障合法市场企业的权益，又能确保消费者的权益，从而维护整个市场的安全稳
定和有序。每一项商检活动，都有相关检验指标，从而确保该商品能够在国际和国内市
场上合法流通。商品的长途运输中可能会多次装卸，商品难免会发生货物短损残缺甚至
灭失等风险，如何降低风险，帮助客户把好商品品质关，是一名物流工作人员必备的基
本职业素养和技能。

第一节　认知商品检验

商品的质量决定了商品的生命力，一个国家的商品质量管理水平决定了国家在国际
贸易中的市场竞争力。商品检验是商品质量把关的手段，也是一种评价商品质量的活动。
因此，为了保证国家质量管理工作的顺利开展，并能及时发现问题，迅速处理，以确保
及提高商品质量，我们有必要了解何为商品检验。

一、商品检验的概念与分类

1. 商品检验的概念

商品检验是指商品的生产方、销售方或者第三方在一定条件下，借助一定的仪器、
器具、试剂或检验者的感觉器官等手段和方法，按照合同、标准，以及国内外法律法规，
对商品的质量、规格、重量、数量以及包装等方面进行检验，并做出合格与否和等级判
定的业务活动。

商品的质量检验在早期质量管理的发展阶段发挥了保证商品质量的"把关"作用，
在全面质量管理不断发展、完善的今天，由于预防、控制并非总是有效，所以商品检验
仍然是商品质量保证工作的一项重要内容。

2. 商品检验的类别

（1）按其检验主体和目的不同，可分为生产检验、验收检验和第三方检验

1）生产检验。生产检验也称为第一方检验，是指商品制造商为了在竞争中得以生存和发展，为了保证商品质量，获得较好的经济效益，对企业的原材料、半成品和产成品进行的检验。

2）验收检验。验收检验也称第二方检验，是指商品的购买方为了维护自身及消费者的利益，保证其所购商品符合合同或标准规定所进行的检验。

3）第三方检验。第三方检验是指处于交易双方利益之外的第三方，以公正、中立的身份，应有关方面的请求或指派，依据有关法律、合同或标准对商品进行的检验。第三方检验可以合理维护交易双方的权利以及国家和消费者的利益，可以及时协调和解决商品贸易或交换中出现的纠纷，促进商品流通的顺畅进行。

（2）按检验是否具有破损性，可分为破损性检验和非破损性检验

1）破损性检验。破损性检验是指为了对商品进行各项技术指标的规定、试验，经测定、试验后的商品遭受破坏甚至再无法使用的检验，如食品罐头、饮料及茶类的检验等。

2）非破坏性检验。非破坏性检验是指经过检验的商品仍能发挥其正常使用性能的检验，如电器类、纺织品类、黄金首饰等。

（3）按被检验商品的数量，可分为全数检验、抽样检验和免于检验

1）全数检验。全数检验是对被检验商品逐一进行的检验，也称为全面检验或百分之百检验，它适合于批量小、质量特征少且质量不稳定、较贵重的商品检验。该检验的特点是可以提供完全的质量信息，给人以安全可靠感。但由于它实行全部商品检验，所以检验费用昂贵，检验工作量大，为此应该预防重复单调的检验工作给检验人员造成疲劳而产生漏检或错检的现象。

2）抽样检验。抽样检验是按合同或标准中规定的抽样方案，从被检验商品中随机抽取样品，然后对样品逐一进行测试的检验形式。抽样检验适合于批量较大的商品检验，它可以节省检验时间和费用，有利于商品流转。但由于该种检验提供的商品信息量少，可能导致检验结果和实际商品品质的偏差，所以它不适于商品质量差异大的商品。

3）免于检验。为鼓励企业提高产品质量，提高产品质量监督检查的有效性，扶优扶强，避免重复检查，规范产品免于质量监督检查工作，依据《中华人民共和国产品质量法》和《国务院关于进一步加强质量工作若干问题的决定》，对商品质量保证体系良好、质量控制完备、成品质量长期稳定的生产企业所生产的产品，在企业自检合格后，免于检验。

识知 拓展

关于废止《产品免于质量监督检查管理办法》的决定（质检总局令第109号）

《国家质量监督检验检疫总局关于废止〈产品免于质量监督检查管理办法〉的决定》经2008年9月18日国家质量监督检验检疫总局局务会议审议通过，现予公布，自公布之日起施行。

根据国务院有关要求，现决定对《产品免于质量监督检查管理办法》（国家质量监督检验检疫总局令第9号）予以废止。

二、商品检验任务

商品检验就是运用科学的检验技术和方法，正确地评定商品质量。商品检验任务是从商品的用途和使用条件出发，分析和研究商品的成分、结构、性质及其对商品质量的影响，确定商品的使用价值；拟定商品质量指标和检验方法，运用各种科学的检测手段评定商品质量，并确定是否符合规定标准的要求；研究商品检验的科学方法和条件，不断提高商品检验的科学性、精确性、可靠性，使商品检验工作更科学化、现代化；探讨提高商品质量的途径和方向，促进商品质量的提高，并为选择适宜的包装、保管和运输方法提供依据。

商品检验是商品质量监督和认证的一项基础工作，是商品生产和流通中不可缺少的一个重要环节，它对于确保商品质量，维护消费者正当利益，具有重要意义。生产企业通过对生产各环节的商品质量检验来保证产品质量，促进产品质量不断提高；商品流通部门在流通各环节进行商品检验，及时防止假冒伪劣商品进入流通领域，以减小经济损失，维护消费者利益；质量监督部门通过商品检验，实施商品质量监督，向社会传递准确的商品质量信息，促进我国市场经济的发展。商品检验具体任务主要体现在以下两方面：

1．把关任务

商品质量检验根据有关法规和技术标准进行检验，并将检验结果与标准相比，做出合格或不合格的判断，或对产品质量水平进行评价，以指导生产、商品交换和企业经济活动。

检验人员通过对原材料、半成品、成品的检验，鉴别、分选、剔除不合格品，并决定该产品是否接收放行，严格把住每一个环节的质量关，做到不合格的产品不出厂、不销售；假冒、次劣产品不进入市场销售。同时，通过检验对合格品签发产品合格证，也是对内（原材料和半成品）和对外（成品）的一种质量保证。

在国际贸易和物流领域中，商品检验尤为重要。国家设立专门商检机构对进出口商品实施检验与管理，其主要目的就是加强进出口商品检验工作，保证进出口商品的质量，维护对外贸易相关各方的合法权益，促进对外贸易的顺利发展。因此，把关是商检工作的首要任务。

2．服务任务

（1）为生产质量的保证提供服务

企业通过入厂检验、首件检验、巡回检验和抽样检验，及早发现并排除原材料、外购件、外协件、半成品中的不合格品，以预防不合格品流入下道工序，造成更大的损失。同时，通过对生产过程中的质量检验，掌握质量动态，为质量控制提供证据，及时发现质量问题，以预防和减少不合格品的产生，防止大批产品报废的质量事故的发生。

通过质量检验，搜集证据，发现不符合标准的质量问题与现场质量波动情况，及时做好记录，进行统计、分析和评价并及时报告企业管理者，反馈给生产、工艺、设计等职能部门，以便采取相应措施，改进和提高产品质量。

（2）为国际贸易和物流的顺利开展提供服务

商检机构通过检验和监督管理，把好进出口商品质量关，防止不合格的商品进出口，有力地维护了良好的进出口秩序。

在国际经济贸易和物流活动中，有关各方经常需要一个第三者，作为鉴定人对进出口商品进行检验或鉴定，并提供检验证明，供有关各方进行交接、计费、索赔、理赔、免责之用。这是一种技术和劳务相结合的服务工作，商检机构凭借自身的性质、技术条件和信誉，长期以来在这一重要领域发挥着自己的特长和优势，起着积极的作用。同时，商检机构也经常能够接触到国内外大量的商品质量、性能、价格、分布等方面的情况，及时收集整理这些情况，提供给有关部门参考。

三、商品检验的依据

商品检验是一项科学性、技术性、规范性较强的复杂工作，为使检验结果更具有公正性和权威性，必须根据具有法律效力的质量依据、标准及合同等开展商品检验工作。

（1）商品质量法规

国家有关商品质量的法律、法令、条例、规定、制度等，规定了国家对商品质量的要求，体现了人民的意志，保障了国家和人民的合法利益，具有足够的权威性、法制性和科学性。商品质量法规是国家组织、管理、监督和指导商品生产与商品流通，调整经济关系的准绳，是各部门共同行动的准则，也是商品检验活动的主要依据。质量法规包括商品检验管理法规、产品质量责任制法规、计量管理法规、生产许可证及产品质量认证管理法规等。

（2）技术标准

技术标准是指规定和衡量标准化对象的技术特征的标准。它对产品的结构、规格、质量要求、实验检验方法、验收规则、计算方法等均做了统一规定，是生产、检验、验收、使用、洽谈贸易的技术规范，也是商品检验的主要依据，它对保证检验结果的科学性和准确性具有重要意义。

（3）购销合同

供需双方约定的质量要求必须共同遵守。一旦发生质量纠纷，购销合同的质量要求，即为仲裁、检验的法律依据。但是，购销合同必须符合《经济合同法》的要求。

第二节　对商品进行抽样

商品在进行抽样检查时，遇到的第一个问题是如何抽取样品。抽样的目的在于通过尽可能少的样本所反映出的质量状况来统计推断整批商品的质量水平。所以，如何抽取对该批商品具有代表性的样品，对准确评定整批商品的平均质量，显得十分重要，它是关系着生产者、消费者利益的大事。那么，我们该如何选择抽样方法，控制抽样误差，以获取较为准确的检验结果呢？

一、抽样的概念和原则

1．抽样的概念

抽样也称取样、采样、拣样，是指从被检验的商品中按照一定的方法采集样品的过程。抽样检验是按照事先规定的抽样方案，从被检批中抽取少量样品，再对样品逐一进行测试，将测试结果与标准或合同进行比较，最后由样本质量状况统计推断受检商品整体质量合格与否。

抽样检查的优点是：检查的商品数量少，省事、省力，比较经济核算；检查人员能集中精力仔细检查，便于发现问题；生产方或卖方必须保证自己的产品质量，否则会出现整批商品被拒收的情况，致使生产方或卖方遭受经济损失；适用于破坏性测试，通过少数商品的破坏检查，正确判断整批商品的质量；抽样检查中，搬运损失少；对商品的生产部门和检查部门的组织管理工作是一个促进，及时发现问题，采取措施加以改进，能起到预防检查的作用。

抽样检查的缺点是：由于是进行抽样，有时会将优质批误判为不合格批，或将劣质批误认为合格批，因而存在接受"劣质"批和拒收"优质"批的风险；由于抽样样本较少，所以反映整批产品质量状况的信息一般不如100%检验那样多，有时会存在片面性。

2．抽样的原则

（1）代表性原则。要求被抽取的一部分商品必须具备有整批商品的共同特征，以使鉴定结果能成为决定此大量商品质量的主要依据。

（2）典型性原则。它指被抽取的样品能反映整批商品在某些（个）方面的重要特征，能发现某种情况对商品质量造成的重大影响，如食品的变质、污染、掺假及假冒伪劣商品的鉴别。

（3）适时性原则。针对组分、含量、性能、质量等会随时间或容易随时间的推移而发生变化的商品，要求及时地抽样并进行鉴定，如新鲜果菜中各类维生素含量的鉴定及各类农副产品中农药或杀虫剂残留量的鉴定等。

二、抽样的要求和方法

1．抽样的要求

（1）抽样应当依据抽样对象的形态、性状，合理选用抽样工具与样品容器。抽样工具与样品容器必须清洁，不含被鉴定成分，供微生物鉴定的样品应无菌操作。

（2）外地调入的商品，抽样前应检查有关证件，如商标、运货单、质量鉴定证明等，然后检查外表，包括检查包装以及起运日期、整批数量、产地厂家等情况。

（3）按各类商品的抽样要求抽样，注意抽样部位分布均匀，每个抽样部位的抽样数量（件）保持一致。

（4）抽样的同时应做好记录，内容包括抽样单位、地址、仓位、车间号、日期、样品名称、样品批号、样品数量、抽样者姓名等。

（5）抽取的样品应妥善保存，保持样品原有的品质特点，抽样后应及时鉴定。

实操技巧

被检商品批

商品批是指生产时具有大致相同的条件，生产时间大致相同的同等级、同种类、同规格尺寸、同原料工艺的产品。一批商品中每个单位商品的性质、功能彼此接近。该批商品的单位商品数量称为批量。

1. 产地、原料、时间、方法、设备、质量等级等相同的商品。

2. 同一订货合同一般为一批。

3. 订货量较大或连续交货的可分若干批。

4. 同批质量差异较大可以分若干批。

单位商品：商品的基本单位（自然或人工划分）如个、台、件、套、双、袋、桶、垛、车、船、千克等。

批量（总体 N）：被检批商品中单位商品的总数。

N 的大小，依据商品的特点、生产、流通条件所决定，如体积小、质量稳定，批量可大一些，质量不稳定的批量可以小一些。

样本 n：被检批商品中抽取用于检验的单位商品的全体。

例如：GB 13171—2009《洗衣粉》中规定：以箱为单位，根据批量（N）的多少来确定样本（n）。

$$N \leqslant 100 \qquad n=3$$
$$100 < N \leqslant 500 \qquad n=5$$
$$501 < N \leqslant 1\,000 \qquad n=8$$
$$N > 1\,000 \qquad n=13$$

大多数的商品检验都是抽样检验。抽样检验适用于质量稳定、批量大、质量特征较多、价值较低、破坏性检验。

2. 抽样的方法

商品进行抽样检查时，遇到的第一个问题是如何抽取样品。抽样的目的在于通过尽可能少的样本所反映出的质量状况来统计推断整批商品的质量水平。所以，如何抽取对该批商品具有代表性的样品，对准确评定整批商品的平均质量显得十分重要，它是关系着生产者、消费者利益的大事。要正确选择抽样方法，控制抽样误差，以获取较为准确的检查结果。根据商品的性能特点，抽样方法在相应的商品标准中均有具体规定。当被检查批的质量均匀一致时，无论怎样抽取样品，无论样品的数量多少，一般都能反映整批商品的质量。但是，在工业生产中，由于原材料、加工条件和技术水平的差异，生产出来的产品其质量总是不完全均匀一致的，这时怎样抽取样品就变得很重要了。

为了使抽取的样品能准确反映检查批的总体质量，应提倡采用符合概率论与数理统计理论的抽样方法。目前，被广泛采用的是随机抽样法，即被检验整批商品中的每一件商品都有同等机会被抽取的方法。被抽取机会不受任何主观意志的限制，抽样者按照随机的原则、完全偶然的方法抽取样品，因此比较客观，适用于各种商品、各种批量的抽样。常用的抽样方法有简单随机抽样、分层随机抽样和系统随机抽样。

（1）简单随机抽样法，又称单纯随机抽样法，是对整批同类商品不经过任何分组、划类、排序，直接从中按照随机原则抽取检验样品。简单随机抽样通常用于批量不大的商品的抽样，通常是将批中各单位商品编号，利用抽签或随机表抽样。从理论上，简单随机抽样最符合随机的原则，可避免检验员的主观意识的影响，是最基本的抽样方法，是其他复杂的随机抽样方法的原则。当批量较大时，则无法使用这种方法。

实操技巧

随机号码表法

随机号码表又称为乱数表。它是将 0～9 的 10 个自然数，按编码位数的要求（如两位一组，三位一组，五位甚至十位一组），利用特制的摇码器（或计算机），自动地逐个摇出（或计算机生成）一定数目的号码编成表，以备查用。这个表内任何号码的出现，都有同等的可能性。利用这个表抽取样本时，可以大大简化抽样的烦琐程序。缺点是不适用于总体中个体数目较多的情况。

下表就是一个随机号码表：

03	47	43	73	86	36	96	47	36	61	46	99	69	81	62
97	74	24	67	62	42	81	14	57	20	42	53	32	37	32
16	76	02	27	66	56	50	26	71	07	32	90	79	78	53
12	56	85	99	26	96	96	68	27	31	05	03	72	93	15
55	59	56	35	64	38	54	82	46	22	31	62	43	09	90
16	22	77	94	39	49	54	43	54	82	17	37	93	23	78
84	42	17	53	31	57	24	55	06	88	77	04	74	47	67
63	01	63	78	59	16	95	55	67	19	98	10	50	71	75
33	21	12	34	29	78	64	56	07	82	52	42	07	44	28
57	60	86	32	44	09	47	27	96	54	49	17	46	09	62
18	18	07	92	46	44	17	16	58	09	79	83	86	19	62
26	62	38	97	75	84	16	07	44	99	83	11	46	32	24
23	42	40	54	74	82	97	77	77	81	07	45	32	14	08
62	36	28	19	95	50	92	26	11	97	00	56	76	31	38
37	85	94	35	12	83	39	50	08	30	42	34	07	96	88
70	29	17	12	13	40	33	20	38	26	13	89	51	03	74
56	62	18	37	35	96	83	50	87	75	97	12	25	93	47
99	49	57	22	77	88	42	95	45	72	16	64	36	16	00
16	08	15	04	72	33	27	14	34	09	45	59	34	68	49
31	16	93	32	43	50	27	89	87	19	20	15	37	00	49

随机号码表法应用的具体步骤是：将调查总体中各单位一一编号；在随机号码表上任意规定抽样的起点和抽样的顺序；依次从随机号码表上抽取样本单位号码。凡是抽到编号范围内的号码，就是样本单位的号码，一直到抽满为止。

（2）分层随机抽样法，又称分组随机抽样法、分类随机抽样法，是将整批同类商品按主要标志分成若干个组，然后从每组中随机抽取若干样品，最后将各组抽取的样品放在一起作为整批商品的检验样品的抽验方法。分层随机抽样方法适用于批量较大的商品检验，尤其是当批中商品质量可能波动较大时，如不同设备、不同时间、不同生产者生产的商品组成的被检批。它抽取的样本有很好的代表性，是目前使用最多、最广的一种抽样方法。

（3）多段随机抽样法。多段随机抽样是把一批同类商品先划成若干部分，用简单随机抽样法随机拣取几个部分；然后再从所拣出的每个部分中随机拣取若干个商品；最后将上述拣出的所有商品集中起来即为试样。此法适用于一个大包装内有几个独立小包装商品的抽样。

（4）规律性随机抽样法，又称系统随机抽验法、等距随机抽样法。首先，对同批或同类商品按顺序进行编号，即按自然数 1、2、3、4、5…进行排列；其次，按简单随机抽样法从 0~9 中确定一个中选号码作为一个样品的第一个；最后，通过公式 $S=$总商品个数/样品个数，确定抽样距离 S。例如，首选号码为 5，则被选出的样品号码为：5，$5+S$，$5+2S$，…，$5+(n-1)S$。

对于在生产流水线上运动的产品，其抽样方法是固定一个间隔时间，每隔该定额时间抽取一个样品。系统随机抽样法由于分布均匀，因而代表性较好。

识知拓展

随机抽样方案

按抽样并投入检验的次数分为一次抽样方案、二次抽样方案和多次抽样方案。

1. 一次抽样方案

对受检批量单位产品数为 N、抽取样本数为 n 的样品进行检查。其中样本数中有不合格品数为 d，当样本中不合格品数小于等于预先指定的某个数值 A_c，即 $d \leqslant A_c$ 时，则该批判为合格。

若样品中不合格品数大于等于预先指定的某个数值 R_e，即 $d \geqslant R_e$ 时，则判该批不合格。

A_c、R_e 组成该抽样方案的合格判定数组，记为（A_c、R_e）。这样标准的一次抽样方案可表示为（n、A_c、R_e），其过程如图 5-1 所示。

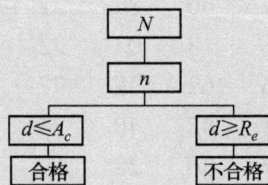

一次抽样方案简单明了，只需要抽样检验一次样本就可以做出该批商品合格与否的判断，便于管理，应用较多。但平均样本量比对应的多次抽样方案量大。

图 5-1 一次抽样方案程序

2. 二次抽样方案

为了降低抽样检验的平均样本量，国内外广泛采用二次抽样方案。

这种抽样方案是同时抽取两个大小相同的样本，先对第一个样本 n_1 进行检验，若检验不合格品数小于等于预先指定的某个数值 A_{c_1}，则判该批商品合格，即 $d \leqslant A_{c_1}$ 则 N 合格；若不合格品数大于等于预先指定的某个数值 R_{e_1}，即 $d \geqslant R_{e_1}$，则该批商品视为不合格。

如果 $A_{c_1}<d<R_{e_1}$，则对第二个样本进行检验，用两次检验结果综合在一起判断该批商品合格与否。二次抽样方案是由第一样本 n_1 和第二样本 n_2 与判定数组（A_{c_1}、A_{c_2}、R_{e_1}、R_{e_2}）组成。二次抽样方案程序如图 5-2 所示。

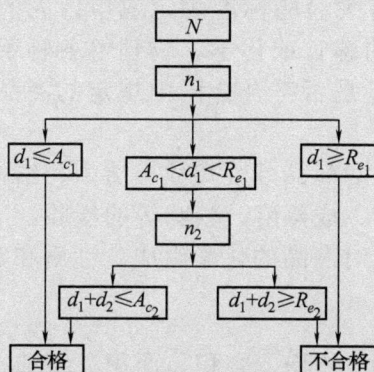

图 5-2　二次抽样方案程序

3. 多次抽样方案

国际上通常用的抽样方案还有多次抽样方案，中国有些抽样检查标准也采用了多次抽样方案，其原理与二次抽样方案相似。

多次抽样方案比二次抽样的平均样本量又进一步降低，能节约检验费用，但管理较复杂。对于产品批质量较好时，采用多次抽样方案为宜。中国 GB2828、GB2829 都采用五次抽样检验方案，ISO2859 采用七次抽样方案。

第三节　对商品进行检验

对商品质量进行检验并予以验收，其目的在于按标准验收商品的质量特性是否符合要求，以剔除不符合要求的商品，确保交付给客户的商品质量达到标准规定的要求。因此，商品质量检验是质量管理中不可缺少的组成部分，也是商品最终得到用户确认，以接收该批商品的重要环节。那么，该如何对商品进行检验呢？

一、商品检验的程序

商品质量检验工作程序通常包括以下内容：定标→抽样→检查→比较→判定→处理。定标是指在检验前根据合同或标准的要求，确定检验手段和方法以及商品合格的判断原则，制订商品检验计划的工作；抽样是按上述计划，随机抽取样品以备检验的过程；检查是在规定的条件下，用规定的实验设备和检验方法检测样品的质量特性；比较是将检查的结果同要求进行比较，衡量其结果是否合乎质量要求；判定是指依据比较的结果，判定样品的合格数量或质量状况；处理是根据样本的质量进而判断商品总体是否合格，并做出是否接受的结论。

二、商品检验的内容

1．品质检验

品质检验是根据合同和有关检验标准规定或申请人的要求对商品的使用价值所表现出来的各种特性，运用人的感官或化学、物理等各种手段进行测试、鉴别。其目的就是判别、确定该商品的质量是否符合合同中规定的商品质量条件。品质检验包括外观品质检验和内在品质检验。

（1）外观品质检验，是指对商品外观尺寸、造型、结构、款式、表面色彩、表面精度、软硬度、光泽度、新鲜度、成熟度、气味等的检验。

（2）内在品质检验，是指对商品的化学组成、性质和等级等技术指标的检验。

2．规格检验

规格表示同类商品在量（如体积、容积、面积、粗细、长度、宽度、厚度等）方面的差别，与商品品质优次无关。例如，鞋类的大小、纤维的长度和粗细、玻璃的厚度和面积等规格，只表明商品之间在量上的差别，而商品品质取决于品质条件。商品规格是确定规格差价的依据。

由于商品的品质与规格是密切相关的两个质量特征，因此贸易合同中的品质条款中一般都包括了规格要求。

3．数量和重量检验

它们是买卖双方成交商品的基本计量和计价单位，直接关系着双方的经济利益，也是对外贸易中最敏感而且容易引起争议的因素之一。它们包括了商品个数、件数、双数、打数、令数、长度、面积、体积、容积和重量等。

4．包装质量检验

商品包装本身的质量和完好程度，不仅直接关系着商品的质量，还关系着商品数量和重量。一旦出现问题时，是商业部门分清责任归属、确定索赔对象的重要依据之一。例如，检验中发现有商品数（重）量不足情况，包装破损者，责任在运输部门；包装完好者，责任在生产部门。包装质量检验的内容主要是内外包装的质量，如包装材料、容器结构、造型和装潢等对商品贮存、运输、销售的适宜性，包装体的完好程度，包装标志的正确性和清晰度，包装防护措施的牢固度等。

5．安全、卫生检验

商品安全检验是指电子电器类商品的漏电检验、绝缘性能检验和 X 光辐射等。商品卫生检验是指商品中的有毒有害物质及微生物的检验，如食品添加剂中砷、铅、镉的检验，茶叶中的农药残留量检验等。

对于进出口商品的检验内容除上述内容外，还包括海损鉴定、集装箱检验、进出口商品的残损检验、出口商品的装运技术条件检验、货载衡量、产地证明、价值证明以及其他业务的检验。

三、商品检验的方法

商品质量的检验方法是指获取商品质量检验结果所采取的检验器具、检验原理和检验条件的总称。商品质量的检验方法有很多，可将检验方法划分为感官检验法、理化检验法和生物学检验法三大类。

1．感官检验法

感官检验又称感官分析、感官检查和感官评价，它是利用人的感觉器官作为检验器具，对商品的色、香、味、形、手感、音色等感官质量特性，在一定条件下进行判定或评价的检验方法。其优点是简便易行，快速灵活，成本较低，而且适用范围广。感官检验特别适用目前还不能用仪器检验以及不具备组织昂贵、复杂仪器检验的企业、部门和消费者。它在食品、化妆品、艺术品等商品的检验中就显得尤其重要，是其他检验法所替代不了的。感官检验通过运用了统计学的方法分析和处理感官检验数据的基础方法，将不易确定的商品感官检验的指标客观化、定量化，从而使感官检验更具有可靠性和可比性。

（1）按照人的感觉器官的不同，感官检验可分为视觉检验、嗅觉检验、味觉检验、触觉检验和听觉检验等。

1）视觉检验。视觉检验是用视觉来检查商品的外形、结构、颜色、光泽以及表面状态、疵点等质量特性。由于外界条件如光线的强弱、照射方向、背景对比以及检验人员的生理、心理和专业能力，会影响视觉检验效果，因此视觉检验必须在标准照明条件下和适宜的环境中进行，并且应对检验人员进行必要的挑选和专门的训练。

视觉检验法是一种应用极为广泛的商品检验方法，如用于检验茶叶的外形、叶底；水果的果色果型；棉花色泽的好坏，疵点粒数的多少；罐头容器外观情况和内容物的组织形态；玻璃罐的外观缺陷；食品的新鲜度、成熟度和加工水平等。

2）嗅觉检验。嗅觉检验是通过嗅觉检查商品的气味，进而评价商品的质量，广泛用于食品、药品、化妆品、日用化学制品等商品质量检验，并且对于鉴别纺织纤维、塑料等燃烧后的气味差异也有重要意义。在检验中应避免检验人员的嗅觉器官长时间与强烈的挥发物质接触，检验的顺序也应从气味淡向气味浓的方向进行，并注意采取措施防止串味等现象。

3）味觉检验。味觉检验是利用人的味觉来检查有一定滋味要求的商品（如食品、药品等）通过品尝食品的滋味和风味来检验食品质量的好坏。为了顺利地进行味觉检验，一方面要求检验人员必须具备辨别基本味觉特征的能力，并且被检样品的温度要与对照样品温度一致；另一方面要采取正确的检验方法，遵循一定的规程，如检验时不能吞咽物质，应使其在口中慢慢移动，每次检验前后必须用水漱口等。

味觉检验主要用来鉴定食品，如糖、茶、烟、调料等。食品的滋味和风味是决定食品品质的重要因素。同一原料来源的食品，由于加工调制方法的不同，滋味和风味也不同。质量发生变化的食品，滋味必然变劣，产生异味。所以，味觉评定是检验食品品质的重要手段之一。

4）触觉检验。触觉检验是指利用人的触觉感受器对被检验商品轻轻作用的反应——触觉来评价商品质量。触觉是皮肤感受到机械刺激而引起的感觉，包括触压觉和触摸觉。

5）听觉检验。听觉检验是利用听觉器官，通过对商品发出的声音是否优美或正常来评判商品质量的检验方法。

听觉检验和其他感官检验一样，需要适宜的环境条件，即力求安静，避免外界因素对听觉灵敏度的影响。

听觉检验一般用来检验玻璃制品、瓷器（常敲击瓷器或陶器，根据声音判断品质是否正常，声音清脆悦耳表明品质正常，声音嘶哑是有裂纹的反映）、金属制品有无裂纹或其内在的缺陷；评价以声音作为质量指标的乐器、家用电器等商品；评定食品成熟度、新鲜度（如根据鸡蛋是否有水声判断鸡蛋的新陈）、冷冻程度等。此外，听觉检验还广泛用于塑料制品的鉴别、纸张的硬挺性与柔韧性、颗粒状粮食和油料的含水量及罐头食品变质的检验。

（2）按照感官检验目的的不同，感官检验又可分为分析型感官检验与偏爱型感官检验两大类。

1）分析型感官检验（感官分析），又称Ⅰ型或A型感官检验（感官分析），它是以经过培训的评价员的感觉器官作为"仪器"，来测定商品的质量特性或鉴别商品之间的差异等。例如，质量检验、商品改进、商品评优等都属于此类型。这种检验（分析）要求评价员对商品做出客观评价，尽量避免人的主观意愿对评价结果的影响。为此，在进行试验时必须保证以下3点：①评价尺度和评价基准应统一化、标准化；②试验条件应该规范化；③评价员在经过适当的选择和训练后，应维持在一定的水平。

2）偏爱型感官检验（感官分析），又称Ⅱ型或B型感官检验（感官分析），它是以未经训练的消费者对商品的感觉判断来了解消费者对商品的偏爱程度，所以是一种主观评价方法。

边讲边练

瓷砖在家装上应用普遍，如何选择瓷砖成为家装的必修课。劣质瓷砖大多颜色不一致，高低不平，易破碎。铺后由于水泥收缩易破裂，瓷面剥落，使用过程中容易吸污、刮花。劣质瓷砖铺在灶台上，因温度变化大，易爆裂，有很大的安全隐患。

【问题】怎样判断瓷砖的好坏呢？

【提示】专家告诉我们挑选瓷砖也可望闻问切，即一望、二听、三刮、四量。

"望"是细看瓷砖表面。作为装饰材料，瓷砖的外观效果无疑是消费者最主要的考量因素。瓷砖的外观包括色彩、图案、光泽等方面内容，质量好的瓷砖一般色泽均匀，图案细腻、逼真，没有明显的断线、错位等。

挑瓷砖的"听"跟挑西瓜的"听"可是两码事。用硬物轻击砖侧，声音越清脆，则瓷化程度越高，质量越好，声音清亮悦耳者为上品，声音沉闷浑浊者为下品。

"刮"是指用小刀或硬物轻轻刮磨砖体以测试硬度。瓷砖表面的莫氏硬度大概在6～7之间，莫氏硬度是以世界上最硬的物体——金刚石为满分10为基础，再逐级来划分的，当硬度不同的两个物体相碰时，被摩擦掉的将是硬度较低的那一个。一般自然界中灰尘颗粒的硬度为5～6，小于瓷砖，所以正常使用的情况下瓷砖会完好无损。有些石英沙砾硬度却大于7，两者相摩擦，瓷砖表面就会被其划伤。瓷砖的硬度受原料的影响，也与烧结的工艺和技术有关。

"量"则是以瓷砖的规格差异大小来衡量优劣。边长是瓷砖的长度和宽度尺寸指标。用卷尺测量每片瓷砖的大小周边有无差异，精确度高的为上品。瓷砖边长的精确度越高，铺贴后的效果越好，买优质瓷砖不但容易施工，而且能节约工时和辅料。

2．理化检验法

理化检验法是在一定的实验室环境条件下，利用各种仪器、器具和试剂做手段，运用物理、化学的方法来测定商品质量的方法。理化检验主要用于商品的成分、结构、物理性质、化学性质、安全性、卫生性以及对环境的污染和破坏性等方面的检验。理化检验与感官检验相比，其结果可以用数据定量表示，较为准确客观，但要求有一定的设备和检验条件，同时对检验人员的知识和操作技术也有一定的要求。因其能用数字定量地表示测定结果，客观、准确地反映商品质量情况，对于商品质量鉴定具有较强的科学性，较感官检验客观和精确，因此理化检验法应用愈来愈广泛。理化检验方法可以分为物理检验法、化学检验法和生物学检验法。

（1）物理检验法

物理检验法因其检验商品的性质和要求不同、采用的仪器设备不同可以分为一般物理检验法、力学检验法、光学检验法、电学检验法、热学检验法等。

1）一般物理检验法，主要是通过这种量具、量仪、天平、秤或专业仪器来测定商品的一些基本物理量，如长度、细度、面积、体积、厚度、重量、密度、容重、表面光洁度等。这些基本的物理量指标往往是商品贸易中的重要交易条件。

2）力学检验法，是通过各种力学仪器测定商品的力学性能的检验方法。这些性能主要包括商品的抗拉强度、抗压强度、抗弯曲强度、抗冲击强度、抗疲劳强度、硬度、弹性、耐磨性等各方面的力学性能。

3）光学检验法，是通过各种力学仪器如显微镜、折光仪等检验商品光学性能方面质量指标的方法。

4）电学检验法，是利用电学仪器测定商品的电学方面质量特性的检验方法。当然通过有些电学性能的测定也可以测定商品的材质、含水等多方面性能。

5）热学检验法，是利用热学仪器测定商品的热学质量特性的检验方法。商品的热学特性主要包括熔点、凝固点、沸点、耐热性、导热性、热稳定性等。商品的很多热学特性与商品的使用条件及使用性能有很大的关系。

（2）化学检验法

化学检验法是用化学试剂或化学仪器对商品的化学成分及其含量进行测定，进而判定商品是否符合规定的质量要求的方法。依据操作方法的不同，化学检验法可分为化学分析法和仪器分析法。

1）化学分析法，是根据检验过程中商品在加入某种化学试样和试剂后所发生的化学反应来测定商品的化学组成成分及含量的一种检验方法。该方法不仅设备简单，经济易行，而且结果也准确，是其他化学分析方法的基础。该方法适用于：食品检验，包括营养素、食品添加剂、有毒有害物质，以及发酵、酸败、腐烂等食品变质的成分变化指标测定；纺织品与工业品主要有效成分、杂质成分、有害成分的含量，以及耐水、耐酸碱、耐腐蚀等化学稳定性质方面的测定。

化学分析法分为定性分析法和定量分析法两种：

① 定性分析法。这是根据反应结果所呈现的特殊颜色或组合，在化学反应中生成的沉淀、气体等来判定商品成分的种类及其性质的一种方法。在定性分析中，多使用灵敏度高的鉴定反应。为了能正确判断结果，往往还要做空白试验和对照试验；同时还应注意反应溶液的温度、浓度、酸度干扰物质等影响。

② 定量分析法。定量分析法是在定性分析的基础上，准确测定试样中商品的成分含量的分析方法。按测定方法的不同，定量分析分为容量分析和重量分析。重量分析是根据一定量的试样，利用相应的化学反应，使被测的成分析出或转化为难溶的沉淀物，再将沉淀物滤出，经洗涤、干燥或灼烧后，准确地称出其重量而计算出试样中某成分含量的分析方法。容量分析即用一种已知精确浓度的标准溶液与被测试样发生作用，由滴定终点测出某一种成分含量的分析方法。常用的分析方法有氧化还原法、综合滴定法、沉淀法、酸碱滴定法等。

2）仪器分析法，是采用光、电等方面比较特殊或复杂的仪器，通过测量商品的物理性质或物理化学性质来确定商品的化学成分的种类、含量和化学结构以判断商品质量的检验方法。它包括电化学分析法、核磁共振波谱法、原子发射光谱法、气相色谱法、原子吸收光谱法、高效液相色谱法、紫外-可见光谱法、质谱分析法、红外光谱法、其他仪器分析法等。

光学分析法是通过被测成分吸收或发射电磁辐射的特性差异来进行化学鉴定的。常见的方法有比色分析法、分光光度法、发射光谱法、色谱分析法等。

① 比色分析法，是用比较有色物质溶液的颜色作为确定含量多少的分析方法。它包括目视比色法和光电比色法。目视比色法是用眼睛比较被测溶液与标准溶液颜色深浅差异的方法。该法可以在复合光下进行测定，但标准溶液不能久存，经常需要在测定时同时配制。光电比色法是采用光电比色计测试的，即利用光－电效应测量光线通过有色溶液的强度的方法。这两种方法都是在可见光区内测定物质对光吸收强度进行分析的。

② 分光光度法，包括原子吸收光谱、红外光谱等。原子吸收分光光度法是一种基于物质所产生的原子蒸汽对特定谱线（通常是待测元素的特征谱线）具有吸收作用而进行分析的方法。由于这种方法测定灵敏度高，特效性好，抗干扰能力强，稳定性好，适用范围广，加之仪器较简单，操作方便，因而应用日益广泛。

③ 发射光谱法，是根据原子所发射的光谱测定物质的化学组成的方法，即试样在外界能量的作用下转变成气态原子，并使气态原子的外层电子激发至高能态。当从较高的能级跃到较低的能级时，原子将释放出多余的能量而发射出特征谱线。对所产生的辐射经过摄谱仪进行色散分光，按波长顺序记录在感光板上，就可呈现出有规则的光谱线条，即光谱图。然后根据所得光谱图进行定性分析和定量分析。

④ 色谱分析法，是一种分离技术法。它的分离原理是使混合物中各组分在两相间进行分配，其中一相是固定不变的，称为固定相，另一相是携带混合物流过此固定相的流体，称为流动相。当流动相中所含混合物流过固定相时，就会与固定相发生作用。由于各组分在结构和性质上的差异，流动相与固定相发生作用的大小、强弱也有差异，因此

在同一推力作用下，不同组分在固定相的停留有长有短，从而按先后不同的次序从固定相中流出，达到分离的目的。试样中各组分被分离后，再分别检测，最后用记录仪记录，得到色谱图。气相色谱仪应用相当广泛，但对难挥发和热稳定性能有差异的物质，此法的应用仍受到一定限制。

近年来，随着基础理论研究和新技术的应用，还出现了许多其他新型的光学仪器法，如核磁共振波谱法、红外线检验法、紫外线检验法、X射线检验法、质谱仪检验法、荧光光谱法等。它们大都用于测定商品的成分和构成，特点是快速简便、准确、自动、灵敏。但由于检验前需要对样品进行处理，且处理样品耗费的时间长，仪器价格昂贵，对操作人员要求高，故其应用受到一定的局限性。

3．生物学检验法

生物学检验法是食品类、药类和日用工业品类商品质量检验常用的方法之一，一般运用于测定食品的可消化率、发热量和维生素的含量、细胞的结构与形状、细胞的特性、有毒物品的毒性大小等。它包括微生物学检验法和生理学检验法两种。

（1）微生物学检验法

微生物检验是采用微生物技术手段，检测商品中的有害生物的存在与否以及数量多少的方法。需要进行微生物检验的商品有食品及其包装物、化妆品、卫生用品等。

（2）生理学检验法

生理学检验是以特定的动物或人群为受试对象，测定食品的消化率、发热量以及某一成分对集体的作用、毒性等。

在实际生活中，影响商品质量变化的因素很多，商品质量的下降往往是很多因素作用的综合结果。无论是理化检验还是生物学检验，都是在特定条件下进行的，检验只是考虑了一个或几个因素。为了更好地模拟商品实际情况，对商品进行试用，以综合评定商品在实际使用中的质量表现也是一种常用的质量评价方法。

第四节　评价商品品级

当我们在挑选商品时常常会因为它们非常相似而很难下定决心，就是因为在现代社会化大生产和市场经济条件下，大多数企业都生产和销售外观相似的产品，每一产品与其他产品之间的差别用我们的感官是很难判断的。而商品品级可以帮助我们解决这个难题。那么，何为优等品，何为一等品呢？

一、商品品级的概念

商品质量分级是商品质量检验活动中的一个重要环节，它是对商品内在质量和外在质量综合评判的结果。

商品品级是依商品质量高低所确定的等级。我国根据商品质量标准和实际质量检验结果，将同种商品区分为若干等级的工作，称为商品分级。

二、商品品级的划分

1. 商品品级划分的原则

商品品级通常用"等"或"级"的顺序来表示,其顺序反映商品质量的高低,如一等、二等、三等,或一级、二级、三级,有的也用甲、乙、丙等或级来表示。我国国家标准 GB/T12707—1991《工业产品质量分等导则》规定了产品质量等级的划分原则,详细规定了优等品、一等品和合格品的分等条件。

(1)优等品。优等品的质量标准必须达到国际先进水平,且实物质量水平与国外同类产品相比达到近 5 年内的先进水平。

(2)一等品。一等品的质量标准必须达到国际一般水平,且实物质量水平达到国外同类产品的一般水平。

(3)合格品。按我国现行的一般水平标准组织生产,实物质量水平必须达到相应标准的要求。

商品品级的设置,不同的商品根据其数目的多少不同,少则两个,多则六七个。一般来说,工业品分 3 级,而棉花、茶叶、卷烟分 7 级,纺织品、农副产品、土特产分 4 级,白砂糖分 3 级等。

2. 商品品级划分方法

商品分级的划分方法很多,主要可归纳为百分记分法、限定记分法和限定缺陷法 3 类。

(1)百分记分法。百分记分法是按商品的各项质量指标的要求,规定一定分数,其中重要的质量指标所占分数较高,次要的质量指标所占分数较低。各项质量指标完全符合标准规定的要求,其各项质量指标的分数总和为 100 分。如果某一项或几项质量指标达不到标准规定的要求,相应扣分,其分数总和就要降低。分数总和达不到一定等级的分数线,则相应降低等级。这种方法在食品商品评级中被广泛采用。例如,酒的评分方法,满分为 100 分,其评分方法见表 5-1。

表 5-1 酒的评分方法

酒　类	色　泽	香　气	滋　味	风　格	泡　沫
白酒	10	25	50	15	—
葡萄酒	10	30	40	20	—
啤酒	10	25	40	—	25

(2)限定记分法。限定记分法是将商品的各种质量缺陷规定为一定的分数,由缺陷分数的总和来确定商品的等级。商品的缺陷越多,分数的总和越高,则商品的品级越低。该方法主要用于工业品商品的分级。例如,棉色织布的外观质量主要决定于其布面疵点,标准中将布面各种疵点分为 7 项,分别为破损性疵点、油污疵点、边疵点、径向疵点、纬向疵点、整理疵点和其他疵点。按疵点对布的影响程度确定各项疵点的分数,分数总和不大于 10 分的为一等品,不大于 20 分的为二等品等。

识知　拓展

保温瓶胆的质量检验（限定评分法）

（1）容水量：一、二等品均为 2 000 毫升。

（2）质量：一、二等品均不小于 500 克。

（3）耐温急变性：温差 95～100℃，一、二等品均反复 5 次不破裂。

（4）保温性：在室温 10℃以上，灌入沸水 24 小时，一、二等品均不低于 68℃。

（5）瓶口高低偏斜之差：一等品不大于 2 毫米，二等品不大于 3 毫米。

（6）瓶口缺角：一等品不允许有，二等品不大于 2 毫米。

（7）抽气尾管超出瓶底顶端：一等品不允许，二等品不大于 2 毫米。

（8）银层：一等品不露光，二等品轻微露光。

（9）抽气尾管破裂、裂纹、冷爆、搭伤、石棉脱落、内外瓶相搭：一、二等品均不允许有。

（3）限定缺陷法。限定缺陷法是指通过在标准中规定商品的每个质量等级所限定的疵点种类、数量、不允许出现的疵点及成为废品的疵点限度来确定商品质量等级的方法。此种方法多用于工业品品级之中，如全胶鞋 13 个外观指标中，一级品不准有鞋面砂眼，二级品中砂眼直径不超过 1.5 毫米、深不超过鞋面厚度等。

实操训练

日用品常规检验

你会对生活中我们常见的这些商品进行常规检验吗？试试看。

（1）蜂蜜

（2）纺织纤维

（3）瓷器

（4）西瓜

（5）鸡蛋

学习效果检测

一、单选题

1. 商品的（　　）检验是商品检验的中心内容。

　　A．重量　　　　　　　　　　　B．数量

　　C．质量　　　　　　　　　　　D．含量（有效成分）

2. 第二方检验又称（　　）检验。

　　A．自检　　　　　　　　　　　B．卖方

　　C．验收　　　　　　　　　　　D．法定

3．需要进行全数检验的商品是（　　　）。

    A．牛奶　　　　　　　B．电缆　　　　　　　C．电器漏电性　　D．服装

4．检验西瓜是否成熟，常用的检验法是（　　　）。

    A．嗅觉法　　　　　　B．味觉法　　　　　　C．听觉法　　　　D．光照法

5．检验白酒的方法第一步是用（　　　）检验法。

    A．视觉　　　　　　　B．嗅觉　　　　　　　C．味觉　　　　　D．触觉

6．（　　　）尤其适用于批量较大且质量也可能波动较大的商品批。

    A．简单随机抽样　　　　　　　　　　B．系统随机抽样

    C．分层随机抽样　　　　　　　　　　D．分组随机抽样

二、多选题

1．在下列检验方法中，属于物理检验法的有（　　　　）。

    A．热学检验法　　　　　　　　　　　B．生理学检验法

    C．光学检验法　　　　　　　　　　　D．仪器分析法

    E．力学检验法

2．商品检验的方法主要有（　　　　）。

    A．感官检验　　　　　　　　　　　　B．化学检验

    C．物理检验　　　　　　　　　　　　D．微生物检验

    E．视觉检验

三、填空题

1．商品检验依据目的不同，可分为（　　　　）、（　　　　）和（　　　　）3种。

2．商品检验按有无破坏性可分为（　　　　）和（　　　　）检验。

3．为使检验结果更具有公正性和权威性，必须（　　　　）、（　　　　）、（　　　　）等开展商品检验工作。

4．商品质量的检验方法有很多，可将检验方法划分为（　　　　）、（　　　　）和（　　　　）3大类。

5．商品分级的划分方法很多，主要可归纳为（　　　　）、（　　　　）和（　　　　）3类。

第六章

商 品 包 装

【知识目标】掌握商品包装的概念、商品包装的功能及商品包装合理化；掌握商品包装的分类、商品包装材料、商品包装技法；熟悉商品使用说明、装潢设计；掌握各种商品包装标识。

【能力目标】能够结合实例说明商品包装分类；能够结合实例了解商品包装标识；能够对商品包装装潢进行设计。

商品包装是商品的重要组成部分，现在已经成为企业竞争的重要手段之一，商品包装是实现商品价值和使用价值并能增加商品价值的一种手段。随着感性消费时代的到来以及市场竞争的日益激烈、售货方式的变化，商品包装的功能已不仅局限在保护、容纳和宣传产品上，而更重要的是提升商品的附加值，提高商品的竞争力。

第一节　认知商品包装本质

商品包装已经成为企业竞争的一个重要手段，在现代社会中，绝大多数商品都是经过包装以后才进入流通和消费领域的，包装不足、包装不当、包装过剩都有碍于商品价值和使用价值的实现，因此了解和掌握商品包装的概念、作用、材料、方法及包装标识具有重要意义。

案例探究

一个价值 600 万美元的玻璃瓶

说起可口可乐的玻璃瓶包装，至今仍为人们所称道。1898 年鲁特玻璃公司一位年轻的工人亚历山大·山姆森在同女友约会中，发现女友穿着一件筒型连衣裙，显得臀部突出，腰部和腿部纤细，非常好看。约会结束后，他突发灵感，根据女友这套裙子的形象设计出一个玻璃瓶。

经过反复的修改，亚历山大·山姆森不仅将瓶子设计得非常美观，很像一位亭亭玉立的少女，他还把瓶子的容量设计成刚好一杯水大小。瓶子试制出来之后，获得大众交口称赞。有经营意识的亚历山大·山姆森立即到专利局申请专利。

当时，可口可乐的决策者坎德勒在市场上看到了亚历山大·山姆森设计的玻璃瓶后，认为非常适合作为可口可乐的包装。于是他主动向亚历山大·山姆森提出购买这个瓶子的专利。经过一番讨价还价，最后可口可乐公司以 600 万美元的天价买下此专利。要知道在 100 多年前，600 万美元可是一项巨大的投资。然而实践证明可口可乐公司这一决策是非常成功的。

亚历山大·山姆森设计的瓶子不仅美观，而且使用非常安全，易握不易滑落。更令人叫绝的是，其瓶型的中下部是扭纹型的，如同少女所穿的条纹裙子。此外，由于瓶子的结构是中大下小，当它盛装可口可乐时，给人的感觉是分量很多的。采用亚历山大·山姆森设计的玻璃瓶作为可口可乐的包装以后，可口可乐的销量飞速增长，在两年的时间内，销量翻了一倍。从此，采用山姆森玻璃瓶作为包装的可口可乐开始畅销美国，并迅速风靡世界。600 万美元的投入，为可口可乐公司带来了数以亿计的回报。

【问题】

（1）生活中，你还见过哪些起到重要作用的包装呢？

（2）商品的包装还有哪些作用？

一、商品包装的概述

1．商品包装的概念

商品包装是指在流通过程中保护产品、方便储运、促进销售，按一定技术方法而采用的容器材料及辅助物等的总体名称。

商品包装包括两方面意思：一方面是指对盛装商品的容器而言，通常称作包装物，如箱、袋、筐、桶、瓶等；另一方面是指包扎商品的过程，如装箱、打包等。商品包装具有从属性和商品性两种特性。包装是其内装物的附属品；商品包装是附属于内装商品的特殊商品，具有价值和使用价值；同时又是实现内装商品价值和使用价值的重要手段。

我国国家标准（GB 4122—1983）《包装通用术语》中，对现代商品包装作了明确定义，即"为了在流通过程中保护产品，方便储存，促进销售，按一定技术方法而采用的容器、材料及辅助物等的总称"，也指"为了达到上述目的采用的容器、材料和辅助物的过程中施加一定技术方法等的操作活动"。

2．商品包装的四大要素

（1）包装材料：包装材料是包装的物质基础，是包装功能的物质承担者。

（2）包装技术：包装技术是实现包装保护功能、保证内装质量的关键。

（3）包装结构造型：包装结构造型是包装材料和包装技术的具体形式。

（4）表面装潢：表面装潢是通过画面和文字美化、宣传和介绍商品的主要手段。

知识 拓展

包装设计要点

1．包装造型设计

包装造型设计又称形体设计，大多指包装容器的造型。它运用美学原则，通过形态、色彩等因素的变化，将具有包装功能和外观美的包装容器造型，以视觉形式表现出来。包装容器必须能可靠地保护产品，必须有优良的外观，还需具有相适应的经济性等。

2．包装结构设计

包装结构设计是从包装的保护性、方便性、复用性等基本功能和生产实际条件出发，依据科学原理对包装的外部和内部结构进行具体考虑而得出的设计。一个优良的结构设计，应当以有效地保护商品为首要功能；其次应考虑使用、携带、陈列、装运等的方便性；还要尽量考虑能重复利用、能显示内装物等功能。

3．包装装潢设计

包装装潢设计是以图案、文字、色彩、浮雕等艺术形式，突出产品的特色和形象，力求造型精巧、图案新颖、色彩明朗、文字鲜明，以促进产品的销售。包装装潢是一门综合性学科，既是一门实用美术，又是一门工程技术，是工艺美术与工程技术的有机结合，并考虑市场学、消费经济学、消费心理学及其他学科。

二、商品包装的功能

商品包装在商品从生产领域转入流通和消费领域的整个过程中起着非常重要的作用，其主要功能有保护功能、容纳功能、便利功能和促销功能。

1．保护功能

保护商品的使用价值是包装的最重要功能。商品在运输、储存和销售过程中，会受到各种因素的影响，可能发生物理、机械、化学、生物等变化，造成商品损失、损耗。例如，运输、装卸过程中的颠簸、冲击、震动、碰撞、跌落以及储存过程中的堆码承重，可能造成包装破损和商品变形、损伤、失散等；流通和储存过程中外界温度、湿度、光线、气体等条件的变化，可能造成商品干裂、脱水、潮解、溶化、腐烂、氧化、变色、老化、锈蚀等质量变化；微生物、害虫侵入会导致商品的霉烂、变质、虫蛀等。因此，必须依据商品的特性、运输和储运条件，选择适当的包装材料、包装容器和包装方法，采用一定的包装技术处理，对商品进行科学的防护包装，以防止商品受损，达到保护商品的目的，使商品完好无损地到达消费者手中，最大限度地减小商品劣变损耗。

2．容纳功能

许多商品本身没有一定的集合形态，如液体、气体和粉状商品。这类商品只有依靠包装的容纳才具有特定的商品形态，没有包装就无法运输和销售。包装的容纳不仅有利于商品的流通和销售，还能提高商品的价值。对于一般结构的商品，包装的容纳增加了商品的保护层，有利于商品质量稳定；对于食品、药品、化妆品、消毒品、卫生用品等，包装的容纳功能还能保证商品卫生；对于复杂结构的商品，包装的容纳结合合理的压缩，可充分利用包装容积，节约包装费用，节省储运空间。

成组化功能是容纳的延伸，它是指包装能把许多个体或个别的包装物统一组合起来，化零为整，化分散为集中，这种成组的容纳可大大方便运输，同时可以减少流通费用。

3．便利功能

商品包装的便利功能，是指包装为商品从生产领域向流通领域和消费领域转移，以及在消费者使用过程中提供的一切方便。包装的便利功能范围较广，涉及几个领域。诸如在生产领域有方便操作、方便自动化生产等；在物流领域有方便运输、方便装卸、方便储运、方便设计、方便开箱等；在消费领域有方便陈列、方便销售、方便计价、方便计数、方便利用自用售货机等；在环保领域里有方便回收、方便处理、方便操作等。

包装的便利功能的延伸又发展成复用功能和改用功能。复用功能是指商品包装用完以后，销售包装仍可重复使用；改用功能是指包装商品用完以后，销售包装可做其他用途。

4．促销功能

商品包装特别是销售包装，是无声的推销员，在商品和消费者之间起媒介作用。商品包装可以美化商品和宣传商品，使商品具有吸引消费者的魅力，引起消费者对商品的购买欲，从而促进销售。包装的促销功能是因为包装具有传达信息、表现商品和美化商品的功能。传达信息功能是通过包装上的文字说明，向消费者介绍商品的名称、品牌、产地、特性、规格、用途、使用方法、价格、注意事项等，起到广告、宣传和指导消费的作用。包装的表现商品功能主要是依靠包装上的图案、照片及开窗包装所显露的商品实物，把商品的外貌表达给消费者，使消费者在感性认识的基础上对商品建立起信心。包装的装潢、造型等艺术装饰性内容对商品起到加强、突出、美化的作用。随着市场经济的发展，包装的促销功能越来越被人们所重视，得到了不断的开发和运用。同样的商品，好的包装可以卖上好的价格，这一点在国际市场尤为显著。

识知 拓展

精美色彩对产品附加值的影响：要增加附加值，常常会使用彩度高、明度高以及对比强烈的色彩来表现，如金银色比较华丽，黑红色组合给人以大气的感觉，当然也有不少食品走清新、淡雅路线，同样看起来高雅精美，这就要靠色彩的和谐搭配来体现了。

色彩的尺寸和重量感对产品附加值的影响：黑色、红色、橙色给人以重的感觉，绿色、蓝色给人以轻的感觉，蓝色物体趋于比同样大小和同一距离的红色物体显得小而远，同理黑色包装往往比同形的白色包装显得小而重。所以笨重的商品采取浅色包装，会使人觉得轻巧、大方；分量轻的商品采用浓重颜色的包装，给人以庄重结实的感觉。在包装设计中，尺寸和重量可能与经济价值联系在一起。这种潜意识反应很重要。

三、商品包装的分类

商品包装因商品流通的不同需要和商品本身的不同需要而有不同的种类。为了分析研究不同种类商品包装使用价值的特点，商品包装常按包装在流通中的作用、包装的销售市场、包装材料、包装内容物来分类等。

1．按包装在流通中的作用分类

以包装在商品流通过程中的作用分类，商品包装分为销售包装和运输包装。

（1）销售包装是指以一个商品作为一个销售单元的包装形式，或若干个单位商品组成一个小的整体的包装，亦成为小包装或个包装。销售包装的技术要求是美观、安全、卫生、新颖、易于携带。其印刷、装潢要求较高。销售包装一般随商品销售给顾客，起着直接保护商品、宣传商品和促进商品销售的作用，还可方便商品陈列展销和方便顾客识别选购。

（2）运输包装是指用于安全运输、保护商品的较大单元的包装形式，又称为外包装或大包装，如纸箱、木箱、集合包装、托盘包装等。运输包装一般体积较大，外形尺寸标准化程度高，坚固耐用，表面印有明显的识别标志，其主要功能是保护商品，方便运输、装卸和储存。

2．按包装的销售市场分类

按销售市场不同将商品包装分为内销商品包装和出口商品包装。内销商品包装是指用于国内市场的商品包装。出口商品包装是指用于出口商品的包装。内销商品包装和出口商品包装所起的作用基本是相同的，但因国内外物流环境和销售市场不相同，它们之间会存在差异。内销商品包装必须与国内物流环境和国内销售市场相适应，要符合我国的国情。出口商品包装则必须与国外销售市场相适应，满足出口国的不同要求。

3．按包装材料分类

以包装材料作为分类标志，是研究商品包装材料的主要分类方法。一般商品包装可分为纸制包装、木制包装、金属包装、塑料包装、玻璃与陶瓷包装、纤维织品包装、复合材料包装和其他材料包装等。复合材料包装是指以两种或两种以上材料黏合制成的包装，亦称复合包装，主要有纸与塑料、塑料与铝箔和纸、塑料与铝箔、塑料与木材、塑料与玻璃等材料制成的包装。

4．按包装内容物分类

以包装的内容物作为分类标志，商品包装可分为食品包装、土特产包装、纺织品包装、医药品包装、化工商品包装、化学危险品包装、机电商品包装等。

5．按防护技术方法分类

以包装技法为分类标志，商品包装可分为贴体、透明、托盘、开窗、收缩、提袋、易开、喷雾、蒸煮、真空、充气、防潮、防锈、防霉、防虫、无菌、防震、遮光、礼品、集合包装等。

边讲边练

牙膏是我们生活中不可或缺的日用品，因此市场竞争十分激烈。国际牙膏巨头美国高露洁公司在进入我国牙膏市场以前，曾做过大量的市场调查。高露洁公司发现，我国牙膏市场竞争激烈，但同质化竞争严重。无论是牙膏的包装还是广告诉求都非常平淡。针对这些特点，高露洁采用了创新的复合管塑料内包装，并用中国消费者都非常喜欢的红色作为外包装的主题色彩。结果大获成功，在短短的几年时间内，迅速占领了我国 1/3 的牙膏市场份额。高露洁的成功，极大地触动了我国牙膏企业的神经。包括"中华""两面针"在内的多个牙膏品牌都放弃了使用多年的铝制包装，换上了更方便、卫生、耐用的复合管塑料包装。除了在包装材料上进行改革以外，国内牙膏品牌在外包装设计上也进行了创新，基本都换上总体感觉清新自然，更具有时代感和流行特色的新包装。易造工业设计公司产品设计部经理王森告诉记者，"过去我们的企业对产品的包装不重视，在同国外企业的市场竞争中才发现，一个有创意的好包装往往意味着更多的市场份额。于是我们的企业才开始意识到包装的重要性，并努力地制造出富有中国特色和审美习惯的包装"。高露洁公司在我国成功的背后，也曾支付过昂贵的学费。高露洁在进入日本市场的时候，由于没有经过详细的市场调研，直接采用了美国本土大块的红色包装设计，而忽视日本消费者爱好白色的审美习惯，导致高露洁牙膏在进入日本市场时，出乎意料地滞销，市场占有率仅为 1%。

【问题】

（1）牙膏的包装与牙膏质量之间有什么关系？

（2）新型牙膏包装都在哪些方面起作用？

（3）高露洁牙膏进入中国市场时成功的原因是什么？

第二节 选择包装材料

10 多年前，包装不善曾导致我国出口产品每年损失 1 亿美元，而最近几年来，随着我国包装业以每年 15%的速度迅猛发展以来，又面临着过度包装造成资源浪费以及环境污染等问题。所以，选择什么样的包装材料，不只是一项工作，还是一门艺术。

商品包装材料有很多种，选择什么样的包装材料要根据实际情况决定，选择合适的包装材料也是消除国际贸易"绿色壁垒"的有效手段之一。另外，选择的包装材料不能对环境和人类的健康造成危害。先进的工艺是保证能否制作效果良好的产品包装的重要保证。

一、商品包装材料

商品包装材料是指用于制造包装容器和用于包装运输、包装装潢、包装印刷的材料、辅助材料以及与包装有关材料的总称。

商品包装材料一般分为主要包装材料和辅助包装材料。纸和纸板、金属、塑料、玻璃、陶瓷、竹木、天然纤维与化学纤维、复合材料、缓冲材料等属于主要包装材料；涂料、黏合剂、油墨、衬垫材料、填充材料、捆扎材料、钉结材料等属于辅助包装材料。

1．商品包装材料的性能要求

从现代包装功能要求来看，商品的主要包装材料应该具有以下几方面的性能：

（1）保护性能

保护性能主要指保护内装物，防止其变质、损失，保证其质量的性能。包装的保护性能主要取决于包装材料的机械强度、防潮防水性、耐腐蚀性、耐热耐寒性、抗老化性、透光及遮光性、透气性、防紫外线穿透性、耐油性、适应气温变化性、卫生安全性、无异味性等。

（2）加工操作性能

加工操作性能主要指易加工、易包装、易充填、易封合以及适应自动包装机械操作、生产效率高的性能。包装的加工操作性能主要取决于包装材料的刚性、挺力、光滑度、可塑性、可焊接性、易开口性、热合性、防静电性等。

（3）外观装饰性能

外观装饰性能主要指材料的形、色、纹理的美观性，能产生陈列效果，提高商品身价和激发消费者的购买欲的性能。包装的外观装饰性能主要取决于包装材料的透明度、表面光泽、印刷适应性及防静电吸尘性等。

（4）方便使用性能

方便使用性能主要指便于开启和取出内装物、便于再封闭的性能等。包装的方便使用性能主要取决于包装材料的启闭性能、不易破裂以及包装容器的结构等。

（5）节省费用性能

节省费用性能主要指经济合理地选择包装材料，体现在节省包装材料、包装机械设备费、劳动费、降低自身重量和提高包装效率等方面。

（6）易处理性能

易处理性能主要指包装材料要有利于生态环境保护，有利于节省资源，体现在易回收、可复用、可再生、可降解、易处理等方面。

2．常用包装材料的特点

包装材料是商品包装的物质基础，选择包装材料必须遵循质优、体轻、面广、合理、节约、无毒、无害、无污染的原则。

二、主要包装材料

商品包装材料很多，常用的有塑料、纸和纸制品、木材、金属、玻璃、纤维材料以及其他材料等。

1．纸和纸板

纸和纸板是支柱性的传统包装材料，应用范围十分广泛，使用量也非常高。纸和纸板具有以下特点：具有适宜的强度、耐冲击性和耐摩擦性；密封性好，容易做到清洁卫生；具有优良成型性和折叠性，便于采用各种加工方法；应于机械化、自动化的包装生产；具有最佳的可印刷性，便于介绍和美化商品；价格较低，且重量轻，可以降低包装成本和运输成本；用后易于处理，可回收复用和再生，不会污染环境，并节约资源。

纸和纸板也有一些致命的弱点，如难以封口、受潮后牢度下降以及气密性、防潮性、透明性差等，从而使它们在包装应用上受到一定的限制。

　　纸和纸板是按定量（单位面积的质量）或厚度来区分的，凡定量在 $250g/m^2$ 以下或厚度在 0.1mm 以下的称为纸，在此以上的称为纸板。由于纸无法形成固定形状的容器，常用来做裹包衬垫和口袋，而纸板常用来制成各种包装容器。包装纸主要有纸袋纸、牛皮纸、中性包装纸、普通食品包装纸、鸡皮纸、半透明玻璃纸和玻璃纸、有光纸、防潮纸、防锈纸、铜版纸等。包装纸板主要有箱纸板、牛皮箱纸板、草纸板、单面白纸板、茶纸板、灰纸板、瓦楞纸板等。

2. 塑料

　　塑料是一类多性能、多品种的合成材料，具有物理性能优越、化学稳定性好、轻便、易加工成形的特点，但塑料作为包装材料强度不如钢铁、耐热性不如玻璃、易老化、易产生静电。包装常用的塑料有聚乙烯、聚丙烯、聚氯乙烯、聚苯乙烯、聚酯等，可制成瓶、杯、盘、盒等容器，聚苯乙烯还大量地用于制造包装用泡沫缓冲材料。

　　塑料作为包装材料具有如下特点：物理机械性能优良，具有一定的强度、弹性，抗拉、抗压、抗震、耐磨、耐折叠、防潮、防水，并能阻隔气体等；化学稳定性好，耐酸性、耐油脂、耐化学药剂、耐腐蚀等；比重较小，属于轻质材料；加工成形工艺简单，成形方法多种多样，适于制造各种包装容器；适合采用各种包装新技术，如真空技术、充气技术、拉伸技术、收缩技术、贴体技术、复合技术等；表面光泽，具有优良的透明性、可印刷性和装饰性；成本低廉。

　　塑料作为包装材料的缺点是强度不如钢铁；耐热性不如玻璃；易老化；有些塑料在高温下会软化，在低温下会变脆，强度下降；有些塑料带有异味，某些有害成分可能迁移渗入内装物；易产生静电而造成吸尘；塑料包装废弃物处理不当会造成环境污染等。因此，在选用塑料包装材料时要注意以上问题。

3. 金属材料

　　包装用金属材料主要是指钢板、铝材及其合金材料，其形式有薄板和金属箔，品种有薄钢板（黑铁皮）、镀锌薄钢板（白铁皮）、镀锡薄钢板（马口铁）、镀铬薄钢板、铝合金薄板、铝箔等。

　　金属材料具有良好的机械强度，延展性强；密封性能优良，阻隔性好，不透气，防潮，耐光，用于食品包装（罐藏）能达到长期保存的目的；易加工成形；金属表面有特殊的光泽，易于进行涂饰和印刷，可获得良好的装潢效果；易于回收再利用。

　　金属材料作为包装材料也有很多缺点，如金属材料成本高，化学稳定性比较差，易锈蚀、腐蚀。但钢板通过镀锌、镀锡、镀铬、涂层等措施，可以有效提高其耐腐蚀性、耐酸碱性。

4. 玻璃

　　玻璃是以硅酸盐为主要成分的无机性材料，其特点是透明、清洁、美观，有良好的机械性能和化学稳定性，价格便宜，可多次周转使用。但玻璃耐冲击性低，自身质量大，运输成本高，限制了其在包装上的应用。玻璃包装容器常见的有玻璃瓶、玻璃罐、玻璃缸等，主要应用于酒类、饮料、罐头食品、调味品、药品、化学试剂等商品。此外，也可制造大型运输包装容器，存装强酸类产品。

玻璃作为包装材料具有以下优点：化学稳定性好，耐腐蚀，无毒无味，卫生安全；密封性优良，不透气，不透湿，有紫外线屏蔽性，有一定的强度，能有效地保护内装物；透明性好，易于造型，具有特殊的宣传和美化商品的效果；原料来源丰富且价格低廉；易于回收利用，可再生。

玻璃作为包装材料的缺点是耐冲击强度低、碰撞时易破碎、易造成人身伤害、运输成本高、能耗大等。

5．木质材料

木质材料是传统的商品包装的材料，包括天然木材和人造板材。天然木材强度高、坚固、耐压、耐冲击、化学和物理性能稳定、易于加工、不污染环境等，是大型和重型商品常用的包装材料。但由于森林资源的匮乏、环境保护要求、价值高等原因，其发展潜力不大。人造板材有胶合板、纤维板、刨花板等。

6．复合包装材料

复合包装材料是将两种或两种以上的材料紧密复合在一起而制成的包装材料。塑料与纸、塑料与铝箔、塑料与玻璃、纸与金属箔都可制成复合材料。复合材料兼有不同材料的优良性能，使包装材料具有更加良好的机械性能、气密性、防水、防油、耐热或耐寒性，是现代包装材料的一个发展方向，特别适用于休闲食品、复杂调味品、冷冻食品等食品商品的包装。

7．纤维织物

纤维织物可以制成布袋、麻袋、布包等，具有牢度适宜、轻巧、使用方便、易清洗、便于回收利用等特点，适用于盛装粮食及其制品、食盐、食糖、农副产品、化肥、化工原料及中药材。

8．其他材料

毛竹、水竹等竹类材料可以编制各种竹制容器，如竹筐、竹箱、竹笼、竹篮、竹盒、竹瓶等包装容器。水草、蒲草、稻草等可编织席、包、草袋，是价格便宜、一次性使用的包装用材料。柳条、桑草、槐条及其他野生藤类，可用于编织各种筐、篓、箱、篮等。陶瓷可制成缸、坛、砂锅、罐、瓶等容器。另外，棕榈、贝壳、椰壳、麦秆等也可用于制作各种特殊形式的销售包装。

包装材料是指用于制造包装容器和构成产品包装的材料的总称。包装材料主要有纸和纸板、塑料、金属、玻璃，还包括竹木与野生藤类、天然纤维与化学纤维、复合材料、缓冲材料、纳米材料、阻隔材料、抗静电材料、可降解材料等；还包括包装的辅助材料如胶黏剂、涂料和一些辅助材料。

三、商品包装的选择原则

1．对等性原则

在选择包装材料时，首先应区分被包装物的品性，即把它们分为高、中、低三档。

对于高档产品，如仪器、仪表等，本身价格较高，为确保安全流通，就应选用性能优良的包装材料。对于出口商品包装、化妆品包装，虽都不是高档商品，但为了满足消费者的心理要求，往往也需要采用高档包装材料。对于中档产品，除考虑美观外，还要多考虑经济性，其包装材料应与之对等。对于低档产品，一般是指人们消费量最大的一类，则应实惠，着眼于降低包装材料费和包装作业费，方便开箱作业，以经济性为第一考虑原则，可选用低档包装规格和包装材料。

2．适应性原则

包装材料是用来包装产品的，产品必须通过流通才能到达消费者手中，而各种产品的流通条件并不相同，包装材料的选用应与流通条件相适应。流通条件包括气候、运输方式、流通对象与流通周期等。气候条件是指包装材料应适应流通区域的温度、湿度、温差等。对于气候条件恶劣的环境，包装材料的选用更需倍加注意。运输方式包括人力、汽车、火车、船舶、飞机等，它们对包装材料的性能要求不尽相同，如温湿条件、震动大小条件大不相同，因此包装材料必须适应各种运输方式的不同要求。流通对象是指包装产品的接受者，由于国家、地区、民族的不同，对包装材料的规格、色彩、图案等均有不同要求，必须使之相适应。流通周期是指商品到达消费者手中的预定期限，有些商品的保质期很短，如食品，有的可以较长，如日用品、服装等，其包装材料都要相应满足这些要求。

3．协调性原则

包装材料应与该包装所承担的功能相协调。产品的包装一般分个包装、中包装和外包装，它们对产品在流通中的作用各不相同。个包装也称小包装，它直接与商品接触，主要是保护商品的质量，多用软包装材料，如塑料薄膜、纸张、铝箔等。中包装是指将单个商品或个包装组成一个小的整体，它需满足装潢与缓冲双重功能，主要采用纸板、加工纸等半硬性材料，并适应于印刷和装潢等。外包装也称大包装，是集中包装于一体的容器，主要是保护商品在流通中的安全，便于装卸、运输，其包装材料首先应满足防震功能，并兼顾装潢的需要，多采用瓦楞纸板、木板、胶合板等硬性包装材料。

4．美学性原则

商品的包装是否符合美学，在很大程度上决定一个商品的命运。从包装材料的选用来说，主要是考虑材料的颜色、透明度、挺度、种类等。颜色不同，效果大不一样。当然所用颜色还要符合销售对象的传统习惯。材料透明度好，使人一目了然，心情舒畅。挺度好，给人以美观大方之感，陈列效果好。材料种类不同，其美感差异甚大，如用玻璃纸和蜡纸包装糖果，其效果就大不一样。

在当今国际市场激烈竞争的情况下，商品包装的形状、图案、材料、色彩以及广告，都直接影响商品的销售。从包装的选用来说，主要考虑的因素有材料的颜色、材料的挺度、材料的透明性以及价格等。

边讲边练

商品"包装不足"与"包装过度"
商品包装装潢得简单还是奢华会直接决定消费者的购买欲望，但过于简单和过度包装都会带来一些负面影响。

包装不足案例：有的条状饼干只用塑料薄膜抽气密封，内附一张标签。这样的包装虽然方便实用、经济实惠，但是有 3 个坏处。第一，包装过于单调，引不起顾客的购买欲望。第二，透明的包装使得包装外壳上的灰尘显而易见，顾客会怀疑饼干是否卫生。第三，饼干开封后不易存放，容易接触灰尘。

包装过度案例：包装过度的典型就是月饼行业了，某款月饼以"青花雅月"为名，非常雅致。盒上镶嵌着一枚翠绿的玉，象征着团圆，四周雕着青花，更显雅致。边框为木质，非常有质感，最终以中国结为点缀，更具中国风。这样的包装就使得月饼价格翻番了，更会有些人"买椟还珠"吧！虽然赏心悦目，但成本异常高，而且除了用来装月饼，就没有其他用途了，这样非常浪费资源，而且包装得过分华丽使月饼失去了光泽。

【问题】如果你是商品包装负责人，你会怎么做来改变这种包装过简或过度的状况呢？

第三节　使用包装标识

商品使用说明是通过商品说明书载体实现的。包装标志便于识别商品，便于运输、仓储等部门工作和收货人收货。对保证安全储运、减少运转差错、加速商品流通有重要作用。

识知　拓展

包装标志的作用

为了便于商品的销售、流通、选购和使用。在商品包装上通常印有某种特殊的文字或图形，用以表示商品性能、储运注意事项、质量水平等含义，这些具有特定含义的文字和图形，称为商品包装标识。

商品包装的作用包括：

（1）便于识别商品。

（2）便于准确迅速地运输货物，避免差错，加速流转等。

一、商品使用说明

商品使用说明是通过商品说明书载体实现的。商品说明书，也叫"产品说明书"或"使用说明书"，它是关于商品的构造、性能、规格、用途、使用方法、维修保养等的文字说明，大体分为内容简短的说明书和内容较全面的商品说明书两种。

1．商品使用说明书的特点

商品使用说明书的特点是内容科学性、说明条理性、样式多样化、语言通俗性和图文的广告性。商品使用说明书根据实际需要对以下各项有选择地或侧重地进行说明。

（1）商品概况。商品概况包括商品名称、规格、成分、产地、性质、性能、特点等。

（2）使用方法。有的配合插图说明各部件名称、操作方法及使用注意事项。

（3）保养与维修。配合图表，说明保养、排除一切故障的具体维修方法。

（4）商品成套明细。只有成套商品才列此项，主要说明成套商品的名称和数量。

（5）附属备件及工具。

（6）附"用户意见书"或"系列商品订货单"。

2．商品使用说明书的写作

商品说明书一般分标题和正文两大部分。内容复杂的说明书，可印成折子、书本等样式，因此有封面、目录、前言、正文、封底等部分。书本式的说明书在机电产品及成套设备出口中被普遍应用。

（1）封面。一般有"说明书"字样和厂名，有的还印有商标、规格型号、商品标准名称和图样，如要增强顾客的印象，还可配有商品彩照、图样、表格。封面的标题要求鲜明醒目。

（2）前言。前言的形式有的采用书信式，而更多的是采用概述式的短文。

（3）正文。这是商品说明书的主要部分，一般是对商品的性能、规格、使用和注意事项进行具体的说明。

（4）封底。为方便用户联系，一般封底上注明厂址、含国家地区代号的电话号码、电报挂号等。

3．商品使用说明书的要求

（1）必须明确说明介绍的对象。

（2）说明和介绍必须实事求是。

（3）文字要简练，数字要准确。

（4）以条文的方式出现较好。

（5）辅之以图解。

4．商品使用说明书的注意事项

（1）好的说明书应起到指导消费的作用。但有些说明书却未能做到这一点，如使用方法的介绍太简单、不得要领，把功效写得很笼统等。

（2）应把重要的、关键的内容告诉消费者。但有些商品介绍只是泛泛而谈，未能在关键、重点问题上多加笔墨。

（3）用词不恰当。常因语义含混而影响表达效果。

（4）商品说明书要求行文简洁。但不少说明书唯恐用户不明白，不厌其烦、赘赘而谈，语句重复。

（5）食品不标明出厂日期或保质期。顾客会因疑其过期而不购买，影响商品销售。

二、商品包装标志

商品包装标志主要是指商品运输包装标志，是指按规定在包装上印刷、粘贴、书写的文字和数字、图形以及特定记号和说明事项等。包装标识便于识别商品，便于运输、仓储等部门工作和收货人收货。对保证安全储运，减少运转差错，加速商品流通有重要作用。运输包装标志可分为收发货标志、包装储运图示标志、危险货物包装标志等。

1．收发货标志

商品运输的收发货标志是指在运输过程中识别货物的标志，也是一般贸易合同、发货单据和运输保险文件中记载的有关标志事项的基本部分。

收发货标志，又称唛头，通常由一个简单的几何图形和一些字母、数字及简单的文字组成，它不仅是运输过程中辨认货物的根据，还是一般贸易合同、发货单据和运输、保险文件中记载有关标志的基本部分。

收发货标志的具体要求在国家标准 GB 6388—1986《运输包装收发货标志》均有明确规定，见表 6-1。

表 6-1　收发货标志标表

序　号	项　目			含　义
	代　号	英　文	中　文	
1	FL	CLASSIFICATION MARKS	商品分类图示标志	表明商品类别的特定符号
2	GH	CONTRACT No	供货号	供应该批货物的供货清单号码（出口商品用合同号码）
3	HH	ART No	货号	商品顺序编号。以便出入库、收发货登记和核定商品价格
4	PG	SPECIFICATIONS	品名规格	商品名称或代号。标明单一商品的规格、型号、尺寸、花色等
5	SL	QUANTITY	数量	包装容积内含商品的数量
6	ZL	GBOSS WT NET WT	重量　（毛重） 　　　（净重）	包装件的重量（kg）包括毛重和净重
7	CQ	DATE OF PRODUCTION	生产日期	产品生产的年、月、日
8	CC	MANUFACTURER	生产工厂	生产该产品的工厂名称
9	TJ	VOLUME	体积	包装件的外径尺寸： 长×宽×高（cm）=体积（cm^3）
10	XQ	TERM OF VALIDITY	有效期限	商品有效期至×年×月
11	SH	PLACE OF DESTINATION AND CONSIGNEE	收货地点和单位	货物到达站、港和某单位（人）收
12	FH	CONSIGNOR	发货单位	发货单位（人）
13	YH	SHIPPING No	运输号码	运输单号码
14	JS	SHIPPING PIECES	发运件数	发运的件数

其中，商品分类图示标志是按照国家统计目录分类，规定用几何图形加简单文字构成的特定符号，如图 6-1 所示。同时按商品类别规定用单色印刷。

图 6-1　商品分类图示标志

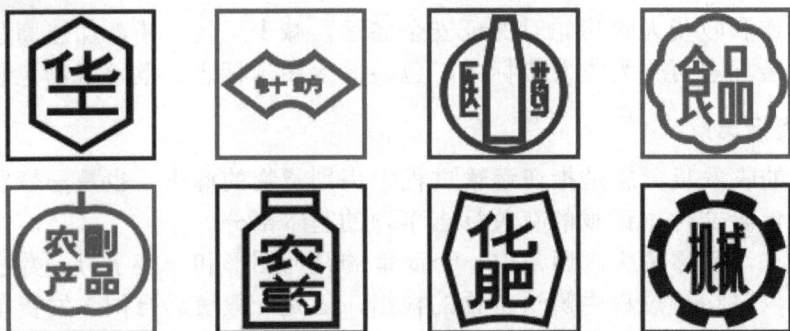

图 6-1　商品分类图示标志（续）

　　商品分类图示标志当中，百货类、医药类、文化类用红色印刷；食品类、农副产品类、针纺类用绿色印刷；五金类、交电类、化工类、农药类、化肥类、机械类用黑色印刷。

2．包装储运图示标志

　　包装储运图示标志是根据不同商品对物流环境的适应能力，用醒目简洁的图形和文字说明标明在装卸运输及储存过程中应注意的事项。按 GB/T 191—2008《包装储运图示标志》规定，标志颜色一般为黑色，如图 6-2 所示。

（1）易碎物品标志　　（2）禁用手钩标志　　（3）向上标志　　（4）怕晒标志

（5）怕辐射标志　　（6）怕雨标志　　（7）重心标志　　（8）禁止翻滚标志

（9）此面禁用手推车标志　　（10）禁用叉车标志　　（11）由此夹起标志

图 6-2　包装储运图示标志

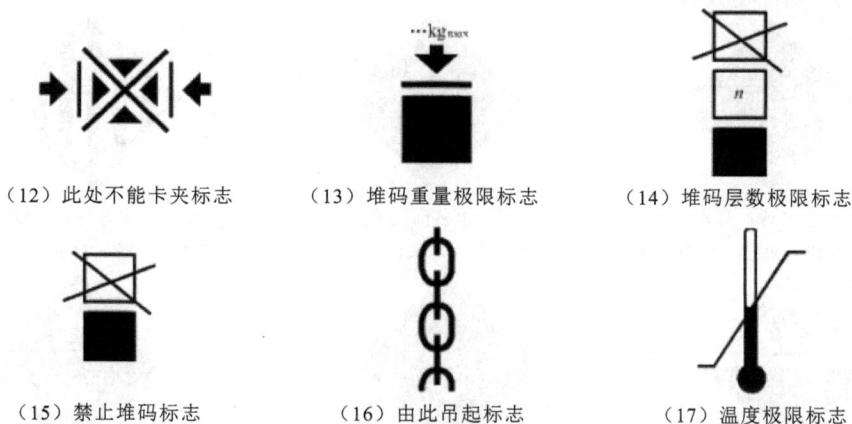

（12）此处不能卡夹标志　　　　（13）堆码重量极限标志　　　　（14）堆码层数极限标志

（15）禁止堆码标志　　　　　　（16）由此吊起标志　　　　　　（17）温度极限标志

图 6-2　包装储运图示标志（续）

3．危险货物包装标志

　　危险货物包装标志是对易燃、易爆、易腐、有毒、放射性等危险性商品，为起警示作用，在运输包装上加印的特殊标记，也是以文字与图形构成。GB 190—2009《危险货物包装标志》对危险货物包装标志的图形、适用范围、颜色、尺寸、使用方法均有明确规定，其图形分别标示了 9 类危险货物的主要特性，如图 6-3 所示。

（1）标志名称：爆炸性物质或物品　　（2）标志名称：爆炸性物质或物品　　（3）标志名称：爆炸性物质或物品

　　（符号：黑色，底色：橙红色）　　　　（符号：黑色，底色：橙红色）　　　　（符号：黑色，底色：橙红色）

（4）标志名称：爆炸性物质或物品　　　　（5）标志名称：易燃气体　　　　　　（6）标志名称：易燃气体

　　（符号：黑色，底色：橙红色）　　　　（符号：黑色，底色：正红色）　　　　（符号：白色，底色：正红色）

（7）标志名称：非易燃无毒气体　　　　（8）标志名称：非易燃无毒气体　　　　（9）标志名称：毒性气体

　　（符号：黑色，底色：绿色）　　　　　（符号：白色，底色：绿色）　　　　　（符号：黑色，底色：白色）

图 6-3　危险货物包装标志

（10）标志名称：易燃液体
（符号：黑色，底色：正红色）

（11）标志名称：易燃液体
（符号：白色，底色：正红色）

（12）标志名称：易燃固体
（符号：黑色，底色：白色红条）

（13）标志名称：易于自燃
的物质
（符号：黑色，底色：上白下红）

（14）标志名称：遇水放出易燃
气体的物质
（符号：黑色，底色：蓝色）

（15）标志名称：遇水放出易燃
气体的物质
（符号：白色，底色：蓝色）

（16）标志名称：氧化性物质
（符号：黑色，底色：柠檬黄色）

（17）标志名称：有机过氧化物
（符号：黑色，底色：红色和柠檬黄色）

（18）标志名称：有机过氧化物
（符号：白色，底色：红色和柠檬黄色）

（19）标志名称：毒性物质
（符号：黑色，底色：白色）

（20）标志名称：感染性物质
（符号：黑色，底色：白色）

（21）标志名称：一级放射性物质
（符号：黑色，底色：白色，附一条红竖条）

（22）标志名称：二级放射性物质
（符号：黑色，底色：上黄下白，附两条红竖条）

（23）标志名称：三级放射性物质
（符号：黑色，底色：上黄下白，附三条红竖条）

（24）标志名称：裂变性物质
（符号：黑色，底色：白色）

（25）标志名称：腐蚀性物质
（符号：黑色，底色：上白下黑）

（26）标志名称：杂项危险物质和物品
（符号：黑色，底色：白色）

图 6-3　危险货物包装标志（续）

三、商标

1．商标的概念

商标是商品的生产者、经营者在其生产、制造、加工、拣选或者经销的商品上或者服务的提供者在其提供的服务上采用的，用于区别商品或服务来源的，由文字、图形、字母、数字、三维标志、声音、颜色组合，或上述要素的组合，具有显著特征的标志，是现代经济的产物。在商业领域而言，商标包括文字、图形、字母、数字、三维标志和颜色组合，以及上述要素的组合，均可作为商标申请注册。经国家核准注册的商标为"注册商标"，受法律保护。商标也可以说是商品与厂家的质量信誉的标志，是商品、厂家与消费者之间沟通关系的桥梁，宣传与美化商品需要它，消费者识别商品更离不开它。

识知　拓展

商标的法律性质

商标是一个专门的法律术语。品牌和品牌的一部分在政府有关部门依法注册之后，便称为"商标"。因此，商标是受法律保护的品牌，注册者有专用权。

商标一经注册，便受到法律的保护，即商标持有者便可以不受任何阻挠地将其注册的商标用于指定的商品与劳务，并向全国发售。未经商标权所有者的允许而擅自使用与其注册的商标同样的或类似的商标者，是对商标所有者的侵权，这时商标权所有者可要求侵权者停止侵害行为、赔偿损失，为商标所有者恢复名誉；若是故意侵害商标权，有关部门则可据情节轻重对侵害者处于不同程度的处罚。

按《中华人民共和国商标法》第三条规定："经商标局核准注册的商标为注册商标，商标注册人享有商标专用权，受法律保护。"第三十八条还规定了侵犯他人注册商标的行为是违法行为，当受法律的惩处。

商标的文字、图形或者其组合，一经注册就不能擅自改变，违者受法律制裁。因为注册商标具有相对稳定性。已获得注册的商标，应以 R 符号表示于商标的最近处。要重视在商品装潢上突出所注册的商标。例如，美国可口可乐公司在其"雪碧"牌汽水的装潢上，将"雪碧"文字置于装潢中心位置，就是为了便于消费者识别。

2．商标的主要特征

（1）商标是用于商品或服务上的标记，与商品或服务不能分离，并依附于商品或服务。

（2）商标是区别于他人商品或服务的标志，具有特别显著性的区别功能，从而便于消费者识别。商标的构成是一种艺术创造。

（3）商标是由文字、图形、字母、数字、三维标志、声音、颜色组合，以及上述要素的组合的可视性标志。

（4）商标具有独占性。使用商标的目的是区别于他人的商品或服务，便于消费者识别。所以，注册商标所有人对其商标具有专用权、受到法律的保护，未经商标权所有人的许可，任何人不得擅自使用与该注册商标相同或相类似的商标，否则即构成侵犯注册商标权所有人的商标专用权，将承担相应的法律责任。

（5）商标是一种无形资产，具有价值。商标代表着商标所有人生产或经营的质量信誉和企业信誉、形象，商标所有人通过商标的创意、设计、申请注册、广告宣传及使用，使商标具有了价值，也增加了商品的附加值。商标的价值可以通过评估确定。商标可以有偿转让，经商标所有权人同意，许可他人使用。

（6）商标是商品信息的载体，是参与市场竞争的工具。生产经营者的竞争就是商品或服务质量与信誉的竞争，其表现形式就是商标知名度的竞争，商标的知名度越高，其商品或服务的竞争力就越强。

3．商标名称与标志设计

商标名称与标志设计必须注意以下几点：

（1）要符合市场所在地法律规范，以便于向所在地的有关部门申请注册以取得专用权。

（2）文字或图案力求简明，易识读与记忆；应与产品密切联系，且暗示产品质量或效用。例如，"舒肤佳"牌香皂商标，贴切自然，让人容易接受；又如"旺旺"食品，其商标从名称到图案都很简明、易记，而且具有亲和力。

（3）要反映企业或产品与众不同的特色，但不宜直接反映商品本身属性。例如，钟表的种类有成千上万个牌号，它们的起码要求是走时准确，但商标中的文字务必要"准确"，以免误解。

（4）保持商标的相对稳定性。商标一旦注册就享有专用权。一个声誉良好、有一定影响的商标，一般不要随意变动，如美国饮料"可口可乐"商标，一百多年来没有变动过，其产品遍及世界各地。

（5）商标设计要符合各地区、各民族风俗习惯和心理特征，要尊重当地传统习俗，切勿触犯禁忌。

第四节　选择包装技法

为了防止商品在流通领域发生数量损失和质量变化，有必要采取一些抵抗内、外影响质量变化因素的各种技术措施，在商品包装操作时采用技术和方法使商品和包装成为一体，科学、合理、有效地保护各种商品的质量即为商品包装技法。商品包装技法的种类很多，需要包装的商品也很多，科学、合理地选择商品包装技法变得十分重要，那么如何对包装技法有所了解，对于常见的各种商品，如何选择相应的包装技法呢？

一、商品包装技法

商品包装技法是指包装操作时采用的技术和方法。只有通过包装技法，才能使包装与商品形成一个整体。包装技法与包装的各种功能密切相关，特别是与保护功能关系密切。采用各种包装技法的目的，是为了有针对性地合理保护不同特性商品的质量。有时为了取得更好的保护效果，也将两种或两种以上技法组合使用。随着科学技术的进步，商品包装技法正在不断发展完善。商品包装技法很多，按包装的主要功能可以将包装技法分为运输包装技法和销售包装技法。

1．运输包装技法

（1）一般包装技法

1）对内装物的合理放置、固定和加固。在运输包装体中装进形态各异的产品，需要具备一定的技巧，只有对产品进行合理放置、固定和加固，才能达到缩小体积、节省材料、减少损失的目的。例如，对于外形有规则的产品，要注意套装；对于薄弱的部件，要注意加固。

2）松泡产品进行压缩包装。对于一些松泡产品，包装时所占用容器的容积太大，相应地也就多占用了运输空间和储存空间，增加了运输储存费用，所以对于松泡产品要压缩体积，一般采用真空包装技法。

3）合理选择内、外包装的形状和尺寸。有的商品运输包装件，还需要装入集装箱，这就存在包装件与集装箱之间的尺寸配合问题。如果配合得好，就能在装箱时不出现空隙，有效地利用箱容，并有效地保护商品。包装尺寸的合理配合主要指容器底面尺寸的配合，即应采用包装模数系列。至于外包装高度的选择，则应由商品特点来决定，松泡商品可选高一些，沉重的商品可选低一些。包装件装入集装箱只能平放，不能立放或侧放。在外包装形状尺寸的选择中，要注意避免过高、过扁、过大、过重包装。过高的包装会重心不稳，不易堆码；过扁的包装则给标志刷字和标志的辨认带来困难；过大包装则量太多，不易销售，而且体积大也给流通带来困难；过重包装则纸箱容易破损。

内包装形状尺寸的合理选择要做到：内包装在选择形状尺寸时，要与外包装形状尺寸相配合，即内包装的底面尺寸必须与外包装模数相协调。当然，内包装主要是作为销售包装，更重要的考虑是要有利于商品的销售，有利于商品的展示、装潢、购买和携带。

4）包装物的捆扎。外包装捆扎对包装起着重要作用，有时还能起关键性作用。捆扎的直接目的是将单个物件或数个物件捆紧，以便于运输、储存和装卸。此外，捆扎还能防止失盗而且保护内装物，能压缩容积而减少保管费和运输费，能加固容器，一般合理捆扎能使容器的强度增加 20%～40%。捆扎的方法有多种，一般根据包装形态、运输方式、容器强度、内装物重量等不同情况，分别采用井字、十字、双十字和平行捆扎等不同方法。对于体积不大的普通包装，捆扎一般在打包机上进行，而对于集合包装，用普通捆扎方法费工费力，一般采用收缩薄膜包装技术和拉伸薄膜包装技术。

收缩薄膜包装技术是用收缩薄膜裹包集装的物件，然后对裹包的物件进行适当的加热处理，使薄膜收缩而紧贴于物件上，使集装的物件固定为一体。收缩薄膜是一种经过特殊拉伸和冷处理的聚乙烯薄膜，当薄膜重新受热时，其横向和纵向产生急剧收缩，薄膜厚度增加，收缩率可达 30%～70%。

拉伸薄膜包装技术是在 20 世纪 70 年代开始采用的一种新的包装技术。它是依靠机械装置，在常温下将弹性薄膜围绕包装件拉伸、裹紧，最后在其末端进行封合而成，薄膜的弹性也使集装的物件紧紧固定在一起。拉伸薄膜不需加热，所消耗的能量只有收缩薄膜包装技术的 1/20。

（2）特殊包装技法

1）缓冲包装技法。缓冲包装技法又称"防震包装"，是将缓冲材料适当地放置在内装物和包装容器之间，用以减轻冲击和震动，保护内装物免受损坏。常用的缓冲包装材料有泡沫塑料、木丝、弹簧等。发泡包装是缓冲包装的较新方法，它是通过特制的发泡设备，将能生产塑料泡沫的原料直接注入内装物与包装容器之间的空隙处，约经几十秒钟即引起化学反应，进行 $50\sim200$ 倍的发泡，形成紧裹内装物的泡沫体。对于一些形体复杂或小批量的商品最为合适。缓冲包装方法分为全面缓冲、部分缓冲和悬浮式缓冲 3 类方法。

全面缓冲包装方法是将产品的周围空间都加缓冲材料衬垫的包装方法。

部分缓冲包装方法是指仅在产品或内包装的拐角或局部地方使用缓冲材料衬垫。这样既能达到减震效果，又能降低包装成本，如家电产品、仪器、仪表等通常采用此类包装。部分缓冲有天地盖、左右套、四棱衬垫、八角衬垫、侧衬垫几种。

悬浮式缓冲包装方法是用绳索、弹簧等将产品或内包装容器悬吊在包装箱内，通过弹簧、绳索的缓冲作用保护商品，一般适用于极易受损、价值较高的产品，如精密机电设备、仪器、仪表等。

2）防潮包装技法。防潮包装是为了防止潮气侵入包装件，影响内装物质量而采取的一定防护措施的包装。防潮包装设计就是防止水蒸气通过，或将水蒸气的通过减少至最低限度。一定厚度和密度的包装材料，可以阻隔水蒸气的透入，其中金属和玻璃的阻隔性最佳，防潮性能较好；纸板结构松弛，阻隔性较差，但若在表面涂抹防潮材料，就会具有一定的防潮性能；塑料薄膜有一定的防潮性能，但它多由无间隙、均匀连续的孔穴组成，并在孔隙中扩散造成其透湿特性。透湿强弱与塑料材料有关，特别是加工工艺、密度和厚度的不同，其差异性较大。为了提高包装的防潮性能，可用涂布法、涂油法、涂蜡法、涂塑法等方法。涂布法，就是在容器内壁和外表加涂各种涂料，如在布袋、塑料编织袋内涂树脂涂料，纸袋内涂沥青等；涂油法，如增强瓦楞纸板的防潮能力，在其表面涂上光油、清漆或虫胶漆等；涂蜡法，即在瓦楞纸板表面涂蜡或楞芯渗蜡；涂塑法，即在纸箱上涂以聚乙烯醇丁醛（PVB）等。另外，还可在包装容器内存放干燥剂（如硅胶、泡沸石、铝凝胶）等。此外，对易受潮和透油的包装内衬一层至多层防湿材料（如牛皮纸、柏油纸、邮封纸、上蜡纸、防油纸、铝箔和塑料薄膜等），或用一层至多层防潮材料直接包裹商品。上述方法既可单独使用，也可几种方法一起使用。

3）防霉包装。防霉包装是防止包装和内装物霉变而采取一定防护措施的包装。它除防潮措施外，还要对包装材料进行防霉处理。防霉包装必须根据微生物的生理特点，改善生产和控制包装储存等环境条件，达到抑制霉菌生长的目的。①要尽量选用耐霉腐和结构紧密的材料，如铝箔、玻璃和高密度聚乙烯塑料、聚丙烯塑料、聚酯塑料及其复合薄膜等，这些材料具有微生物不易透过的性质，有较好的防霉效能。②要求容器有较好的密封性，因为密封包装是防潮的重要措施，如采用泡罩、真空和充气等严密封闭的包装，既可阻隔外界潮气侵入包装，又可抑制霉菌的生长和繁殖。③采用药剂防霉的方法，可在生产包装材料时添加防霉剂，或用防霉剂浸湿包装容器和在包装容器内喷洒适量防霉剂，如采用多菌灵（BCM）、百菌清、水杨脱苯胺、菌窗净、五氯酚钠等，用于纸与纸制品、皮革、棉麻织品、木材等包装材料的防霉。④采用气相防霉处理，主要有多聚甲醛、充氮包装、充二氧化碳包装，也具有良好的效果。

4）防锈包装。防锈包装是为防止金属制品锈蚀而采用一定防护措施的包装。防锈包装可以采用在金属表面进行处理，如镀金属（包括镀锌、镀锡、镀铬等）镀层不但能阻隔钢铁制品表面与大气接触，且电化学作用时镀层先受到腐蚀，保护了钢铁制品的表面；也可采用氧化处理（俗称"发蓝"）和磷化处理（俗称"发黑"）的化学防护法。另外，还可采用涂油防锈、涂漆防锈和气相防锈等方法，如：五金制品可在其表面涂一层防锈油，再用塑料薄膜封装；涂漆处理是对薄钢板桶和某些五金制品先进行喷砂等机械处理后再涂上不同的油漆；气相防锈是采用气相缓蚀剂进行防锈的方法，目前采用的是气相防锈纸，即将涂有缓蚀剂的一面面向内包装制品，外层用石蜡纸、金属箔、塑料袋或复合材料密封包装，若包装空间过大，则可添加适量防锈纸片或粉末。此外，还可采用普通塑料袋封存、收缩或拉伸塑料薄膜封存、可剥性塑料封存和茧式防锈包装、套封式防锈包装，以及充氮和干燥空气等封存法防锈。

5）集合包装。集合包装具有提高港口装卸效率，减轻劳动强度，节省装运费用；保护商品，减少损耗和促进商品包装标准化等优点，主要有集装袋、集装箱、托盘组合包装3种类型。

① 集装袋，是指用塑料重叠丝编织成的包装袋。优点是重量轻，柔软可折叠，体积小，装载量大。每袋可载1～4吨的货物，并能重复使用。

② 集装箱，是用钢材、铝合金板、纤维板等材料制作的集中装载大量货物的大型包装容器。优点是安全、简便、迅速、节约，便于机械和自动化装卸。可载5～40吨各类商品，常用于铁路、公路和海上远程运输。

③ 托盘组合包装，是用木材、塑料、金属材料或玻璃纤维等制成的垫板，有平面式托盘、箱式托盘、立柱式托盘、滑片托盘等几种形式。优点是耐腐蚀，卫生性好，节省费用，减少商品损耗。载重量为0.5～2吨，有的可重复使用。

2．销售包装技法

（1）泡罩包装与贴体包装

泡罩包装是将商品封合在用透明塑料薄片形成的泡罩与底板之间的一种包装方法。贴体包装是将商品放在能透气的、用纸板或塑料薄片制成的底板上，上面覆盖加热软化的塑料薄片，通过底板抽真空，使薄片紧密贴包商品，且四周封合在底板上的一种包装方法。泡罩包装和贴体包装多用于日用小商品的包装，其特点是透明直观，保护性好，便于展销。

（2）收缩包装

收缩包装是以收缩薄膜为包装材料，包裹在商品外面，通过适当温度加热，使薄膜受热自动收缩紧包商品的一种包装方法。收缩薄膜是一种经过特殊拉伸和冷却处理的塑料薄膜，内含有一定的收缩应力，这种应力重新受热后会自动消失，使薄膜在其长度和宽度方向急剧收缩，厚度加大，从而使内包装商品被紧裹，起到良好的包装效果。收缩包装具有透明、紧凑、均匀、稳固、美观的特点，同时由于密封性好，还具有防潮、防尘、防污染、防盗窃等保护作用。收缩包装适用于食品、日用工业品和纺织品的包装，特别适用于形态不规则商品的包装。

（3）拉伸包装

拉伸包装是用具有弹性（可拉伸）的塑料薄膜，在常温和张力下，裹包单件或多件商品，在各个方向牵伸薄膜，使商品紧裹并密封。它与收缩包装技法的效果基本一样，它的特点是：

1）采用此种包装不用加热，很适合于那些怕加热的产品如鲜肉、冷冻食品、蔬菜等。

2）可以准确地控制裹包力，防止产品被挤碎。

3）由于不需加热收缩设备，可节省设备投资和设备维修费用，还可节省能源。

（4）保鲜包装

保鲜包装，是采用固体保鲜剂和液体保鲜剂进行果实、蔬菜的保鲜。固体保鲜剂法是将保鲜剂装入透气小袋封口后再装入内包装，以吸附鲜果、鲜菜散发的气体而延缓后熟过程。液体保鲜剂法为鲜果浸涂液，鲜果浸后取出，表面形成一层极薄的可食用保鲜膜，既可堵塞果皮表层呼吸气孔，又可起到防止微生物侵入和隔温、保水的作用。硅气窗转运箱保鲜包装，是采用塑料密封箱加盖硅气窗储运鲜果、鲜菜、鲜蛋的保鲜方法。硅气窗又称人造气窗，在塑料箱、袋上开气窗，有良好的调节氧气、二氧化碳浓度，抑制鲜菜、鲜果和鲜蛋的呼吸作用，可延长其储存期。

识知 拓展

食品保鲜剂

保鲜包装通常要和保鲜剂同时使用，而用于食品的保鲜剂又有很多种类。

1．按照相态可以分为固体保鲜剂和液体保鲜剂

（1）固体保鲜剂主要由沸石、膨润土、活性炭、氢氧化钙等原料按一定比例组成。

（2）液体保鲜剂主要有以椰子泊为主体的保鲜剂，由碳酸氢钠、过氧乙酸溶液、亚硫酸与酸性亚硫酸钙、复方卵磷脂和中草药提炼的 CM 保鲜剂等。

2．按照来源可以分为天然保鲜剂和人工合成保鲜剂

（1）天然保鲜剂。在人们长期食用的食品中，天然保鲜剂成分的毒性远远低于人工合成的保鲜剂。

1）茶多酚类。从茶叶中提取的抗氧化物质，对人体无毒。含有 4 种组分：表没食子儿茶素、表没食子儿茶素没食子酸酯、表儿茶素没食子酸酯以及儿茶素。

2）天然维生素 E（VE）。天然 VE 大量存在于植物油脂中，无毒，且存在状态通常比较稳定。在油脂精制过程中，可回收大量的精制 VE 混合物。该成分抗氧化性较好，使用安全，在食品保鲜中已得到大量使用。限用于脂肪和含油食品，是目前我国唯一大量生产的天然抗氧化剂。价格较高，一般场合使用较少，主要用于保健食品、婴儿食品和其他高价值食品。

3）果胶分解物。一般从蔬菜水果中提取，其酶分解物在酸性环境中有抗菌作用。国外以果胶分解物为主要成分，混入其他一些天然防腐剂，已广泛应用于蔬菜、咸鱼、牛肉等食品的防腐。

4）蜂胶提取物。该提取物具有抗菌、消炎、抑制病毒、增强抗体免疫等作用。将蜂胶提取物直接加入牛奶、咖啡、保健口服液，以及饮料乳制品、流质食品中具有很好的保鲜作用。

（2）合成保鲜剂。除了天然食品保鲜剂，一些合成无毒高效的食品保鲜剂同样有着广阔的开发前景。相比之下，合成无毒无污染食品保鲜剂，更廉价且容易实现。

1）山梨酸防腐剂。山梨酸化学名称为 2,4-己二烯酸或清凉茶酸，是目前国际公认的安全无毒、高效和最理想的新型食品保鲜剂、防腐剂、防霉剂，是天然的食品添加剂，广泛应用于各类食品。合成方式以 3,5-壬二烯-2-酮、氯气、烧碱和硫酸为主要原料，在最佳工艺条件下，所得产品收率达到 95% 以上，质量符合国家标准的各项要求。

2）单辛酸甘油酯。该防腐剂抗菌谱广，对细菌、霉菌、酵母菌都有较好的抑制作用，其效果优于苯甲酸钠和山梨酸钾。它的防腐效果不受 pH 值影响；并且其代谢产物均为人体内脂肪代谢的中间产物，分解产生的辛酸可经 B-氧化途径彻底分解为二氧化碳和水，甘油可经三羧酸循环分解，是一种安全无毒的防腐剂，在日本的食品卫生法中规定不受使用量和用途的限制。但该产品同时存在着溶解性、分散性不好（难溶于水）以及对革兰氏阴性细菌抗菌效果较差等缺点。

3）羟甲基甘氨酸钠。该防腐剂应用范围广泛，抗菌谱广，对细菌、霉菌、酵母菌可抑制，杀菌效率高；在高 pH 值时防腐效果仍较好。

（5）脱氧包装

脱氧包装又称除氧封存剂包装，即利用无机系、有机系、氢系三类脱氧剂，除去密封包装内游离态氧，降低氧气浓度，从而有效地阻止微生物的生长繁殖，起到防霉、防褐变、防虫蛀和保鲜的目的。脱氧包装适用于某些对氧气特别敏感的制品。

（6）充气包装和真空包装

充气包装是采用二氧化碳气体或氮气等不活泼气体置换包装容器中空气的包装技术方法。它是通过改变包装容器中的气体组成成分，降低氧气浓度的方法，达到防霉腐和保鲜的目的。

真空包装是将制品装入气密性容器后，在容器封口前抽真空，使密封后的容器基本上没有氧气的包装。一般肉类食品、谷物加工食品及一些易氧化变质商品都可采用此类方法包装。

（7）高温短时间灭菌包装

它是将食品充填并密封于复合材料制成的包装内，然后使其在短时间内保持 135℃ 左右的高温，以杀灭包装容器内细菌的包装方法。这种方法可以较好地保持鱼、肉、蔬菜等内装食品的鲜味、营养价值及色调等。

边讲边练

选择商品的包装技法

在选择包装技法的时候要充分考虑商品自身的性质和销售特点，从而科学、合理地选择包装技法。现有如下商品，请为商品选择合适的包装技法：灯具、器皿、压缩毛巾、文具、小五金、药品、奶片、鲜肉、冷冻食品、蔬菜、膨化食品、礼品、点心、蛋糕、茶叶、书画、古董、镜片。

【提示】

包装技法	工　艺	特　点
贴体包装技法	将单件商品或多件商品，置于带有微孔的纸板上，由经过加热的软质透明塑料薄膜覆盖，抽空空气使薄板与商品外表紧贴，同时以热熔或胶黏的方法使塑料薄膜与涂黏结剂的纸板黏合	透明包装，能牢固地固定住商品，防盗、防尘、防潮和防损坏
泡罩包装技法	将产品封合在透明塑料薄片形成的泡罩与底板之间的一种包装技法	有较好的阻气性、防潮性和防尘性
收缩包装技法	将经过预拉伸的塑料薄膜、薄膜套或袋裹在被装商品的外表面，以适当的温度加热	透明，能充分显示商品的色泽、造型，收缩均匀、不易撕裂，防潮、防腐
拉伸包装技法	用具有弹性、可拉伸的塑料薄膜在常温和张力下裹包单件或多件商品，在各个方向牵伸薄膜使商品紧裹并密封	不用加热，可以准确地控制裹包力，节省设备投资和维修费用
真空包装技法	将产品装入气密性的包装容器，密封前再排除包装内的气体	能防止油脂氧化，抑制某些霉菌、细菌、虫害，可保持食品本色
充气包装技法	将产品装入气密性的容器内，密封前充入一定的惰性气体	能防止氧化，抑制微生物的繁殖和虫害的发育，防止香气散失和变色，防锈、防霉
吸氧剂包装法	在密封的包装容器内，使用能与氧气起化学作用的吸氧剂，从而除去包装内的氧气	可完全杜绝氧气的影响，防止氧化、变色、生锈、防霉和虫蛀，能把容器内氧气全部除掉，方法简便

实操训练

包装的魅力

案例 1：香奈尔 5 号香水，香水瓶成为艺术品

1921 年 5 月，当香水创作师恩尼斯·鲍将他发明的多款香水呈现在香奈尔夫人面前让她选择时，香奈尔夫人毫不犹豫地选出了第五款，即现在誉满全球的香奈尔 5 号香水。然而，除了那独特的香味以外，真正让香奈尔 5 号香水成为"香水贵族中的贵族"却是那个看起来不像香水瓶，反而像药瓶的创意包装。

服装设计师出身的香奈尔夫人，在设计香奈尔 5 号香水瓶型上别出心裁。"我的美学观点跟别人不同：别人唯恐不足地往上加，而我一项项地减除。"这一设计理念让香奈尔 5 号香水瓶简单的包装设计在众多繁复华美的香水瓶中脱颖而出，成为最怪异、最另类，也是最为成功的一款造型。香奈尔 5 号以其宝石切割般形态的瓶盖、透明水晶的方形瓶身造型、简单明了的线条，成为一股新的美学观念，并迅速俘获了消费者。从此，香奈尔 5 号香水在全世界畅销 80 多年，至今仍然长盛不衰。

1959 年，香奈尔 5 号香水瓶以其所表现出来的独有的现代美荣获"当代杰出艺术品"称号，跻身于纽约现代艺术博物馆的展品行列。香奈尔 5 号香水瓶成为名副其实的艺术品。对此，中国工业设计协会副秘书长表示，香水作为一种奢侈品，最能体现其价值和品位的就是包装。"香水的包装本身不但是艺术品，也是其最大的价值所在。包装的成本甚至可以占到整件商品价值的 80%。香奈尔 5 号的成功，依靠的就是它独特的、颠覆性的创意包装。"

案例 2：红星青花瓷珍品二锅头创意包装改变品牌形象

作为一家有着 50 多年历史的酿酒企业，北京红星股份有限公司（以下简称"红星公司"）生产的红星二锅头历来是北京市民的餐桌酒，一直受到老百姓的喜爱。然而，由于在产品包装上一直是一副"老面孔"，使得红星二锅头始终走在白酒低端市场，无法获取更高的经济效益。

随着红星青花瓷珍品二锅头的推出，红星二锅头第一次走进了中国的高端白酒市场。红星青花瓷珍品二锅头在产品包装上融入中国古代文化的精华元素。酒瓶采用仿清乾隆青花瓷官窑贡品瓶型，酒盒图案以中华龙为主体，配以紫红木托，整体颜色构成以红、白、蓝为主，具有典型中华文化特色。该包装在中国第二届外观设计专利大赛颁奖典礼上荣获银奖。国家知识产权局副局长在看了此款包装以后表示，"这款产品很有创意，将中国的传统文化与白酒文化结合在一起，很成功"。"它的推出，使得红星二锅头单一的低端形象得到了彻底颠覆。不但创造了优异的经济效益，还提高了公司形象、产品形象和品牌形象。"记者了解到，红星青花瓷珍品二锅头在市场上的销售价格高达 200 多元，而普通的红星二锅头酒仅为五六元。除了红星青花瓷珍品二锅头以外，红星公司还推出了红星金樽、金牌红星、百年红星等多款带有中国传统文化元素包装的高档白酒。

【问题】

（1）案例 1 中香奈尔 5 号香水的香水瓶体现了包装的哪种功能？

（2）为什么案例 2 中的红星青花瓷珍品二锅头包装能够提升商品形象？

（3）案例 1 和案例 2 中商品包装取得成功的关键因素有哪些？

学习效果检测

一、单选题

1. （　　）因其成本低无污染可回收而备受青睐。
   - A. 纸质材料
   - B. PE 材料
   - C. 金属材料
   - D. 木材原料

2. 商品包装的容纳功能所起的作用主要是（　　）。
   - A. 保护商品
   - B. 形成商品
   - C. 促销商品
   - D. 消费商品

3. 由于包装具有传达信息的功能，使得包装具有（　　）。
   - A. 保护功能
   - B. 容纳功能
   - C. 便利功能
   - D. 促销功能

4. 真空包装和充气包装是商品销售包装的（　　）。
   - A. 材料要素
   - B. 造型要素
   - C. 技术要素
   - D. 装潢要素

5. 下列包装中，不适合作为食品包装的是（　　）。
   - A. PE
   - B. PVC
   - C. PS
   - D. PVDC

6. 标志图 属于（　　）标志。

    A．收发货　　　　　　　　　　　　　　B．储运图示

    C．危险货物　　　　　　　　　　　　　D．集合

7. 收发货标志是商品运输过程中识别货物的标志，在下列收发货标志中，除（　　）必须具备外，其他各项可以合理选用。

    A．FH　　　　　　　B．FL　　　　　　　C．GH　　　　　　　D．PG

    E．YH

8. 在下列选项中，（　　）与包装的各种功能密切相关，特别是与保护功能关系密切。

    A．包装技术　　　　　　　　　　　　　B．包装材料

    C．记号商标　　　　　　　　　　　　　D．组合商标

    E．立体商标

9. 下列包装中，（　　）适用于果蔬的包装。

    A．真空包装　　　　　　　　　　　　　B．充气包装

    C．无菌包装　　　　　　　　　　　　　D．硅窗气调包装

二、多选题

1. 过分包装的表现形式有（　　　）。

    A．材料过当　　　B．体积过大　　　C．分量过轻　　　D．装潢过奢

    E．成本过低

2. 下列包装材料中，（　　　）是属于可再生的，起到了节约资源的作用。

    A．纸板　　　　　B．钙塑材料　　　C．玻璃　　　　　D．金属材料

    E．天然材料

3. 商品运输包装的主要功能有（　　　）。

    A．保护功能　　　B．容纳功能　　　C．便利功能　　　D．美化功能

    E．促销功能

4. 下列属于商品包装特点的有（　　　）。

    A．技术性　　　　B．形态性　　　　C．层次性　　　　D．艺术性

    E．层次性

三、填空题

1. 危险货物包装标识采用特殊的（　　　）图示。

2. 运输包装标志根据作用不同分为（　　　）、（　　　）、（　　　）等标志。

3. 常见的集合包装有（　　　）、（　　　）和（　　　）。

4. 商品包装具有（　　　）、（　　　）、（　　　）、（　　　）等功能。

第七章

商品储运与养护

【知识目标】了解商品质量变化的类型与影响因素，明确库存商品的基本养护方法，掌握常见商品的储藏保管技术。

【能力目标】能够对常见商品进行合理的保管保养作业。

物流商品的养护是物流领域不可缺少的日常工作，采用适宜的养护技术维护商品的质量，保证商品在物流期间的质量安全，保护商品的使用价值和价值，不使商品发生质量上的降低和数量上的减损，是物流商品养护作业追求的目标。这是一项极为重要的工作，它可以使企业免受损失，保障企业经济效益的实现。因此，掌握储运期间商品质量变化的因素分析及养护技术是物流储运作业必须掌握的一项重要技能。

第一节　认知商品质量变化及影响因素

储存在仓库里的商品，表面上看是静止不变的，但实际上每时每刻都在发生着变化。在一段时间内，商品发生的轻微变化，凭人的感官是觉察不到的，只有当其发展到一定程度后才被发现。保管保养是仓库的最基本任务，库存损耗指标又是衡量一个仓库管理水平的重要指标。因此，对于仓储管理员来说，认识和掌握各种商品质量变化的规律，熟知商品的储运知识，掌握企业仓储商品的注意事项，才能采取相应的组织管理和技术管理措施，有效地抑制外界因素的影响，为商品创造适宜的保管环境，最大限度地减缓和控制商品的变化速度和程度，维护库存物的使用价值和价值。那么商品在储运的过程中会发生哪些质量变化，而哪些因素会加速这些质量变化呢？

一、商品质量变化的类型

研究商品的质量变化，了解商品质量变化的规律及影响质量变化的因素，防止商品质量变化、保证商品质量完好是物流储运管理的一项核心工作。

1. 商品的物理机械变化

物理变化是指只改变物质的外表形态，不改变其本质，没有新物质生成的质量变化现象。商品的机械变化是指商品在外力作用下发生的形态变化。

商品常发生的物理机械变化主要有挥发、溶化、熔化、渗漏、串味、冻结、沉淀、破碎与变形等。

（1）挥发

低沸点的液体商品或经液化的气体商品，在一定的条件下，其表面分子能迅速汽化而变成气体散发到空气中去的现象叫挥发。

液体商品的挥发不仅会降低商品的有效成分，增加商品损耗，降低商品质量，有些燃点很低的商品还可能引起燃烧或爆炸；有些商品挥发的气体有毒性或麻醉性，容易造成大气污染，对人体有害；一些商品受到气温升高的影响，体积膨胀，使包装内部压力增大，可能发生爆破。

（2）溶化

溶化是指固体商品在保存过程中，吸收潮湿空气或环境中的水分达到一定程度时，会溶解变成液体的现象。

商品溶化后，商品本身的性质并没有发生变化，但由于形态改变，给储存、运输及销售部门带来很大的不便。

（3）熔化

熔化是指低熔点的商品受热后发生软化乃至化为液体的变化现象。

商品熔化，有的会造成商品流失、粘连包装、玷污其他商品；有的因产生熔解热而体积膨胀，使包装爆破；有的因商品软化而使货垛倒塌。

（4）渗漏

渗漏主要是指液体商品发生跑、冒、滴、漏等现象，如：金属包装焊接不严，受潮锈蚀；有些包装耐蚀性差；有的液体商品因气温升高、体积膨胀而使包装内部压力增大而胀破包装容器；有的液体商品在低温或严寒季节结冰，也会发生体积膨胀引起包装破裂而造成商品损失。

（5）串味

串味是指吸附性较强的商品吸附其他气体、异味，从而改变本来气味的变化现象。具有吸附性易串味的商品，主要是因为它们的成分中含有胶体物质，以及具有疏松、多孔性的组织结构。商品的串味与其表面状况，与异味物质接触面积的大小、接触时间的长短，以及环境有关。

（6）沉淀

沉淀是指含有胶质和易挥发成分的商品，在低温或高温条件下部分物质凝固，进而发生下沉或膏体分离的现象。

（7）玷污

玷污是指商品外表粘有其他污物、染有其他污秽的现象。商品玷污，主要是生产、储运中卫生条件差及包装不严所致。对一些外观质量要求较高的商品，如绸缎呢绒、针织品、服装等要注意防玷污，精密仪器、仪表类也要特别注意。

（8）破碎与变形

破碎与变形是指商品在外力作用下所发生的形态上改变的机械变化。

实操技巧

<table>
<tr><td colspan="4" align="center">仓储保管措施</td></tr>
<tr><th>变化类型</th><th>举 例</th><th>影 响 因 素</th><th>保管保养措施</th></tr>
<tr><td>挥发</td><td>汽油、酒精、苯、香水、印刷油墨、液氨、液氮等</td><td>气温的高低、空气流动速度的快慢、液体表面接触空气面积的大小</td><td>加强包装的密封性，控制仓库温度</td></tr>
<tr><td>溶化</td><td>食糖、食盐、糖果、明矾、硼酸、尿素、氯化钙、硝酸铵、烧碱等</td><td>空气温度、湿度、堆码高度</td><td>分区分类存放在阴凉干燥的库房内，不适合与含水分较大的商品同储，在堆码时要注意底层商品的防潮与隔潮，垛底要垫得高一些，并采取吸潮和通风相结合的温湿度管理方法来防止商品吸湿溶化</td></tr>
<tr><td>熔化</td><td>香脂、发蜡、蜡烛、复写纸、蜡纸、圆珠笔芯、松香、萘、硝酸锌、油膏、胶囊、糖衣片等</td><td>气温高低、商品本身的熔点、杂质的种类和含量高低</td><td>根据商品的熔点高低，选择阴凉通风的库房储存。在保管过程中，一般可采用密封和隔热措施，加强仓房的温度管理，防止日光照射，尽量减少温度的影响</td></tr>
<tr><td>渗漏</td><td>液体商品或膏状商品</td><td>包装材料性能、包装容器结构、包装技术优劣、仓储温度变化</td><td>对液体商品应加强入库验收和在库商品检查及温湿度控制和管理</td></tr>
<tr><td>串味</td><td>大米、面粉、木耳、食糖、茶叶、卷烟、饼干等</td><td>商品本身疏松、多孔性的组织结构、包装、仓储环境</td><td>密封包装，在储存中不得与有强烈气味的商品同库储存，注意仓储环境的清洁卫生</td></tr>
<tr><td>玷污</td><td>绸缎呢绒、针织品、服装等要注意防玷污，精密仪器、仪表类</td><td>环境卫生、包装</td><td>注意卫生条件，加强包装保管</td></tr>
<tr><td>沉淀</td><td>常见的易沉淀商品有墨水、墨汁、牙膏、雪花膏等</td><td>气温</td><td>应根据不同商品的特点，防止阳光照射，做好商品冬季保温和夏季降温等工作</td></tr>
<tr><td>破损与变形</td><td>玻璃、陶瓷、搪瓷制品、铝制品、皮革、塑料、橡胶等</td><td>商品本身特性，包装及储存作业</td><td>妥善包装，轻拿轻放，注意商品或商品外包装的压力极限</td></tr>
</table>

2．商品的化学变化

商品的化学变化，是指构成物质的分子发生了变化，商品的外表形状和商品的本质都发生了改变，并生成了新的物质的变化现象。商品发生化学变化，严重时会使商品完全丧失使用价值。常见的化学变化有分解、水解、氧化、老化、腐蚀等。

（1）分解

分解是指某些化学性质不稳定的商品，在光、热、酸、碱及潮湿空气的作用下，会由一种物质分解成两种或两种以上物质的变化现象。分解不仅使商品质量变差，而且会使商品完全失效。

（2）水解

水解是指某些商品在一定条件（如酸性或碱性条件）下，与水作用而发生的复分解反应。不同物品在酸或碱的催化作用下发生水解的情况是不相同的。蛋白质在碱性溶液中容易水解，在酸性溶液中却比较稳定，所以羊毛等蛋白质纤维怕碱不怕酸；棉纤维在酸性溶液中，尤其是在强酸的催化作用下，容易发生水解，能使纤维的大分子链断裂，从而大大降低纤维的强度，而棉纤维在碱性溶液中却比较稳定，所以棉纤维怕酸而耐碱。

边讲边练

市场上的双氧水（过氧化氢）大多数是 30%～35% 浓度的产品，是无色透明溶液，对皮肤具有腐蚀性。由于其性质活泼且容易分解，保存时应该尽量使用密闭容器，防止日光照射，而且不宜长时间储存。

双氧水储运相关要求如下：

（1）储存于阴凉、通风的库房，远离火种、热源，库温不宜超过 30℃；应与易（可）燃物、还原剂、活性金属粉末等分开存放，切忌混储；储区应备有泄漏应急处理设备和合适的收容材料。

（2）包装和储运双氧水应用塑料或不锈钢容器，且其上盖应设有防尘的排气口，以安全释放可能产生的气体，避免爆炸的产生。

（3）双氧水是强氧化剂且有腐蚀性，所以应注意在储运容器上涂刷 GB 190 中规定的"腐蚀性物品标志"，以及 GB 191 中规定的"向上标志"。

（4）按氧化剂的运输规则，组织运输，防止剧烈震摇。

【问题】请问双氧水的哪些特性决定了其储运的要求？

【提示】双氧水的化学名称是过氧化氢，是一种不稳定的强氧化剂和杀菌剂，在常温下会逐渐分解，如遇高温能迅速分解，生成水和氧气，并能放出一定热量。

（3）氧化

氧化是指商品与空气中的氧或与其他放出氧气的物质接触，发生与氧结合的化学变化。商品氧化不仅会降低商品的质量，有的还会在氧化的过程中产生热量，引起自燃，有的甚至会引发爆炸。

（4）老化

老化是指某些以高分子化合物为主要成分的商品，在储运过程中受到光、氧、热及微生物等的作用，出现发黏、龟裂、变脆、失去弹性、强力下降、丧失原有优良性能的变质现象。易老化是高分子材料存在的一个严重缺陷。老化的原因主要是高分子化合物在外界条件的作用下，分子链发生了降解和交联等变化。

（5）锈蚀

锈蚀是指金属商品与周围介质发生化学作用或电化学作用而引起的破坏现象。金属制品的锈蚀不仅使制品重量下降，更为严重的是会影响制品的质量和使用价值。

（6）化合

化合是指物品在储存期间，在外界条件的影响下，两种或两种以上物质相互作用而生成一种新物质的反应。

化合反应通常不是单一存在于化学反应中，而是两种反应（分解、化合）依次先后发生。如果不了解这种情况，就会给保管和养护此类物品造成损失。例如，化工产品中的过氧化钠，如果储存在封闭性好的桶里，并在低温下与空气隔绝，其性质非常稳定。但如果遇热，就会发生分解放出氧气。过氧化钠如果同潮湿的空气接触，就会迅速地吸收水分，发生分解，降低有效成分。

（7）聚合

聚合是指某些物品在外界条件的影响下，能使同种分子互相加成而结合成一种更大分子的现象。

（8）裂解

裂解是指高分子有机物（如棉、麻、丝、毛、橡胶、塑料、合成纤维等）在日光、氧、高温条件的作用下，发生分子链断裂、相分子质量降低，从而使其强度降低、力学性能变差，产生发软、发黏等现象。这类物品在保管养护过程中，要防止受热和日光的直接照射。

实操技巧

仓储保管措施

变化类型	举　　例	保管保养措施
水解	漂白粉、蛋白质、棉纤维等	在储存运输中注意包装材料的酸碱性，尤其不宜与酸性或碱性物质共储混运
氧化	化工原料中的亚硝酸钠、硫代硫酸钠、保险粉；油脂类商品（包括用油脂加工的食品）、纤维制品、橡胶制品等；棉、麻、丝、毛等纤维制品	在储运过程中应选择低温避光条件，避免与氧接触，同时注意通风散热，有条件的可在包装容器中放入脱氧剂
老化	橡胶、塑料、合成纤维等高分子材料制品	储存和运输这些商品时，要注意防止日光照射和高温，尤其是要防止暴晒，同时堆码不宜过高，要避免重压
锈蚀	金属制品	储存要注意包装物的密封性，库房中要保持干燥、低温
化合	过氧化钠等	储存要注意包装物的密封性，库房中要保持低温、干燥、通风
聚合	桐油	要注意日光和储存温度的影响，以便防止发生聚合反应，造成物品质量的降低
裂解	含有高分子有机物成分的物品（如橡胶、塑料、合成纤维等）；棉、麻、丝、毛等纤维制品	储存和运输这些商品时，要注意防止受热和日光的直接照射
分解	过氧化钠、电石、乙炔等	储存要注意包装物的密封性，库房中要保持干燥、通风

3. 商品的生理生化变化及其他生物引起的变化

商品的生理生化变化是指有生命活动的有机体商品，在储存过程中为维持自身的生命活动所进行的一系列变化，如粮食、水果、蔬菜、鲜蛋等商品的呼吸、发芽、胚胎发育和后熟等现象。

商品的生物学变化则是指由微生物、仓库害虫以及鼠类等生物所造成的商品质量的变化，如工业商品和食品商品的霉变、腐烂、虫蛀和鼠咬等。

（1）呼吸作用

呼吸作用是指有机体商品在生命活动中，不断地进行呼吸，分解体内有机物质，产生热能，维持其本身的生命活动的现象。如果这种作用停止了，就意味着有机体商品生命力的丧失。呼吸作用可分为有氧呼吸和无氧呼吸两种。

有氧呼吸是指细胞在氧的参与下，通过酶的催化作用，把糖类等有机物彻底氧化分解，产生二氧化碳和水，并释放出热量。有氧呼吸是高等动物和植物进行呼吸作用的主要形式，可以用下列反应式表示：

$$C_6H_{12}O_6+6O_2+6H_2O \xrightarrow{\text{酶}} 6CO_2\uparrow+12H_2O+能量$$

无氧呼吸是指细胞在无氧的条件下，通过酶的催化作用，把葡萄糖等有机物质分解成不彻底的氧化产物，同时释放出少量能量的过程。这个过程对于高等植物、高等动物和人来说，称为无氧呼吸。如果用于微生物如乳酸菌、酵母菌等，则习惯上称为发酵。可以用下列反应式表示：

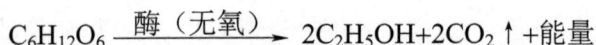

$$C_6H_{12}O_6 \xrightarrow{\text{酶（无氧）}} 2C_2H_5OH+2CO_2\uparrow+能量$$

不管是有氧呼吸还是无氧呼吸，都消耗有机体商品内的营养物质，从而降低商品的质量。如菜果，随着有氧呼吸的进行，会使贮藏的菜果滋味变淡，所释放的热量若不能及时散发出去，会使菜果腐烂变质。同时，由于呼吸作用，有机体分解出来的水分，有助于有害微生物生长繁殖，从而加速商品的霉变。但是，对于菜果来说无氧呼吸比起有氧呼吸对其质量的危害性更大。因为无氧呼吸所释放的能量较少，为了满足其生理活动对能量的要求，就要消耗更多的养分，这样会使菜果的风味降低，而且无氧呼吸可以导致酒精积累，引起有机体细胞中毒，造成生理病害，缩短储存时间。

所以，为了达到保存鲜活商品质量和减少损耗以及延长储存期限的目的，要创造适宜的外界环境以保持有机体的正常而最低的呼吸作用，抑制旺盛呼吸，防止缺氧呼吸。

（2）后熟作用

后熟是指瓜果、蔬菜类食品脱离母株后继续成熟的现象。促使这类食品后熟的主要因素是高温、氧以及某些有催熟作用的刺激性物质（如乙烯、乙醇等）的存在。瓜果、蔬菜等的后熟作用，能改进其色、香、味以及硬脆等食用性能。但当后熟作用完成后，则容易发生腐烂变质，难以继续储藏，甚至失去食用价值。

（3）胚胎发育

胚胎发育主要指鲜蛋的胚胎发育。在鲜蛋的储存过程中，当温度和供氧条件适宜时，胚胎会发育成血丝蛋、血环蛋。经过胚胎发育的禽蛋，其新鲜度和食用价值大大降低。

（4）发芽和抽薹

这类现象是两年生的蔬菜在储存时经过休眠期后的一种继续生长的生理活动。发芽和抽薹的蔬菜，因大量的营养成分供给新生的芽和茎，使组织粗老或空心，失去原有鲜嫩品质，并且不耐储藏。

（5）霉腐

霉腐是商品在霉腐微生物作用下所发生的霉变和腐烂现象。在气温高、湿度大的季节，如果仓库的温湿度控制不好，鲜活易腐的商品就会受到不同程度的破坏，严重霉腐可使商品完全失去使用价值。有些食品还会因腐烂变质而产生有毒物质。

（6）发酵

发酵是某些酵母尤其是野生酵母和细菌所分泌的酶，作用于食品中的糖类、蛋白质而发生的分解反应。发酵广泛用于食品酿造业。但如果空气中的这些微生物自然地作用于食品而进行发酵，则不但破坏了食品中的有益成分，失去原有的品质，而且还会出现不良气味，甚至还会产生有害人体健康的物质。

常见的这类发酵有酒精发酵、醋酸发酵、乳酸发酵和酪酸发酵等。

（7）虫蛀、鼠咬

商品在储运过程中，经常遭受仓库害虫的蛀蚀或老鼠的咬损，使商品体及其包装受到损坏，甚至完全丧失使用价值。

实操技巧

商品生理生化变化保养措施

变化类型	举　例	保管保养措施
呼吸	原粮、水果、蔬菜、鲜鱼、鲜肉等	应保证它们正常而最低的呼吸，利用它们的生命活性，减少损耗、延长储藏时间
后熟	瓜果、蔬菜等	可采用低温储运和适当通风(散去成熟食品释放的乙烯气体)的方法。有时为了及早上市也可用乙烯或乙醇等进行人工催熟
胚胎	禽蛋	应加强温湿度管理，最好是低温储藏或停止供氧
发芽和抽薹	原粮、种子、马铃薯、大蒜、生姜、萝卜等	应将温度控制在5℃以下，并防止光照
霉腐	针棉织品、皮革制品、鞋帽、纸张、香烟、中药材、鱼、肉、蛋类、水果、蔬菜、果酒、酱油等	在储存时必须严格控制温湿度，做好商品的防霉工作
发酵	食品	要注意卫生，密封和控制较低温度
虫蛀、鼠咬	食品、毛皮制品、皮革制品、丝毛织品、纸及纸制品、纤维制品、竹木制品、皮箱甚至聚氯乙烯制品等	应熟悉虫、鼠的生活习性和危害规律，首先立足于防范，即搞好运输工具和仓库的清洁卫生工作，加强日常管理，切断虫鼠的来源；其次采用化学药剂或其他方法杀虫、灭鼠，坚持经常治理与突击围剿相结合的方法来防治

【提示】密封保管注意事项如下：

（1）在密封前要检查商品质量、温度和含水量是否正常，如发现发霉、生虫、发热、水湿等现象就不能进行密封。发现商品含水量超过安全范围或包装材料过潮，也不宜密封。

（2）要根据商品的性能和气候情况来决定密封的时间。怕潮、怕溶化、怕霉的商品，应选择在相对湿度较低的时节进行密封。

（3）常用的密封材料有塑料薄膜、防潮纸、油毡、芦席等。这些密封材料必须干燥清洁，无异味。

（4）密封常用的方法有整库密封、小室密封、按垛密封以及按货架、按件密封等。

二、影响商品质量变化的因素

商品发生质量变化，是由一定因素引起的。为了保养好商品，确保商品的安全，必须找出变化原因，掌握商品质量变化的规律。通常引起商品质量变化的因素有内因和外因两种。内因决定了商品变化的可能性和程度，外因是促进这些变化的条件。

在日常生活中，商品的质量变化是可以经常看到的，诸如金属器具的锈蚀，食品的酸败、腐烂、霉变，木制家具的腐朽或虫蛀，塑料、纤维、羊毛制品的老化等。这些变化都会影响到商品的质量。而引起商品质量变化的原因很多，总的来说，可以分为内因和外因两方面。内因是变化的前提，外因是变化的条件。影响商品质量变化的内因主要是商品成分、结构和性质。这些内因在商品特性中有较详细阐述，这里只是对影响商品质量的外界因素进行讨论。影响商品质量变化的外界因素主要有日光、空气中的氧气、臭氧、温度、湿度、卫生条件、有害气体等。

1. 日光

日光中包含着各种频率的色光，以及红外线和紫外线。它对商品起着正反两方面的作用：一方面，日光中的红外线有增热作用，可以增加商品的温度，降低商品的含水量。紫外线对微生物有杀伤作用。所以，在一定条件下有利于商品的保存。另一方面，有些商品在日光照射下会发生剧烈或缓慢的破坏作用。例如，酒类在日光下与空气中的氧作用会变浑浊；油脂会加速酸败；橡胶、塑料制品会加速老化；商品的成分中如含有不饱和的化学键，则在日光的作用下易发生聚合反应，桐油、福尔马林等结块沉淀就属于这种情况。有些商品如油布、油纸在日光照射下氧化放热，若不及时散热，不仅会加速这些商品的氧化，还可能达到自燃点引起火灾。照相胶卷和感光纸未使用时见光，会发生光化学反应而丧失使用价值。因此，要根据各种不同商品的特性，注意合理利用日光。

2. 空气中的氧和臭氧

氧是无色、无臭、无味的气体，熔点-218.4℃，沸点-182.962℃，气体密度1.429克/立方厘米，液态氧是淡蓝色的。在空气中约含有21%的氧气，氧是化学性质活泼的元素，商品发生化学和生化变化绝大多数都与空气中的氧有关，氧能与许多商品直接化合，使商品氧化，不仅降低商品质量，有时还会在氧化过程中产生热量，发生自燃，甚至还会发生爆炸事故。例如，氧可以加速金属商品锈蚀；氧是好气性微生物活动的必备条件，使有机体商品发生霉变；氧是害虫赖以生存的基础，是仓库害虫发育的必要条件；氧是助燃剂，不利于危险品的安全储存；在油脂的酸败，鲜活商品的分解、变质中，氧都是积极的参与者。由此可见，氧对商品质量变化有着极大的影响，因此在储存中我们要针对商品的具体性能，研究相应的包装技术和方法，控制包装内的含氧量。

臭氧是氧的同素异形体，在常温下它是一种有特殊臭味的蓝色气体，液态呈深蓝色，固态呈蓝黑色。大气层中的氧气发生光化学作用时，便产生了臭氧，因此在离地面垂直高度15~25千米处形成臭氧层，而在接近地面大气层中的浓度很低，但对商品的破坏性很大，臭氧的稳定性低，它能分解出原子态氧，因而其化学活性比氧更强，对商品的破坏性也大。

3. 空气温度

空气温度是指空气的冷热程度，简称气温。气温是影响商品质量变化的一个主要因素。一般商品在常温或常温以下，都比较稳定，高温能够促进商品的挥发、渗漏、溶化等物理变化及各种化学变化，而低温又容易引起某些商品的冻结、沉淀等变化，从而影响到商品质量。此外，温度也是微生物和害虫生长繁殖的前提条件，适宜的温度会加速商品的腐烂和虫蛀。

4. 空气湿度

空气湿度是指空气的干湿程度。空气湿度的改变，能引起商品的含水量、化学成分、外形或体态结构发生变化。湿度下降，可使商品含水量降低，如蔬菜、水果、肥皂等会发生萎蔫、干缩变形；纸张、皮革制品等失水过多，会发生干裂或脆损。湿度增加，可使商品含水量相应增加，如食糖、盐、化肥等易溶性商品结块、膨胀或进一步溶化；金属制品加速锈蚀；纺织品、卷烟等发生霉变或虫蛀等，从而使商品发生质量的改变。湿度适宜，可保持商品具有的正常含水量、外形或体态结构和重量。所以，在商品养护中，必须根据不同商品的特性，尽量创造适宜的空气湿度。

5. 卫生条件

卫生条件是保证商品特别是食品免于变质腐烂的重要条件之一。卫生条件不好，不仅使垃圾、灰尘、油污等污染商品，影响商品质量，而且还为微生物、害虫等提供滋生场所，促使商品腐烂变质。因此，商品在储存过程中一定要注意卫生条件，以保持商品质量的稳定。

6. 有害气体

有害气体是指存在于大气中的危害性较大的气体状污染物质，主要包括酸性有害气体和氧化性有害气体，如二氧化硫、硫化氢、氯化氢等。这些有害气体主要来自煤、石油、天然气、煤气等燃料放出的烟尘和工业生产过程中的粉尘、废气。商品储存在有害气体浓度大的空气中，其质量变化明显。例如，二氧化硫就具有强烈的腐蚀作用，能够腐蚀各种金属制品，此外，当二氧化硫溶于水生成亚硫酸，还能强烈地腐蚀商品中的有机物。

第二节 仓库温湿度管理

大多数商品都含有水分，水分在商品组成中占有重要地位。各种商品对温湿度的适应性是有一定限度的，如果长期超过或低于这个限度，商品质量就会发生变化。因此，作为一名合格的仓管员需要掌握空气温湿度基本知识，了解仓库内温湿度变化规律，遵循仓库温湿度控制规定，定时对仓库的温湿度进行检查和记录，及时采取有效措施调节库内的温湿度，达到仓库质量管理体系要求，以确保入库以后的材料、成品不变质。

一、空气温湿度的基本知识

1. 空气温度

仓库温度的控制既要注意库房内外的温度（库温和气温），也要注意储存物资的温度（垛温）。

物体温度的升降，取决于外来热能的多少和该物体比热的大小。热能增加，温度上升；热能减小，温度下降。

常用的温度单位是摄氏温度（℃）、华氏温度（℉）和热力学温度（K），它们之间的换算关系为

$$t = (t' - 32) \times 5/9$$
$$t' = t \times 9/5 + 32$$
$$T = 273 + t$$

式中，t、t' 和 T 分别为摄氏温度、华氏温度和热力学温度。

边讲边练

某仓库目前温度 35℃，有一种商品保管温度 90℉，请问现如何调节仓库温度？

【提示】

（1）仓库温度 35℃，相当于华氏温度为 $\frac{9}{5} \times 35 + 32 = 95$ ℉，高于保管温度 90℉，所以应该降温。

（2）保管温度 90℉，相当于摄氏温度为 $(90 - 32) \times \frac{5}{9} = 32.22$ ℃，仓库温度 35℃，高于其保管温度，所以应降温。

2. 空气湿度

空气湿度指空气中水蒸气含量的多少，常以绝对湿度、饱和湿度与相对湿度来表示。

（1）绝对湿度。绝对湿度是指单位容积的空气里实际所含的水汽量，一般用"克/立方米"来表示。

温度对绝对湿度有着直接影响。在通常情况下，温度越高，水汽蒸发得越多，绝对湿度就越大；相反，绝对湿度就越小。

（2）饱和湿度。饱和湿度表示在一定温度下，单位容积空气中所能容纳的水汽量的最大限度。如果越过这个限度，多余的水蒸气就会凝结，变成水滴，此时的空气湿度称为饱和湿度。

空气的饱和湿度不是固定不变的，它随着温度的变化而变化。温度越高，单位容积空气中能容纳的水蒸气量就越多，饱和湿度也就越大。

（3）相对湿度。空气中实际含有的水蒸气量（绝对湿度）距离饱和状态（饱和湿度）程度的百分比称作相对湿度，也就是在一定温度下，绝对湿度占饱和湿度的百分比，其公式为

$$相对湿度 = \frac{绝对湿度}{饱和湿度} \times 100\%$$

相对湿度越大，表示空气越潮湿；相对湿度越小，表示空气越干燥。在仓库温湿度管理中，检查库房的湿度大小，主要是观测相对湿度的大小。

空气的绝对湿度、饱和湿度、相对湿度与温度之间有着一定的内在联系。在温度不变的情况下，空气绝对湿度越大，相对湿度越高，绝对湿度越小，相对湿度越低；在空气中水蒸气含量不变的情况下，温度越高，相对湿度越小，温度越低，相对湿度越高。

（4）露点。含有一定量水蒸气（绝对湿度）的空气，当温度下降到一定程度时，所含水蒸气就会达到饱和状态（饱和湿度），并开始液化成水，这种现象称作结露。水蒸气开始液化成水时的温度称作"露点温度"，简称"露点"。如果温度继续下降到露点以下，空气中的水蒸气越饱和，就会在商品或其包装物表面凝结成水滴，此现象称为"水凇"，俗称商品"出汗"。

当含有水蒸气的热空气进入库房，遇到冷的物体（如金属、地面），使冷物体周围的空气温度降到露点，则空气中的水蒸气就会凝结在冷物体表面。

边讲边练

温度与湿度的测量工具有哪些？

【提示】温度计、湿度计、电子温湿度计。

实操技巧

仓库温湿度的测定

测定空气温湿度通常使用干湿球温度表。

在库外设置干湿表，为避免阳光、雨水、灰尘的侵袭，应将干湿表放在百叶箱内。百叶箱中温度表的球部离地面高度为 2 米，百叶箱的门应朝北安放，以防观察时受阳光直接照射。箱内应保持清洁，不放杂物，以免造成空气不流通。

在库内，干湿表应安置在空气流通、不受阳光照射的地方，不要挂在墙上，挂置高度与人眼持平，约 1.5 米左右。每日必须定时对库内的温湿度进行观测记录，一般在上午 8～10 时，下午 2～4 时各观测一次。记录资料要妥善保存，定期分析，找出规律，以便掌握商品保管的主动权。

二、仓库温湿度的变化规律

1. 大气温湿度的变化

大气的变化即自然气候的变化，随地域、季节、时间等的不同，其变化规律有所不同。我国大气温湿度变化的一般情况如下。

（1）温度变化的规律

一天之中，日出前气温最低，到午后 2～3 时气温最高。一年之内最热的月份，内陆一般在 7 月，沿海地区出现在 8 月。最冷的月份，内陆一般在 1 月，沿海在 2 月。

（2）湿度变化的规律

绝对湿度通常随气温升高而增大，随气温降低而减小。但绝对湿度不足以完全说明空气的干湿程度，相对湿度更能正确反映空气的干湿程度。

空气的相对湿度变化与气温变化正相反，它是随气温的升高而降低。在一日之中，日出前气温最低时，相对湿度最大，日出后逐渐降低，到午后 2～3 时达到最低。在一年之中，相对湿度最高的月份一般是 1 月。

2. 仓库内温湿度的变化

仓库内温湿度变化规律和库外基本上是一致的，但库外气温对库内的影响，在时间上需要有个过程，同时会有一定程度上的减弱。所以，一般是库内温湿度变化，在时间上滞后库外，在程度上小于库外，表现为夜间库内温度比库外高，白天库内温度比库外低。

库内温度的变化与库房密封性的好坏也有很大的关系，同时库内各部位的温度也因库内具体情况而有差异，工作中要灵活把握。

实操技巧

仓库温湿度的控制与调节措施

1. 密封

密封，就是把商品尽可能严密地封闭起来，减少外界不良气候对商品的影响，以达到安全储存的目的。

采用密封的方法要和通风、吸潮结合运用。

常用的密封方法有整库密封、小室密封、按垛密封、货架密封以及按件密封等。

2. 通风

空气是从压力大的地方向压力小的地方流动的，气压差越大，空气流动就越快。

通风，就是利用库内外空气温度不同而产生的气压差，使库内外空气形成对流，来达到调节仓库内温湿度的目的。库内外温度差距越大，空气流动就越快；若库外有风，借助风力更能加速库内外空气的对流，但风力不能过大（风力超过 5 级，灰尘较多）。正确地进行通风，不仅可以调节和改善库内的温湿度，还能及时地散发商品及包装物的多余水分。

按通风的目的不同，可分为利用通风降温或升温和利用通风散潮两种方法。

3. 吸潮与加湿

在梅雨季节或阴雨天气，当仓库内湿度过高，不适宜商品保管，而库外湿度也过大，不能进行通风散潮时，可以在密封的仓库内用吸潮的办法降低库内湿度。仓库吸潮的方法一般有"吸潮剂吸潮"和"机械吸潮"两种。常用的吸潮剂有生石灰、无水氯化钙、木炭、硅胶以及新型高效的分子筛吸潮剂等。机械吸潮是近年来仓库普遍使用的一种去潮方法，它是利用空气吸湿机，把库内的湿空气通过抽风机吸入吸湿机的冷却器内，使它凝结成水而排出。吸湿机一般适用于储存棉布、针棉织品、贵重百货、医药仪器、电工器材和烟糖类商品的仓库去湿，它具有吸湿率高、效果显著、成本低、操作简便、无污染等优点。

一些生鲜商品、鲜活商品及竹木制品等，在仓库相对湿度过小，空气太干燥时，易发生萎蔫或干裂，这时则要用洒水、湿擦、盛水等方法增加湿度。

4. 升温与降温

在不能用通风来调节空气温度时，可用暖气设备来提高库房温度，也可用空调设备来升温或降温。

有条件的可使用空气湿度调节器，制造人工小气候，自动控制库房的相对湿度，以保商品不受危害。

识知 拓展

梅雨期的温湿度管理

所谓梅雨，是指长江中下游初夏的连续阴雨天气。我国传统夏历的节气中就有

"入梅""出梅"的日期，一般"入梅"在"芒种"的节气内，而"出梅"大致在"小暑"节气内，因为在这段时期内商品容易发生霉变，因此梅雨又可称为"霉雨"。

如何确定入梅、出梅，气象学上也有比较明确的规定，一般是平均气温升高到23℃，空气相对湿度上升到90%左右，在一次比较明显降雨后，无连续晴天在4天以上，称为入梅；当气温高于28℃，在一次较大降雨后，相对湿度下降到80%以下之后，有一段长时间的晴天，称为出梅。

据资料统计，梅雨期内降水量很大，约占全年降水量的25%~33%。天气的主要特征是雨量多、雨日长、湿度大、云多、日照时间短，地面风力较弱（一般稳定在风速1~2.5米/秒）。降水多属连续性，偶尔也有强降雨和雷暴。

根据梅雨的发展过程及其特点，仓库温湿度管理工作可分为3个阶段进行。

第一阶段：梅雨前的准备工作。在这段时间内主要抓住一切有利时机，利用自然通风散潮，使储存商品及其包装充分干燥，在3、4、5月内，抓住可以多通风的时机，使商品及其包装，以及库房内墙面、地坪尽可能地降低水分，以便能应付梅雨期内高温空气的侵袭。在此期间还要抓紧做好库房内门窗的维修工作。对库房内所挂的温湿度计做一次必要的校正。

第二阶段：梅雨期的严格防潮。严格控制库房门窗启闭，以防止库房商品吸收库外大量的水蒸气。

第三阶段：梅雨结束以后。

刚刚"出梅"，天气虽已放晴，库外气温骤升，但此时大雨始晴，地面上积累了大量的水分，蒸发旺盛，空气中水蒸气量大大增加，此时库外因气温升得很快，水蒸气量未达到饱和，相对湿度反而偏低，在此期间千万不可盲目通风。这是因为绝对湿度必然是库外大于库内，库内外温差也很大，如让库外温暖潮湿空气进入库内，极易出现凝露水、水淞、地坪返潮。

天气已放晴了一些日子，蒸发也有所减弱，库外空气中水蒸气量已有所降低。此时不但要对比库内外绝对湿度，更重要的还要将库外绝对湿度对比库内垛底和地坪温度下的饱和湿度，如果库外绝对湿度高于库内垛底和地坪温度下的饱和温度，则必然会发生地面出水的危险。同时在这个阶段可能会出现库外温度高于库内，库外绝对湿度略大于库内的局面。如果是"温差"大于"湿差"，可能会出现利用自然通风"提温"降潮的机会。所以，在此阶段内必须耐心细致地做温湿度对比。

梅雨后已晴朗了一段时间，气候进入"三伏"阶段。此时可加强库内外温湿度对比观察，发现库外绝对湿度小于库内时，即可通风。

第三节　日用工业品的养护

日用工业品在储存过程中往往由于本身的特性和外界环境的影响，会发生各种各样的变化而使其质量和数量方面受到损失，因此作为仓管员需要在日常的工作中弄清楚日用工业品在储存中的各种变化，确定适宜的储存条件，采取合理的防治措施，实现对常见日用工业品的科学养护。

工业品商品在储存运输过程中，由于各种外界因素的影响，会发生多种质量变化，如霉变、锈蚀、老化、虫蛀、溶化、熔化、挥发、破损与形变等。本节分别对商品的霉腐、锈蚀、虫害和老化进行重点探讨。

一、储存商品霉变腐烂的防治技术

商品的霉腐是由微生物的作用所引起的商品变化，商品的生霉、腐烂、发酵变质都是由霉腐微生物侵染造成的。因此，商品在储存中防止发生霉腐是商品养护工作的主要内容之一。

1. 商品霉腐的原理

（1）易霉腐的商品及霉腐特征

商品发生霉变，是由商品本身成分决定的，这是商品发生霉腐的内在因素，微生物在自然界中到处都有，只有具备了微生物所需养料的商品才可能发生霉变。易霉腐的商品主要有下面几类：

1）糖为主要成分的商品。属于这类商品的主要有棉麻织品、纸张、竹木、食品、果蔬等商品，它们的主要化学成分是纤维素、半纤维素、木质素、淀粉、双糖等糖类物质。霉菌能分泌大量的酶，把糖类最终分解为二氧化碳和水，同时释放出大量的热量。

2）蛋白质为主要成分的商品。属于这类商品的主要有丝织品、毛织品、毛皮制品、皮革制品、皮胶、骨胶等，它们的主要化学成分是天然蛋白质。这些商品与蛋白质分解菌接触，在水解蛋白酶的作用下，最后产生醇、氨和二氧化碳，聚合度大大降低，被破坏的商品带有浓厚的腐臭气味，使商品质量大大降低，从而失去使用价值。

3）其他有机物的商品。橡胶、塑料以及一些日用化学品、工艺美术品、文娱体育品等，都含有大量的适宜霉腐微生物生长的有机化合物，一旦温湿度适宜，微生物就会在上面生长繁殖，从而对商品质量产生严重破坏。

（2）商品霉腐过程

商品霉腐一般经过以下 4 个环节：

1）受潮。物品受潮是霉菌生长繁殖的关键因素。当物品吸收了外界水分受潮后，物品含水量超过了该物品安全水分的限度，则为物品提供了霉腐的条件。

2）发热。物品受潮后霉腐微生物开始生长繁殖，就要产生热量。其产生的热量一部分供其本身利用，剩余部分就在物品中散发。物品的外部比内部易散热，所以内部的温度比外部的温度高。

3）霉变。由于霉菌在物品上生长繁殖，开始有菌丝生长，能看到白色毛状物，称为菌毛。霉菌继续生长繁殖形成小菌落，称为霉点。菌落增大或菌落融合形成菌苔，称为霉斑。霉菌代谢产物中的色素使菌苔变成红、黄、紫、绿、褐、黑等色。

4）腐烂。物品霉变后，由于霉菌摄取物品中的营养物质，通过霉菌分泌酶的作用，破坏了物品的内部结构，发生霉烂变质。发霉后的物品发出霉味，外观上产生污点或染上各种颜色，内部结构被彻底破坏，弹力消失而失去使用价值。

2．商品霉腐的防治方法

（1）加强库存商品的管理

1）加强入库验收。易霉腐商品入库，首先应检验其包装是否潮湿，商品含水量是否超过安全水分。

2）加强仓库温湿度管理。根据商品的不同性能，正确运用密封、吸潮与通风相结合的方法，控制好库内温湿度。特别是梅雨季节，要将相对湿度控制在不适宜霉菌生长的范围内。

3）选择合理的储存场所。易霉变商品应尽量安排在空气流通、光线较强、比较干燥的库房，并应避免与含水量大的商品共储。

4）合理堆码，下垫隔潮。商品堆码不应靠墙靠柱，下垫防潮物质隔潮。

5）将商品密封储存。

6）做好日常的清洁卫生工作。

（2）化学药剂防霉腐

防霉最主要的方法是使用防霉剂。防霉剂能使微生物菌体蛋白质变性、凝固，使酶失去活性。低浓度防霉剂能抑制霉腐微生物，高浓度会使其死亡。有实际应用价值的防霉剂具有低毒、高效、长效、使用方便、价格低廉等特点，能适应商品加工条件和应用环境，不降低商品性能，在储存运输中稳定性好。

防霉剂的使用方法主要有：

1）添加法：将一定比例的药剂直接加入到材料或制品中去。

2）浸渍法：将制品在一定温度和一定浓度的防霉剂溶液中浸渍一定时间后晾干。

3）涂布法：将一定浓度的防霉剂溶液用刷子等工具涂布在制品表面。

4）喷雾法：将一定浓度的防霉剂溶液均匀地喷洒在材料或制品表面。

5）熏蒸法：将挥发性防霉剂的粉末或片剂置于密封包装内，通过防霉剂的挥发防止商品生霉。

（3）防霉的其他方法

1）气相防霉。气相防霉是一种先进的防霉方法，它主要是使用具有挥发性的防霉防腐剂，利用其挥发产生的气体直接与霉腐微生物接触，杀死这些微生物或抑制其生长，以达到商品防霉腐的目的，同时由于气相防霉是气相分子直接作用于商品上，对其外观和质量不会产生不良影响。但要求包装材料和包装容器具有透气率小，密封性要求较高。

通常商品所用的气相防霉剂有多聚甲醛防霉腐剂、环氧乙烷防霉腐剂等。

① 多聚甲醛防霉腐剂。多聚甲醛是甲醛的聚合物，在常温下可徐徐升华解聚成有甲醛刺激气味的气体，能使菌体蛋白质凝固，以杀死或抑制霉腐微生物，使用时将其包成小包或压成片剂，与商品一起放入包装容器内加以密封，让其自然升华扩散。但是，多聚甲醛升华出来的甲醛气体在高温高湿条件下可能与空气的水蒸气结合形成甲酸，对金属有腐蚀作用，因此有金属附件的商品不可以使用。另外甲醛气体对人的眼睛黏膜有刺激作用，所以操作人员应做好保护。

② 环氧乙烷防霉腐剂。环氧乙烷能与菌体蛋白质、酚分子的羧基、氨基、羟基中的游离的氢原子结合，生成羟乙基，使细菌代谢功能出现障碍而死亡。环氧乙烷分子穿透力比甲醛大。因而杀菌力也比甲醛强，又可在低温低湿下发挥杀菌作用，所以应用于不

能加热怕受潮的商品的杀菌防霉腐较为理想。但是，环氧乙烷能使蛋白质液化，并能破坏粮食中的维生素和氨基酸，还残留下有毒的氯乙醇。所以，环氧乙烷只可用于日用工业品的防霉腐，不宜用作粮食和食品的防霉剂。

2）气调防霉腐。气调防霉腐是生态防霉腐的形式之一。霉腐微生物与生物性商品的呼吸代谢都离不开空气、水分、温度这3个因素。只要有效地控制其中一个因素，就能达到防止商品发生霉腐的目的，如只要控制和调解空气中氧的浓度，人为地造成一个低氧环境，霉腐微生物生长繁殖和生物性商品自身呼吸就会受到控制。

气调防霉腐包装就是在密封包装的条件下，通过改变包装内空气组成成分，主要是创造低氧（5%以下）环境，来抑制霉腐微生物的生命活动与生物性商品的呼吸强度，从而达到对被包装商品防霉腐的目的。这也是气调防霉腐包装的原理。

气调防霉是充以对人体无毒性、对霉腐微生物有抑制作用的气体，以达到防霉腐的目的。目前主要是充二氧化碳和氮。二氧化碳在空气中的正常含量是0.03%。微量的二氧化碳对微生物有刺激生长作用；当空气中二氧化碳的浓度达到10%～14%时，对微生物有抑制作用，如果空气中二氧化碳的浓度超过40%时，对微生物有明显的抑制和杀死作用。包装材料必须采用对气体或水蒸气有一定阻透性的气密性材料，才能保持包装内的气体浓度。

气调防霉的关键是密封和降氧，包装容器的密封是保证气调防霉腐的关键。降氧是气调防霉腐的重要环节，目前人工降氧的方法主要有机械降氧和化学降氧两种。机械降氧主要有真空充氮法和充二氧化碳法。化学降氧是采用脱氧剂来使包装内的氧的浓度下降。

3）低温冷藏防霉。低温冷藏防霉是通过控制商品本身的温度，使其低于霉腐微生物生长繁殖的最低界限，控制酶的活性。它一方面抑制了生物性商品的呼吸氧化过程，使其自身分解受阻，一旦温度恢复，仍可保持其原有的品质；另一方面抑制霉腐微生物的代谢与生长繁殖来达到防霉腐的目的。

低温冷藏防霉所需的温度与时间应按具体商品而定。一般情况下，温度越低，持续时间越长，霉腐微生物的死亡率越高。按冷藏温度的高低和时间的长短，分为冷藏和冻藏两种。冷藏防霉腐包装适于含水量大又不耐冰冻的易腐商品，短时间在0℃左右冷却储藏，如蔬菜、水果、鲜蛋等。在冷藏期间霉腐微生物的酶几乎都失去了活性，新陈代谢的各种生理生化反应缓慢，甚至停止，生长繁殖受到抑制，但并未死亡。冻藏适于耐冰冻含水量大的易腐商品，较长时间在-18～-16℃冻结储藏，如肉类、鱼类。在冻藏期间，商品的品质基本上不受损害，商品上霉腐微生物同细胞内水变成冰晶脱水，冰晶水损坏细胞质膜而引起死伤。

识知 拓展

常见的易霉腐商品

商品的成分是决定商品霉腐的内因，由于商品本身的特点不同，而导致有些商品易于发生霉腐，比如含糖、蛋白质、脂肪等有机物质的商品；而另一些商品则不易发生，比如金属器具等。常见易于发生霉变的商品主要有：

1. 食品类

在一般情况下，食品类商品大都易于霉腐，比如糖果、糕点、饼干、罐头、饮料、香烟等，这些商品的原料、在制品和成品都易沾染微生物而腐烂变质。

2. 纺织原料及其制品

棉、麻、毛、丝等天然纤维及其制品，在一定的温度湿度条件下，很容易生霉。化纤织物中也会长霉腐微生物，属于可以发生霉变的商品。

3. 纸张及其制品

各种纸张、纸板及其制品含有大量的纤维素，能够被微生物利用，当温度和湿度适宜时极易发生霉变。

4. 橡胶和塑料制品

橡胶内含有微生物可以利用的营养成分，同时，无论橡胶还是塑料制品在加工过程中都加入了一些添加剂，其中有些成分容易被霉腐微生物利用，造成商品霉变。

5. 日用化学品

在日用化学品中，最易发生微生物灾害的是化妆品。由于其配料中含有甘油、十八醇、硬脂酸、水等，使其易被微生物利用，而导致商品腐烂。

6. 皮革及其制品

皮革是由蛋白质组成的，修饰皮革表面时又添加了一些微生物可利用的营养成分，一旦温湿度适宜，微生物就会在上面繁殖，从而对皮革及其制品产生严重的破坏作用。通常在春、夏季特别是梅雨季节，皮革及其制品容易长霉。

7. 工艺美术品

工艺品的种类繁多，所涉及的原料很广，如竹制品、草制品、木制品等。这些工艺品在运输、储藏过程中都可能发生霉变。

此外，一些文娱和体育用品、电器产品、药品等在适宜的温湿度条件下也容易发生霉腐。

4）干燥防霉。微生物生活环境缺乏水分即造成干燥，在干燥的条件下，霉菌不能繁殖，商品也不易腐烂。

干燥防霉主要是通过降低密封包装内的水分与商品本身的含水量，使霉腐微生物得不到生长繁殖所需水分来达到防霉腐目的。因为干燥可使微生物细胞蛋白质变性并使盐类浓度增高，从而使微生物生长受到抑制或促使其死亡。霉菌菌丝抗干燥能力很弱，特别是幼龄菌种抗干燥能力较弱。可通过在密封的包装内置放一定量的干燥剂来吸收包装内的水分，使内装商品的含水量降到允许含水量以下。

一般高速失水不易使微生物死亡；缓慢干燥霉菌菌体死亡最多，且在干燥初期死亡最快。菌体在低温干燥下不易死亡，而干燥后置于室温环境下最易死亡。

5）电离辐射防霉。电离辐射是一切能引起物质电离的辐射总称，其具有波长短、频率高、能量高等特点。

电离辐射的直接作用是当辐射线通过微生物时能使微生物内部成分分解而发生诱变或死亡。其间接作用是使水分子离解成为游离基，游离基与液体中溶解的氧作用产生强氧化基团，此基团使微生物酶蛋白的-SH基氧化，酶失去活性，因而使其诱变或死亡。

电离辐射一般是放射性同位素放出的 α、β、γ 射线，它们都能使微生物细胞结构与代谢的某些环节受损。α 射线在照射时被空气吸收，几乎不能到达目的物上。β 射线穿透力弱，只限于物体表面杀菌。γ 射线穿透作用强，可用于食品内部杀菌。射线可杀菌杀虫，照射不会引起物体升温，故可称其为冷杀菌。但有的食品经照射后品质可能变劣或得以改善。

电离辐射防霉腐包装目前主要应用 β 射线与 γ 射线，包装的商品经过电离辐射后即完成了消毒杀菌的作用，经照射后，如果保护其不再污染，配合适当的冷藏条件，则小剂量辐射能延长保存期数周到数月，大剂量辐射可彻底灭菌，长期保存。

实操技巧

商品安全水分与相对湿度要求

商品发霉所要求的湿度条件，包括商品含水量和相对湿度两个方面。商品含水量若超过安全水分时，就容易发霉，但还必须要看相对湿度，相对湿度越大，越易发霉，否则发霉的可能性越小。商品安全水分因种类而异，部分商品的安全水分和相对湿度及部分霉菌的生长湿度要求见下表。

部分商品安全水分与相对湿度要求参考表

商品名称	安全水分（%）	相对湿度（%）	商品名称	安全水分（%）	相对湿度（%）
棉花	11～12	85 以下	烤烟叶	12～14	50～80
棉布	9～10	50～80	苎麻	10～14	50～75
针棉织品	8 以下	50～80	卷烟	9～14	
毛织品	9～10	50～80	茶叶	10 以下	
皮鞋、皮箱	14～18	60～75	木耳	12～14	
晾烟叶	16～18	50～80	机制白砂糖	0.1～1	80 以上
晒烟叶	12～16	50～80			

部分霉菌生长的湿度要求

项 目	商品含水量(%)	相对湿度(%)	项 目	商品含水量（%）	相对湿度（%）
部分曲霉	13	70～80	毛霉、根霉、大部分曲霉	14～18	90 以上
青霉	14～18	80 以上			

二、金属商品的锈蚀防治技术

金属材料制成的商品如保管不好，很容易发生锈蚀而影响外观，严重时将失去使用价值。因此，搞好金属商品的防锈工作是十分重要的。

知识拓展

金属锈蚀的基本原理

金属与周围介质接触时，由于发生化学作用或电化学作用而引起的破坏叫作金属的腐蚀，一般也称为锈蚀。金属的腐蚀主要有两种，即化学腐蚀和电化学腐蚀。

1. 化学腐蚀

金属与气体（如 O_2、H_2S、SO_2、Cl_2 等）接触时，在金属表面生成相应的化合物而受到破坏，称为化学腐蚀。这种腐蚀在低温情况下不明显，但在高温时就很显著。

2. 电化学腐蚀

在潮湿环境中，金属与水及溶解于水中的物质接触时，因形成原电池而发生电化学反应所受到的腐蚀，称为电化学腐蚀。这种腐蚀作用可以连续进行，以至金属由表及里受到严重损坏。电化学腐蚀的本质是：在原电池作用下，金属原子放出电子，其他物质接受电子，金属以离子状态进入溶液，然后形成氢氧化物或氧化物而发生锈蚀，使金属受到损坏。电化学腐蚀是金属商品腐蚀的主要形式，这种腐蚀速度也是惊人的，不容忽视。

1. 影响金属商品锈蚀的主要因素

（1）金属生锈的内在因素

1）金属本身不稳定。金属是由金属原子所构成的，其性质一般较活泼。金属原子易失去电子成为阳离子而发生腐蚀，这是金属生锈的主要内在原因。

2）金属成分不纯。生产日用工业品的金属一般都含有杂质，金属成分不纯，在大气环境下表面形成电解质薄膜后，金属原子与杂质之间容易形成无数原电池，发生电化学反应而使金属受到腐蚀。

3）金属结构不均匀。金属在机械加工过程中，也会造成变形不均匀，一般在金属材料的划伤处、焊接处、弯曲部位、表面不完整处等，都容易发生电化学腐蚀。

（2）影响金属生锈的外界因素

1）空气相对湿度的影响。金属的锈蚀主要是电化学腐蚀，电化学腐蚀是在表面上形成极薄的一层液膜下进行的。因此，空气中相对湿度是影响金属腐蚀的主要因素。当相对湿度超过85%时，金属表面就易形成电解质液膜，从而构成了电化学腐蚀的条件。

2）空气温度的影响。通常情况下，温度越高金属商品腐蚀速度越快。当空气温度变化大时，金属表面容易出现"出汗"现象，形成电解质液膜，加剧金属锈蚀，这对五金商品的安全储存和运输是一个很大的威胁。

3）腐蚀性气体的影响。空气中的二氧化碳对金属腐蚀危害很大。此外，硫化氢、氯化氢、二氧化硫、氨气、氯气等气体，对金属都具有强烈的腐蚀性。

4）空气中杂质的影响。空气中的灰尘、煤烟、砂土等杂质，附着在金属表面易产生原电池反应，造成金属商品的腐蚀。

2. 金属商品的防锈技术

金属商品的锈蚀主要是电化学腐蚀所造成的。因此，金属商品的防护主要是防止形成原电池反应。

（1）控制和改善储存条件

金属商品储存的露天货场应选择地势高、不积水、干燥的场地，要尽可能远离工矿区，特别是化工厂。

较精密的五金工具、零件、仪器等金属商品，应选择便于通风和密封、地潮小、库内空气温湿度容易调节和控制的库房储存，严禁与化工商品、含水量较大的商品同库储存。

金属商品入库时，必须对商品质量、包装等进行严格验收，合理安排好仓位、货架和货垫，并定期检查。仓库要保持干燥，相对湿度不要超过75%，防止较大的温差，以免使金属商品出现"出汗"现象。

（2）涂油防锈

涂油防锈是目前应用比较普遍的一种防锈方法。这种方法是在金属表面涂（或浸、喷）一层防锈油薄膜，使金属商品与大气中的氧、水以及其他有害气体隔离。涂油防锈方法简便，一般效果也较好，但它属于短期防锈法，随着时间的推移，防锈油逐渐消耗，或者由于防锈油的变质，而金属商品又有重新生锈的危险。涂油防锈常用的油剂有凡士林、黄油、金损耗系统用油（机油）和防锈油等。

（3）气相防锈

一些具有挥发性的化学药品在常温下会迅速挥发出气体物质，这些气体物质吸附在金属表面，可以防止和延缓金属商品的锈蚀。气体可充满包装所有的空间，因此它适应于结构复杂、不易被其他防锈涂层保护的金属材料商品。

（4）可剥性塑料封存

可剥性塑料是用高分子合成树脂为基础原料，加入矿物油、增塑剂、防锈剂、稳定剂以及防霉剂等制成的一种防锈包装材料。可剥性塑料有热熔型和溶剂型两种，前者加热熔化后，浸涂于金属商品表面，冷却后能形成一层塑料薄膜层；后者用溶剂溶解后，浸涂于金属表面，溶剂挥发后也能形成一层塑料薄膜层。这两种薄膜层都有阻隔外界环境不良因素、防止金属商品生锈的效用，启封时用手即可剥除。

三、储存商品的虫害防治技术

仓储商品中，很多是以动物毛皮和植物为原料制成的，这些商品含有蛋白质、淀粉、纤维素等为害虫所喜好的成分，因而常易遭受害虫的危害。因此，必须认真搞好储存商品的虫害防治工作。

1. 仓库害虫的主要来源

（1）由商品或包装带入

如竹木制品、毛皮、粮食等商品，害虫已在原材料上产卵或寄生，以后在加工过程中，又未采取杀灭措施，进仓后遇到适宜的条件，就会滋生起来。

（2）商品和包装在加工或储存过程中感染害虫

商品和包装原材料在加工时，接触的加工设备、运输工具隐藏着害虫，或与已生虫的商品堆放在一起，受到感染等都会把害虫带入仓库。

（3）库房不卫生

仓库的墙壁、梁柱、门窗、垫板等缝隙中隐藏着害虫，以及库内的杂物、垃圾等未清除干净而潜伏的害虫，在商品入库后危害商品。

（4）库外害虫侵入仓库

仓库外部环境中的害虫飞入或爬入库房内，在库内生长繁殖，危害商品。

2. 仓库害虫的防治技术

仓库害虫的防治，应贯彻"以防为主，防治结合"的方针，掌握仓库害虫的发生规律和季节，根据商品的性质做好防治工作。

（1）仓库害虫的预防

要杜绝仓库害虫的来源和传播，必须做好以下几点：

1）搞好清洁卫生，使害虫无藏身之处，库外三不留（不留垃圾、不留杂草、不留污水），库内墙壁梁柱无缝隙。

2）对入库商品严格检查验收和处理，防止带虫或虫伤商品、商品包装及工具器材等进入仓库。

3）做好库房消毒工作，空仓可用消毒杀菌药剂等喷洒、熏蒸杀菌消毒。对已被害虫感染的商品、器材、包装、库房等认真处理，做好消毒工作。

（2）仓库害虫的药物防治

使用各种化学杀虫剂，通过胃毒、触杀或熏蒸等杀灭仓库害虫，这是当前防治仓库害虫的主要措施。其优点是杀虫力强，防治效果好；缺点是对人畜有毒。在使用时要注意安全，并要注意不能损伤商品质量。常用的防虫、杀虫药剂有以下几种：

1）驱避剂。驱避剂的驱虫作用是利用易挥发并具有特殊气味和毒性的固体药物，使挥发出来的气体在商品周围经常保持一定浓度，从而达到驱避害虫的目的。这类药物常用的有樟脑精、二氯化苯、萘等。

2）熏蒸剂。熏蒸剂能汽化放出剧毒气体，通过呼吸系统毒杀机理，杀死害虫。熏蒸剂挥发的气体，渗透力很强，不仅能杀死商品外表的害虫，甚至能杀死商品内部的害虫，有的还对害虫的卵、幼虫、蛹、成虫等各个虫期都有效。属于这类药剂的有氯化苦、溴甲烷、磷化铝等。

3）胃毒剂和触杀剂。通过胃毒、触杀作用杀灭害虫，有的也兼有熏蒸作用。常用于仓库和环境消毒杀菌的有敌敌畏、敌百虫等药剂。

仓库害虫的防治技术，除了药物防治外，还有气调防治法、高低温防治法、物理防治法、生物防治法及辐射防治法等各种方法。

识知 拓展

常见的易虫蛀、鼠咬的商品

容易虫蛀、鼠咬的商品主要是由一些营养成分含量较高的动植物原料加工制成的商品，常见的主要有：

（1）纺织品，特别是毛丝织品。

（2）毛皮、皮制品，包括皮革及其制品、毛皮及其制品等。

（3）竹藤制品。

（4）食品。

（5）纸张及纸制品，包括纸张及其制品和很多商品的纸制包装物。

（6）木材及其制品。

四、储存商品的老化防治技术

老化是一种不可逆的变化，它与高分子商品的成分、结构及储存使用环境等有着密切的联系。

1. 商品老化的内在因素

影响高分子商品老化的内在因素主要有：

（1）高分子化合物的分子组成与结构。组成高分子材料的高分子化合物分子链结构中，存在着不饱和的双键或大分子支链等，在一定条件下易发生分子链的交联或降解。

（2）其他添加剂组分。塑料中的增塑剂会缓慢挥发或促使霉菌滋生；着色剂会产生迁移性色变；硫化剂会产生多硫交联结构，降低橡胶的耐老化能力等。

（3）组分中杂质。在高分子化合物的单体制造、缩合聚合及高分子与添加剂的配合过程中，会带入极少量的杂质成分，它们对高分子商品的耐老化性有较大的影响。

（4）加工成型条件。高分子材料在加工成型的过程中，由于加工温度等的影响，使材料结构发生变化而影响商品的耐老化性能。

2．商品老化的外部因素

影响高分子商品老化的外部环境因素主要有：

（1）阳光。阳光（特别是光线中的紫外线）对高分子的分子链及材料中各组分的老化起催化作用。

（2）空气中的氧气。氧气特别是臭氧也能加速高分子商品的老化。

（3）温度的变化。温度过高，使高分子材料变软或发黏；温度过低，使高分子材料变硬或发脆。

此外，水分和湿度、微生物、昆虫排泄物、重金属以及重金属盐等，也会对高分子商品的老化起加速作用。

3．商品防老化的方法

根据影响商品老化的各种内外因素，高分子商品的防老化可以采用以下方法：

（1）改变高分子化合物的工艺配方，以达到改变高分子化合物的结构性能，可提高高分子商品的抗老化性。

（2）添加助剂。根据不同高分子材料所产生老化现象的机理，加工时在原料中添加抗氧剂、紫外线吸收剂、热稳定剂等各种防老剂，用以延缓高分子商品的老化。

（3）表面处理。在高分子材料表面浸喷涂料、金属粉末、蜡等作保护层，使之与空气、阳光、水分、微生物等隔绝，以达到延长老化时间的目的。

（4）加强管理、严格控制仓储条件，也是高分子商品防老化的有效方法。

实操技巧

几种商品的温湿度要求

种　类	温度/℃	相对湿度（%）	种　类	温度/℃	相对湿度（%）
塑料制品	5～30	50～70	重质油、润滑油	5～35	≤75
压层纤维塑料	0～35	45～75	轮胎	5～35	45～65
树脂、油漆	0～30	≤75	绝缘电线	0～30	45～60
汽油、煤油、轻油	≤30	≤75	轴承、钢珠、滚针	5～35	60

第四节 食品的储存与保鲜

食品在储存过程中往往由于本身的特性和外界环境的影响，会发生各种各样的变化而使其质量和数量方面受到损失，因此作为仓管员需要在日常的工作中弄清楚食品在储存中的各种变化，确定适宜的储存方法和条件，实施对常见食品的科学养护。

在食品商品储存过程中如果忽视管理，不仅会增加损耗降低质量，而且在受到微生物污染后还会危及人体健康。因而根据食品的储存性能、质量变化规律，采取措施防止食品变质，保持食品的新鲜是十分重要的。

一、食品储存中的质量变化

食品在储存中往往由于本身的特性和外界环境的影响，会发生各种变化，其中有属于霉变引起的生理生化和生物学变化，有属于微生物污染造成的变化，还有属于外界环境温度、湿度影响而出现的化学和物理变化等。所有这些变化都会使食品质量和数量方面受到损失。下面主要介绍食品储存中由微生物引起的变化。

1. 腐烂

腐烂多发生在那些富含蛋白质的动物性食品中，如肉类、禽类、鱼类、蛋制品等，在植物性食品中的豆制品也容易发生腐烂。引起食品腐烂的主要微生物是细菌，特别是那些能分泌体外蛋白质分解酶的腐败细菌。

2. 霉变

霉变是霉菌在食品中繁殖的结果。霉菌能分泌大量的糖酶，因此富含糖类的食品容易发生霉变，如粮食、糕点、面包、饼干、淀粉制品、水果、蔬菜、干果、干菜、茶叶、卷烟等。霉变的食品，不仅营养成分损失、外观颜色因霉菌的寄生被污染，而且带有霉味，如果被含毒素的黄曲霉污染，还会产生致癌性的黄曲霉毒素，所以储存中要防止食品的霉变。

3. 发酵

发酵在食品发酵工业中有广泛的应用，但在食品储存中却能引起食品的变质。发酵是在微生物的酶作用下，使食品中的单糖发生不完全氧化的过程。食品储存中常见的发酵有酒精发酵、醋酸发酵、乳酸发酵和酪酸发酵等。

（1）酒精发酵。含糖分的食品（如水果、蔬菜、果汁、果酱、果蔬罐头等）在储存中发生酒精发酵后会产生不正常的酒味。水果、蔬菜在严重缺盐的条件下由于缺氧呼吸的结果，也会产生酒味。这都表明它们的质量已发生变化。

（2）醋酸发酵。某些食品因醋酸发酵可能完全失去食品价值，如果酒、黄酒、果汁、果酱、果蔬罐头等。

（3）乳酸发酵。食品在储存中发生乳酸发酵不仅能使风味变劣，而且还因乳酸能改变食品的 pH，造成蛋白质凝固、沉淀等变化，鲜奶的凝固就是一例。

（4）酪酸发酵。酪酸发酵是食品中的糖在酪酸菌的作用下产生酪酸的过程。食品储存中因酪酸发酵产生的酪酸，会使食品带有令人讨厌的气味，如鲜奶、奶酪、豌豆等食品变质时就有这种酪酸气味。

二、食品储存的原理

1. 维持食品最低生命活动

新鲜果蔬等鲜活食品采收后仍然进行着生命活动，但因已脱离植株，不再有养料供应，故其化学反应只能向分解方向进行而不再合成。生命活动越旺盛其分解越迅速，体内储存物质减少越快，组织结构也就随之迅速瓦解或解体而不能久藏。因此，对此类食品往往通过保持它们正常而最低的生命活动，充分利用食品本身的抗病性和耐储性，达到保持鲜活质量和减小损耗的目的。常用的方法是冷藏。

2. 抑制食品生命活动

某些物理化学因素可以使食品中微生物的生长发育和酶的活性受到抑制，从而延缓其腐烂变质过程。但这些因素一旦消失，微生物和酶的活动将迅速恢复，食品也随即腐烂变质。因此，这只是一种暂时性的保藏措施。属于这类方法的有冷藏、气调、高渗透压（如干制、腌制、糖渍）、烟熏及使用添加剂等。

3. 运用发酵产物抑制腐烂微生物的活动

利用有益的微生物的发酵活动，建立起能抑制腐烂微生物生长活动的条件，从而延缓食品腐烂变质。乳酸发酵、醋酸发酵和酒精发酵的主要产物——酸和酒精，就是抑制腐烂菌生长的有效物质。

4. 利用无菌原理

利用热处理、微波、辐射、过滤等方法对食品进行处理，将食品中腐烂菌数量减少或者消灭到能长期储藏所容许的最低限度并维持这种状况，可防止储藏期内腐烂变质。

常见的食品防腐保鲜方法及其对微生物的作用见表7-1。

表7-1　食品储存方法及其对微生物的作用

序　号	食品储存方法	对微生物的作用
1	冷藏（低温状态与储存）	低温以抑制生长
2	冷冻（冻结状态和储存）	低温并降低水分活性以抑制生长
3	干制、熏制、糖渍	降低水分活性，明显地降低和抑制微生物的生长
4	真空或缺氧"气调"包装、高二氧化碳的"气调包装"	氧分压降低可以抑制专性需氧菌和使兼性厌氧菌生长缓慢，二氧化碳对一些微生物有特别的抑制作用
5	加酸	降低pH，抑制细菌生长繁殖
6	酒精挥发	提高酒精的浓度
7	乳化	在乳液中，水被高度分散，与食品的营养成分有明显的界面分开
8	乳酸与醋酸发酵	降低pH，并且所产生的乳酸与醋酸均可起到抑菌作用
9	加入防腐剂	抑制特定的菌属

（续）

序　号	食品储存方法	对微生物的作用
10	巴氏消毒和杀菌	用足够的热量使需杀死的微生物失活，以达到允许的水平
11	辐射	以足够剂量的射线使微生物失活
12	无菌加工	防止二次污染
13	消毒	把包装材料和食品组分分别用热、射线或者化学工业药品处理，以减少微生物的污染

边讲边练

　　中国是茶的故乡，制茶、饮茶已有几千年历史。茶叶中含有大量氨基酸、糖类、多酚类、维生素、芳香物质等营养成分，是我国人民常用的保健饮料，但茶叶的保存要受许多因素的影响，如阳光、温度、水分、空气等，怎样储存茶叶呢？

　　【提示】首先，茶叶必须储存在干燥、阴凉、通风良好，无日光照射，具备防潮、避光、隔热、防尘、防污染等防护措施的库房内，并要求进行密封。其次，茶叶应专库储存，不得与其他物品混存，尤其严禁与药品、化妆品等有异味、有毒、有粉尘和含水量大的物品混存。库房周围也要求无异味。最后，一般库房温度应保持在15℃以下，相对湿度不超过65%。

三、食品的储存方法

1. 低温储藏

　　食品低温保藏，即降低食品的温度，并维持低温或冻结状态，以便阻止或延缓食品的腐烂变质，从而达到较长时期地保藏食品的目的。

　　（1）食品低温储藏。食品的变质腐烂主要是食品内酶所进行的生化过程（如新鲜果蔬的呼吸过程）和微生物生命活动所引起的破坏作用所致。而酶的作用、微生物的繁殖以及食品内所进行的化学反应速度都受到温度的影响。大多数酶的适宜活动温度为 $30\sim40℃$，温度下降，酶的活性就会被削弱，将温度维持在$-18℃$以下，酶的活性就会受到很大程度的抑制。同时任何微生物也都有其正常生长和繁殖的温度范围，温度越低，它们的活动能力也越弱。0℃时微生物的繁殖速度与室温时相比也非常缓慢，短期储藏食品的温度通常在 0℃ 左右。$-10\sim-7℃$时只有少数霉菌尚能生长，而所有细菌和酵母几乎都停止了生长，所以$-12\sim-10℃$比较适合食品较长期储藏。

　　（2）食品的冷藏。冷藏是先将食品在低温下冻结，然后在保持冻结状态的温度下储藏的方法。冷藏是易腐食品长期储藏的主要方法。食品的冻结方法可分为缓冻与速冻两种。

　　所谓缓冻，是指将食品放于冻结室内（室温一般为 $18\sim40℃$）进行冻结的方法。常在缓冻室内冻结的食品有牛肉、猪肉、箱装家禽、盘装整条鱼、大容器或桶装水果。这是比较古老的方法，也是费用最低、速度较慢的冻结方法。

　　所谓速冻，是指在$-30℃$或更低的温度下冻结，使食品在较短时间（一般为 30 分钟）通过最大的冰晶生成带（从-1℃降到-5℃）的冻结方法。速冻食品的品质总高于缓冻食品。

冻结易腐食品的储藏，应尽可能防止食品中的各种变化，以达到长期保藏食品的目的。冻结食品的储藏工艺条件主要是温度，其次是空气相对湿度和空气流速。

实操技巧

部分易腐食品的冷藏工艺要求

食 品 名 称	冷藏温度/℃	相对湿度（%）	最长储存期
鲜蛋	-1～0.5	80～85	6个月
苹果	-1～1	85～90	2～7个月
橘子	0～1.2	85～90	8～10星期
柚子	0～10	85～90	3～12个月
梨	-0.5～1.5	85～90	1～6个月

2．加热灭菌储存

利用加热杀灭食品中的绝大部分微生物和破坏食品中酶的活性储存食品的方法，被称为加热灭菌储存法。经过加热灭菌处理的食品，必须同时采用密闭和真空包装并及时冷却降温，才能长期储存，否则，由于微生物的二次感染或者储存温度过高还会使食品变质。加热灭菌的方法有高温灭菌法和巴氏消毒法。

高温灭菌法主要用于罐头食品和蒸煮袋装食品，其加热温度一般为100～120℃，也有超高温达135℃以上的。在70～80℃条件下，对于绝大多数细菌与真菌经过20～30分钟即可死亡。但是，能产生孢子的真菌、能产生芽孢和荚膜的细菌耐热性很强，必须在100℃以上的高温中经30分钟甚至几个小时的处理才能死亡。因此，为了彻底灭菌，保证食品的卫生质量，罐头食品多采用高温灭菌。灭菌时温度越高，灭菌时间可以相对缩短。

巴氏消毒浊一般常用于不适于高温加热或做短期储存的食品，如鲜奶、果汁、果酒和清凉饮料等。按照加热温度和时间的不同，又可分为高温短时间灭菌和低温长时间灭菌。前者一般采用的温度为80～90℃，加热1分钟或30秒钟；后者一般采用的温度为60～65℃，加热30分钟。巴氏消毒法采用的加热温度低，往往对于食品的营养成分破坏较小，但灭菌不彻底，不能长期储存。

3．干藏

食品脱水干制，是为了能在室温条件下长期保藏，以便延长食品的供应季节，平衡产销高峰，交流各地特产，储备供救急、救灾和战备用的物资。食品脱水后，重量减轻，容积缩小。最常见的干燥方法有滚筒干燥、喷雾干燥、架式真空干燥、输送带式真空干燥、柜式干燥、窑房式干燥、隧道式干燥等。以上这些均属人工干制法，它们都需要专用的干燥设备。此外，还有自然干制法，即晒干、风干和阴干等。

4．化学防腐保鲜

食品的化学保藏就是在食品生产和储运过程中使用化学制品（化学添加剂或食品添

加剂）来提高食品的耐藏性和尽量保持其原有品质的措施。其优点是：只需在食品中添加化学制品如化学防腐剂、生物代谢物或抗氧剂等，就能在室温下延缓食品的腐烂变质，与罐藏、冷冻保藏、干藏等相比具有简便而又经济的特点。食品采用化学保藏所用的防腐剂或添加剂必须对人体无毒害。这些化学制剂可分为抗菌剂和生物代谢产物。用于易腐食品处理的化学制剂主要以下几种：

（1）二氧化硫。强力的还原剂，可以减小植物组织中氧气的含量，抑制氧化酶和微生物的活动，从而能阻止食品变质变色和维生素 C 的损耗。

（2）山梨酸及其钾盐。能有效地控制肉类中常见的霉菌，作为防腐剂可用于鱼肉制品、鱼贝干燥品、果酱及甜酸渍制品，也可用于新鲜果蔬的储前处理。

（3）苯甲酸和苯甲酸钠。它们是有效的杀菌防腐剂，常用于保藏高酸性果汁、果酱、饮料糖浆及其他酸性食品，并常和低温配合使用。以其处理后的食品如与冷藏相结合，则食品的储藏期将大为延长。

（4）抗生素。某些微生物在新陈代谢中能产生一种对其他微生物有杀害作用的物质，称为抗生素。例如，金霉素、氯霉素、土霉素、枯草菌素、乳酸链球菌素等，其抗菌效能为普通化学防腐剂的 100～1 000 倍，但其抗菌效能是有选择性的。抗生素可通过浸泡法、喷洒法、抗生素冰块保藏法，以及家畜饲养法或注射法应用于食品保藏。

（5）植物杀菌素。它是各种植物中含有的抗菌物质。杀菌素只能取自新鲜的植物，当它们从刚被破碎和磨碎的植物中取得时其杀菌作用最强。目前已经研究过芥菜籽（油）、辣根及生姜汁等用于食品的防腐保鲜。

此外，为了延缓或阻止氧气所导致的氧化作用，食品保鲜还常添加一些抗氧剂，目前常见的抗氧剂主要用于防止食品异味的褐变。

边讲边练

啤酒是人类最古老的酒精饮料，是水和茶之后世界上消耗量排名第三的饮料。啤酒已渐渐成为许多人夏日解暑的佳品，啤酒属于发酵酒类，酒精含量较低，啤酒是越新鲜越好的酒类，因此啤酒储存不好将会变质。那么我们应该怎么储存保管啤酒呢？

【提示】

首先，啤酒入库验收时外包装要求完好无损、封口严密，商标清晰；啤酒的色泽清亮，不能有沉淀物；内瓶壁无附着物；抽样检查具有正常的酒花香气，无酸、酶等异味。

其次，鲜啤酒适宜储存温度为 0～15℃，熟啤酒适宜储存温度为 5～25℃，高级啤酒适宜储存温度为 10～25℃，库房相对湿度要求在 80% 以下。

再次，瓶装啤酒堆码高度为 5～7 层，不同出厂日期的啤酒不能混合堆码，严禁倒置。

最后，严禁阳光暴晒，冬季还应该采取相应的防冻措施。

5．气调储藏

果蔬在储藏期间的呼吸作用是使果蔬衰老、品质下降的一个主要原因。近年来，气调储藏技术得到了广泛重视。气调储藏是通过改变库内气体成分的含量，利用比正常空气的氧含量低、二氧化碳和氮的含量高的气体环境，配合适宜的温度，来显著地抑制果蔬的呼吸作用和延缓变软、变质及其他衰老过程，从而延长果蔬的储藏期限，减少干耗和腐烂，保持鲜活质量。气调方法主要有以下几种：

（1）自发或自然气调法。将果蔬储于一个密封的库房或容器内，由于果蔬本身的呼吸作用不断消耗库房和容器内的氧气而放出二氧化碳，因此在一定时间后，氧气逐渐减少，二氧化碳逐渐增加，当这两者达到一定的比例时，即会造成一个抑制果蔬本身呼吸作用的气体环境，从而达到延长果蔬储藏期的目的。

（2）人工气调法。人为地使封闭的空间内的氧含量迅速降低，二氧化碳含量升高，几分钟至几小时内进入稳定期。人工气调法有：①充氮法，封闭后抽出储藏室内大部分空气充入氮气，由氮气稀释剩余空气中的氧气，使其浓度达到所规定的指标，有时充入适量二氧化碳也可使之立即达到要求的浓度。②气硫法，把预先由人工按要求指标配制好的气体输入专用的储藏室，以代替其中的全部空气，在以后的整个储藏期间，始终连续不断地排出部分内部气体充入氮气，把氧气循序降到10%左右，然后依靠果蔬本身的呼吸作用来消耗氧气直至降到规定的空气组成指标范围后，再根据气体成分的变化来调节控制。

6. 减压储藏

减压储藏是气调冷藏的进一步发展，它把储藏场所的气压降低，造成一定的真空度。其原理是，通过降低气压使空气中各种气体组分的分压都相应地降低，创造出一个低氧分压的条件，从而起到类似气调储藏的作用。

减压储藏库的气密性要求比气调储藏库更高，否则达不到减压的目的，这样将使减压储藏库的造价提高。虽然当前生产上还未普及，但由于它能克服气调储藏中的许多缺点，所以仍然是果蔬储藏中的一种先进而理想的方式。

7. 辐射保藏

食品辐射保藏就是利用射线的辐射能量，对新鲜肉类及其制品、水产品及其制品、蛋及其制品、粮食、水果、蔬菜、调味料，以及其他加工产品进行杀菌、杀虫、抑制发芽、延迟后熟等处理，使其在一定期限内不发芽、不腐烂变质、不发生品质和风味的变化，以增加食品的供应量和延长保藏期，从而可以最大限度地减小食品的损失。

辐射保藏食品方法与其他保藏方法相比有其独特的优点：和化学药物保藏法相比，它无化学残留物质；和加热处理法相比，它能较好地保持食品的原有显现品质；和食品冷冻保藏相比，它能节约能源。所以，辐射是一种较好的保藏食品的物理方法之一，但辐射的方法不完全适用于所有食品，要有选择地应用。

8. 电子保鲜储藏

近年来国外应用电子技术对果品、蔬菜进行保鲜储藏已得到广泛应用，国内也正在进行研究。电子保鲜储藏器，就是运用高压放电，在储存果品、蔬菜等食品的空间产生一定浓度的臭氧和空气负离子，使果品、蔬菜生命活体的酶钝化，从而降低果品的呼吸强度。

电子保鲜储藏器，从分子生物学角度看，果品、蔬菜可看成一种生物蓄电池，当受到带电离子的空气作用时，果品、蔬菜中的电荷就会起到中和的作用，使生理活动出现类似假死现象，呼吸强度因此而减慢，有机物消耗也相对减小，从而达到储藏保鲜的目的。

用超高压技术保鲜食品

来自食品技术行业的消息指出，超高压食品技术是一种理想的非热力杀菌保鲜技术，其特点是：温度升高值很小，能很好地保留食品原有的风味、营养和保健成分；杀菌快速、高效、均匀；能耗比热力杀菌法更低；可提高食品卫生安全性；有利于环保。经超高压处理的食品，符合现代食品"天然、营养、卫生、安全"的发展方向，市场潜力巨大。

超高压食品技术是这样一种措施：将食品密封于弹性容器或置于无菌压力设备中，用100兆帕以上超高压处理一段时间，从而达到杀菌保鲜、保存食品的目的。

用超高压处理时，在液体介质中的食品物料体积被压缩，超高压产生的极高的静压不仅会影响细胞的形态，还能使形成的生物高分子立体结构的氢键、离子键和疏水键等非共价键发生变化，使蛋白质凝固、淀粉等变性，使酶失活或激活，使细菌、寄生虫、病毒等生物被杀死。超高压技术也可用来改善食品的组织结构或生成新型食品。

食品杀菌时所用的超高压力一般在200～600兆帕之间，多种生物体经200兆帕以上加压处理即会出现生长迟缓，甚至死亡。一般情况下，寄生虫的杀灭和其他生物体相近，只要低压处理即可杀死，病毒在稍低的压力下即可失活，无芽孢细菌、酵母、霉菌的营养体在300～500兆帕压力下可被杀死，而芽孢杆菌属和梭状芽孢杆菌属的芽孢对压力比其营养体具有更强的抵抗力，需采用更高的压力才会被杀灭。压力处理的时间与压力成反比，压力越高，则处理所需的时间越短。

利用超高压对食品杀菌，是一个纯物理过程，具有瞬间压缩、作用均匀、操作安全、温度升高值小、耗能低、污染少、利于环保的特点。

用超高压技术处理食品，可达到高效杀菌的目的，且对食品中的维生素、色素和风味物质等低分子化合物的共价键无明显影响，从而使食品能较好地保持原有的色、香、味、营养和保健功能，这是超高压技术的突出优点，也是超高压技术与其他常规食品杀菌技术的主要不同之处。

蒸汽、远红外、微波、高频电场和电磁场等食品杀菌技术，都存在较明显的热效应，加工过程中温度的升高较明显。采用热力杀菌，会对保健食品的热敏性功能成分造成破坏，导致保健作用降低、产生异味，有的功能成分会降解为没有任何保健作用的物质。利用辐照方法处理食品，虽然温度的变化值较小，但会发生辐照裂解反应，产生复杂的化学物质和辐照异味；而且，辐照食品的安全性尚无定论，日本、欧盟等西方国家禁止或者限制辐照食品的进口；消费者对包装上已经明示的辐照食品，也持十分谨慎的购买态度。

超高压能破坏高分子的氢键、离子键，对共价键影响小，尤其对食品中的小分子色素、维生素、氨基酸、多肽、果酸、果糖、呈香物质和果蔬抗诱变活性成分等物质的破坏作用较小。经超高压处理的功能食品，能较好地保持功能因子的活性和产品的原有风味，符合现代功能食品"天然、营养、卫生、安全"的发展方向。超高压技术在功能食品的开发和生产中，具有重要的应用价值。

实操训练

沃尔玛超市商品养护方案调研

沃尔玛公司由美国零售业的传奇人物山姆·沃尔顿先生于1962年在阿肯色州成立。经过50多年的发展,沃尔玛公司已经成为美国最大的私人雇主和世界上最大的连锁零售商,多次荣登《财富》杂志世界500强榜首及当选最具价值品牌。

总部位于美国阿肯色州的沃尔玛集团在当地时间2016年4月29日发表声明称,公司计划于2017年前在中国大陆新开115家分店,为劳动市场增设3万个职位。沃尔玛之前曾经表示,将在2016年前从目前的大约400家分店增加到480家。

报道称,美国《华尔街日报》认为,沃尔玛此举是企图加强在中国大陆零售市场的竞争性,特别是面对中国对手分店布点绵密,以及不容轻视的网上零售兴起的挑战。

"沃尔玛"是世界闻名的以零售业为主的商业集团,在沃尔玛,消费者可以买到日常生活所用的几乎所有生活用品。大到家用电器,小到针头线脑,其所售的商品价格合理甚至低廉,很少发现同样商品价格有超过其他商场的,因此利润极低。沃尔玛的创始人山姆·沃尔顿曾经说过:"卓越的顾客服务是我们区别于其他所有公司的特色所在,向顾客提供他们所需的东西,并且再多一点服务,让他们知道你重视他们。"

沃尔玛全球的连锁超市越来越多,竞争也越来越大。超市里的食品是否吃得安全,家具用品是否能用得放心呢?这一系列问题都是影响超市有效运营的至关重要的问题,都是我们所担心的问题,沃尔玛超市在这方面经过多年积累了很多丰富的经验,值得我们去借鉴和学习,请学生对沃尔玛超市"糖、酒、食品、粮油以及卷烟"的养护工作进行调研,写出超市相关商品的养护方案。

学习效果检测

一、单选题

1. 下列不属于商品的物理机械变化的有（   ）。

    A. 挥发   B. 溶化   C. 沉淀   D. 水解

2. 商品的物理性质不包括（   ）。

    A. 吸湿性   B. 导热性   C. 耐热性   D. 腐蚀性

3. 摄氏温度25度,对应的华氏温度为（   ）度。

    A. 70   B. 77   C. 86   D. 90

4. 一天之中,绝对湿度最高的是（   ）。

    A. 6点   B. 9点   C. 12点   D. 15点

5. 就某一种仓库害虫来说,从发育始点上升到一定温度范围内,仓库害虫能正常生长发育、活动和繁殖,这个温度范围被称为（   ）。

    A. 发育始点   B. 有效温度

    C. 最适温度   D. 不活动温区

二、多选题

1. 仓库害虫防治中的预防措施有（　　　　）。
   A. 检疫防治　　　　　　　　　　　　B. 清洁防治
   C. 管理防治　　　　　　　　　　　　D. 机械防治

2. （　　　　）是鲜活食品储存中最基本的生理变化。
   A. 呼吸作用　　　　　　　　　　　　B. 后熟作用
   C. 萌发和抽薹　　　　　　　　　　　D. 蒸腾和发汗

3. 影响鲜活食品呼吸强度的外界条件主要是（　　　　）。
   A. 温度　　　　　　　　　　　　　　B. 湿度
   C. 空气成分　　　　　　　　　　　　D. 营养物质
   E. 酸碱度

4. 能够出现萌发与抽薹现象的蔬菜是（　　　　）。
   A. 马铃薯　　　　　B. 洋葱　　　　　C. 大蒜　　　　　D. 萝卜
   E. 大白菜

5. 下列商品中容易挥发的商品是（　　　　）。
   A. 酒精　　　　　　B. 香精　　　　　C. 香水　　　　　D. 石蜡
   E. 食盐

6. 防止商品挥发的主要措施包括（　　　　）。
   A. 加强包装密封性　　　　　　　　　B. 控制环境温度
   C. 控制环境湿度　　　　　　　　　　D. 调节空气成分

7. 下列商品属于易溶化商品的是（　　　　）。
   A. 食糖　　　　　　B. 食盐　　　　　C. 明矾　　　　　D. 石蜡
   E. 松香

8. 常见易被串味的商品有（　　　　）。
   A. 木耳　　　　　　B. 茶叶　　　　　C. 腌肉　　　　　D. 肥皂
   E. 食糖

9. 影响商品质量变化的外界因素包括（　　　　）。
   A. 氧气　　　　　　B. 日光　　　　　C. 温度　　　　　D. 湿度
   E. 有害气体

10. 引起商品霉腐的外界因素是（　　　　）。
    A. 水分　　　　　　B. 湿度　　　　　C. 温度　　　　　D. 空气
    E. 商品中的营养物

三、填空题

1. 密封储存按形式分为（　　　　）、（　　　　）、（　　　　）、（　　　　）等。
2. 通风方法分为（　　　　）、（　　　　）。
3. 吸潮方法主要有（　　　　）和（　　　　）。
4. 引起商品霉腐的微生物有（　　　　）、（　　　　）和（　　　　）。

5．微生物的呼吸作用可以分为（　　　　　　　）和（　　　　　　　）。

6．仓库害虫的防治方针是（　　　　　　　　　　）。

四、判断题

1．商品的物理变化是指改变物质本身的外表形态，没有新物质生成。（　　）

2．商品的化学变化与物理变化最本质的区别是有新物质生成。（　　）

3．引起商品变化的因素有内因和外因两种，其中外因是变化的根据，内因是变化的条件。（　　）

4．在食品储藏中应做到保持较弱的有氧呼吸，防止缺氧呼吸。（　　）

5．新鲜的肉类多呈鲜红色或紫红色。（　　）

6．新鲜的肉类多呈暗红色或暗褐色。（　　）

7．绿色蔬菜在煎炒过程中加入醋类，可以防止叶绿素分解。（　　）

第八章

商品与环境和资源

【知识目标】理解环境的内涵和自然资源的主要构成，明确商品生产和消费过程对资源及环境的影响，掌握环境保护和可持续发展的主要做法，熟悉绿色生产的主要途径。

【能力目标】能够对常见商品生产对环境的破坏做出正确判断。

商品生产和消费过程中不可避免地会造成对环境和资源的破坏，当下环境问题日渐突出。通过本章的学习，要求学生了解商品生产与环境、资源的关系，熟悉商品生产对资源、环境造成的影响及可持续发展的重要意义，深刻理解保护资源、保护环境的历史意义，培养学生的环境保护意识。

第一节 商品生产与环境保护

人类的一切生产活动都直接或间接地取自环境，商品的生产和流通活动更是离不开人类所处的各种环境。随着环境问题规模的扩大和程度的加深，资源环境矛盾日益突出，商品的生产与资源和环境问题直接相联系。从分析商品对环境的影响出发，研究商品生产对环境带来的种种问题，通过指导生产和消费模式的转变等综合措施促进建立健康和谐的环境关系，从而实现环境的可持续发展。

一、环境的概念

环境是围绕着人群的空间以及其中可以直接或间接影响人类生活和发展的各种因素的总体，包括自然环境和社会环境。自然环境是环绕人们周围的各种自然因素的总和。社会环境就是我们所处的社会政治环境、经济环境、法制环境、科技环境、文化环境等宏观因素。广义环境包含自然和社会环境；狭义的环境，即自然环境。

二、商品生产与环境的关系

人类的一切生产活动都直接或间接地取自环境，商品的生产和流通活动更是离不开人类所处的各种环境。商品的设计、制造、销售、消费等过程与资源、环境关系密切。商品的使用提高了人们的生活品质，丰富了生活的色彩，给我们带来许多方便。由于商品与环境之间存在的相互关系存在着两面性，所以在商品生产流通过程中，我们应密切关注商品与环境的关系，使商品既能满足人类的物质需要，又能切实关注商品与环境的相互影响作用，降低商品生产对环境带来的负面影响，更好地保护人类社会所依存的各种环境。

环境问题是当今人类社会普遍关注的热点问题之一。人类的各种活动都与人们赖以生存的环境密切相关，环境作为一种宝贵的财富已经被人类所认识和接受。在商品的生产过程中，如何充分利用自然资源，更好地保护人类赖以生存的自然基础，为可持续发展提供更大的空间，已经成为人类急需解决的全球性难题。

知识拓展

世界环境日

1972年6月5日在瑞典首都斯德哥尔摩召开"联合国人类环境会议"，会议通过了《人类环境宣言》，并提出将每年的6月5日定为"世界环境日"。同年10月，第27届联合国大会通过决议接受了该建议。世界环境日的确立，反映了世界各国人民对环境问题的认识和态度，表达了我们人类对美好环境的向往和追求。

世界环境日是联合国促进全球环境意识、提高政府对环境问题的注意并采取行动的主要媒介之一。

联合国系统和各国政府每年都在6月5日的这一天开展各项活动来宣传与强调保护和改善人类环境的重要性。

联合国环境规划署每年6月5日选择一个成员国举行"世界环境日"纪念活动，发表《环境现状的年度报告书》及表彰"全球500佳"，并根据当年的世界主要环境问题及环境热点，有针对性地制定每年的"世界环境日"主题。

世界环境日的意义在于提醒全世界注意地球状况和人类活动对环境的危害。要求联合国系统和各国政府在这一天开展各种活动来强调保护和改善人类环境的重要性。

联合国环境规划署在每年的年初公布当年的世界环境日主题，并在每年的世界环境日发表环境状况的年度报告书。中国环境保护部在这期间发布中国环境状况公报。

1. 商品对环境的影响

这里说的商品对环境的影响主要指自然环境。我们知道为了满足人们不断增长的物质和精神方面的需求，需要不断地进行商品生产。在商品的生产、交换、消费的过程中，大规模的工业生产形成的废气、废水和固体废弃物排入环境，对环境造成了污染，主要有以下几方面：

（1）商品生产性环境污染

商品的生产需要开发资源，取得原料和能源，然后通过生产过程将其转化为产品。从环境中获取资源的时候，也会造成噪声污染、水资源污染、植被破坏等。生产过程中，又会产生许多废气，如 CO_2、NO、NO_2、SO_2、废水等。这些如处理不当就会对环境造成污染。

（2）商品流通中的环境污染

商品生产出来了，为社会提供了使用价值，接下来就是如何将商品送到顾客手中去，实现商品价值，而在这个过程中也会造成污染，如商品在运输过程中产生的汽车尾气会污染环境。

（3）商品消费性环境污染

现代社会中，商品消费过程中所产生的垃圾和废旧物资以及其他物资对空气质量、水资源、土地等造成了严重的污染，但我国对废旧物的回收率相当于世界先进水平的 1/4 到 1/3，很多可再生资源尚未得到回收利用，流失严重，于是又出现了"垃圾包围城市"的现象。据不完全统计，我国生活垃圾产生量增长快，尤其是城市生活垃圾，每年以 8% 到 10% 的速度增长，并且有进一步恶化的趋势。

边讲边练

塑料购物袋是日常生活中的易耗品，中国每年都要消耗大量的塑料购物袋。塑料购物袋在为消费者提供便利的同时，由于过量使用及回收处理不到位等原因，也造成了严重的能源、资源浪费和环境污染。特别是超薄塑料购物袋容易破损，大多被随意丢弃，成为"白色污染"的主要来源。越来越多的国家和地区已经限制塑料购物袋的生产、销售、使用。为落实科学发展观，建设资源节约型社会和环境友好型社会，从源头上采取有力措施，督促企业生产耐用、易于回收的塑料购物袋，引导、鼓励群众合理使用塑料购物袋，促进资源综合利用，进一步推进节能减排工作，2007 年 12 月 31 日，中华人民共和国国务院办公厅下发了《国务院办公厅关于限制生产销售使用塑料购物袋的通知》。这份被称为"限塑令"的通知明确规定："从 2008 年 6 月 1 日起，在全国范围内禁止生产、销售、使用厚度小于 0.025 毫米的塑料购物袋"；"自 2008 年 6 月 1 日起，在所有超市、商场、集贸市场等商品零售场所实行塑料购物袋有偿使用制度，一律不得免费提供塑料购物袋"。

【问题】为什么要对塑料购物袋实行有偿使用制度？

【提示】实行塑料购物袋有偿使用，是提高广大市民百姓环保意识的手段之一。其目的就是培养广大市民百姓树立"减少或不用"塑料购物袋的观念，引导和鼓励广大市民百姓改变购物习惯，合理使用塑料购物袋，从而减少塑料购物袋使用总量，遏制"白色污染"，促进资源综合利用，保护生态环境。

（4）商品对生态环境的污染

在商品的生产流通过程中，由于要利用生态环境中的资源，向生态环境中排放污染物质，而对生态环境直接或间接地构成了一定程度的污染。盲目伐林、长期超载放牧、施肥不当等，使得森林面积缩小、土壤污染、水和空气污染及全球气候变暖，生物物种大量减少，导致自然生态系统无法适应等。

2. 环境对商品的影响

这里所说的环境主要指社会环境。社会环境就是我们所处的社会政治环境、经济环境、法制环境、科技环境、文化环境等宏观因素。其对商品的生产、交换、消费起到很大的作用，不同的社会环境需要不同的商品。在内蒙古地区，由于受地理及饮食习惯的影响，对奶制品的需求会高于其他省份。再加上得天独厚的条件，乳制品这类的商品在内蒙古也成为某些地区的主导产业。又如宁夏回族自治区回族独特的文化背景及信仰，在宁夏猪肉及与猪肉有关的商品需求大大减少。随着科技水平的提高，各种电子设备更新换代的速度加快，商品需要不断更新以适应新的环境和市场。随着环境的改变，商品也在改变，有了优胜劣汰的过程，让生产企业有了前进的动力，从某种程度上讲，环境有利于商品的开发。

三、商品生产过程中引起的环境问题

1. 酸雨

被大气中存在的酸性气体污染，pH 酸碱度小于 5.65 的降水叫酸雨。酸雨主要是人为地向大气中排放大量酸性物质造成的。我国的酸雨主要是因大量燃烧含硫量高的煤而形成的。此外，各种机动车排放的尾气也是形成酸雨的重要原因。近年来，我国一些地区已经成为酸雨多发区，酸雨污染的范围和程度已经引起人们的密切关注。

2. 臭氧层破坏

自然界中的臭氧，大多分布在距地面 20～50 千米的大气中，我们称之为臭氧层。臭氧层被大量损耗后，吸收紫外辐射的能力大大减弱，导致到达地球表面的紫外线明显增加，给人类健康和生态环境带来多方面的危害，已受到人们普遍关注的主要有对人体健康、陆生植物、水生生态系统、生物化学循环、材料，以及对流层大气组成和空气质量等方面的影响。另据美国环保局估计，大气层中臭氧含量每减少 1%，皮肤癌患者就会增加 10 万人，患白内障和呼吸道疾病的人也将增多。紫外线辐射增强，对其他生物产生的影响和危害也令人不安。有人认为，臭氧层被破坏，将打乱生态系统中复杂的食物链，导致一些主要生物物种灭绝。臭氧层的破坏，将使地球上 2/3 的农作物减产，导致粮食危机。紫外线辐射增强，还会导致全球气候变暖。

3. 生物锐减

地球上充满了形形色色的生物，科学家把这称为"生物的多样性"。生物多样性是人类社会赖以生存和发展的环境基础。生物多样性包括物种、基因和生态环境的多样性，其中物种的数量是衡量生物多样性丰富程度的标志。如此众多的生物，是自然界长达数十亿年演化的结果，在长期演化过程中，始终存在着物种的灭绝。近几个世纪，物种的灭绝主要原因是 7 种人类活动造成的：

① 大面积对森林、草地、湿地等生境的破坏；
② 过度捕猎和利用野生物种资源；
③ 城市地域和工业区的大量发展；
④ 外来物种的引入或侵入毁掉了原有的生态系统；
⑤ 无控制旅游；
⑥ 土壤、水和大气受到污染；
⑦ 全球气候变化。

这些活动在累加的情况下，会对生物物种的灭绝产生成倍加快的作用。其中，危害最大、影响最直接的有两个方面：

（1）人为捕杀

毒品走私、野生动物走私和军火走私被称为当今世界的三大非法贸易。据2014年联合国环境规划署与国际刑警组织联合发布的《环境犯罪危机》报告指出，无论规模还是利润，野生动物走私已堪称世界第二大非法贸易，仅次于毒品，比军火还厉害。近两年，情况并没有明显的改善，野生动物走私仍然是世界三大非法贸易之一。目前，每年野生动物及其产品的年贸易值高达80亿~100亿美元，这种贸易的1/4~1/3（即20亿~33亿美元）被认为是非法的，人们对不合法的野生动物及其产品买卖的关注集中在珍稀和濒危物种。

（2）生存环境破坏

野生生物的生存在很大程度上依赖于其生存环境状况。生物的生存环境包括森林、草地、湿地等。由于人们的乱砍滥伐，热带雨林每年消失1 130多万公顷。全球三大热带雨林（东南亚、中西非和拉丁美洲）的面积仅为原来的58%，美国佛罗里达州立大学的一项研究报告表明，2000年，拉丁美洲的森林面积缩小约为原来的52%，约15%的森林植物物种（约13 600种）灭绝。

边讲边练

马德里警告

1989年，世界著名生物学家和环境学家在西班牙首都马德里聚会，指出"全世界将有5 000种动物在不长的时间内灭绝"，"20世纪上半叶，每隔5年有一种哺乳动物灭绝；20世纪下半叶，已加速到每两年就灭绝一种"。后来，人们把这称为"马德里警告"。

在啮类鲸类动物中，讨人欢喜又十分神秘的白鲸一直都被认为是最具有魅力的海洋哺乳动物之一。加之它们与生俱来的白皙皮肤、爱笑的面庞以及外向的个性，这一物种很容易便被我们辨认出来。更是凭借着它们变幻多端的鸣声，它得以"海金丝雀"的绰号。因为出生在严寒的环境，这些鲸平均小于3米（10英尺）长，颈部可自由活动。一定数量的白鲸生活在较远的圣劳伦斯河港湾的南部，作为稀有、非迁徙的种群，它们自冰河时代就已存在。

不幸的是，圣劳伦斯河流经北美洲的1/4区域，其中大多数是工业地区，河岸持续受到污染加剧了五大湖生态系统的恶化。有毒物质通过在生物体内的积累由食物链从底端逐渐增加，到达顶端白鲸体内的时候，肉体中的污染浓度不断加剧，甚至连农药残留、重金属还有其他内脏的混合物都已到达极高水平，毒素水平通过同白鲸一样的食肉动物经过的食物链而不断合成，不断升高。环境主管部门把白鲸尸体定义为危险毒性废物，这也得到了社会各界的认同。

　　生活在魁北克圣劳伦斯湾的白鲸由于寒流的影响倾向于生活在更远的南部，以求得到更好的供给和生活条件。从 1800 年开始，这一区域的白鲸数量从 5 000 只减少到 650 只。在蒙特利尔大学工作的兽医病理学家丹尼尔·马蒂诺（Daniel Martineau）指出，部分白鲸表现出癌症的症状，包括该物种中爆发的神经内分泌癌、转移性癌症等。这表明，白鲸携带的重金属有毒物质在这一物种急剧减少中发挥着重要作用。

　　【问题】我们应从马德里警告里吸取什么教训？

　　【提示】目前中国有近 200 个特有物种消失，近两成动植物濒危，《濒危野生动植物物种国际贸易公约》列出的 640 个世界性濒危物种中，中国约占其总数的 24%。而在全球，每一小时就有一个物种被贴上死亡标签。环境污染会造成动物的灭绝，会使动物的生存环境恶化，使得该物种大规模迁徙，环境的某些污染（如核污染）会使动物基因突变，使物种的变异速度加快。

　　加快环境保护步伐时不我待，动物栖息地整治、径流还原和污染减排都值得我们努力推行，以此来保护动物和人类的健康。

4．海洋污染

　　海洋污染是指主要经由人类活动而直接或间接进入海洋环境，并能产生有害影响的物质或能量。人们在海上和沿海地区排污可以污染海洋，而投弃在内陆地区的污物亦能通过大气的搬运、河流的携带而进入海洋。海洋中累积的人为污染物不仅种类多、数量大，而且危害深远。

5．气候变暖

　　全球气候变暖是一种"自然现象"。由于人们焚烧化石矿物以生成能量或砍伐森林并将其焚烧时产生的二氧化碳等多种温室气体对来自太阳辐射的可见光具有高度的透过性，而对地球反射出来的长波辐射具有高度的吸收性，也就是常说的"温室效应"，导致全球气候变暖。近 100 多年来，全球平均气温经历了冷→暖→冷→暖两次波动，总的看为上升趋势。进入 20 世纪 80 年代后，全球气温明显上升。全球变暖会使全球降水量重新分配，冰川和冻土消融，海平面上升等，既危害自然生态系统的平衡，更威胁人类的食物供应和居住环境。

识知 拓展

我国水环境概况

　　我国大小河川总长 42 万公里，湖泊 7.56 万平方公里，占国土总面积的 0.8%，水资源总量 28 000 亿立方米，人均 2 300 立方米，只占世界人均拥有量的 1/4，居 121 位，为 13 个贫水国之一。目前我国 640 个城市有 300 多个缺水，2.32 亿人年均用水量严重不足。我国污水、废水排放量每天约为 2 亿吨之多。水污染现状更是触目惊心，一项调查表明，全国目前已有 82%的江河湖泊受到不同程度的污染，每年由于水污染造成的经济损失高达 377 亿元。

全国水环境的形势非常严峻。体现在 3 个方面：第一，就整个地表水而言，受到严重污染的劣 V 类水体所占比例较高，全国约 10%，有些流域甚至大大超过这个数，如海河流域劣 V 类的比例高达 39.1%。第二，流经城镇的一些河段、城乡接合部的一些沟渠塘坝污染普遍比较重，并且由于受到有机物污染，黑臭水体较多，受影响群众多，公众关注度高，不满意度高。第三，涉及饮水安全的水环境突发事件的数量依然不少。

环保部门公布的调查数据显示，2013 年，全国十大水系、62 个主要湖泊分别有31%和39%的淡水水质达不到饮用水要求，严重影响人们的健康、生产和生活。

6. 水污染

水污染是指水体因某种物质的介入，而导致其化学、物理、生物或者放射性等方面特征的改变，从而影响水的有效利用，危害人体健康或者破坏生态环境，造成水质恶化的现象。水的污染有两类：一是自然污染；二是人为污染。当前对水体危害较大的是人为污染。

（1）紧缺的淡水

人类活动会使大量的工业、农业和生活废水及废弃物排入水中，使水受到污染。目前，全世界每年约有 4 200 多亿立方米的污水排入江河湖海，污染了 5.5 万亿立方米的淡水，这相当于全球径流总量的 14%以上。淡水的污染大大减少了全球可供淡水的资源量，由于水污染和缺少供水设施，全世界约有十多亿人无法获得足够的清洁用水。无安全饮用水的人数不胜数。从人口角度看，非洲的情形最严重，至少 50%以上的人口只有低劣水质的水可饮用。

（2）地表水污染

地表水污染泛指地表出露水资源的污染。长期以来，排水系统的铺设和清洁剂的使用有增无减，使水道和湖泊中的磷酸盐含量日益增多。这种过度营养导致藻类迅猛繁殖。消耗水中的氧，使鱼类死亡，生态系统恶化。工业部门如果不妥善处理汞化合物和其他重金属，也能造成严重的水污染。

（3）地面沉降

地面沉降是指在一定的地表面积内所发生的地面水平面降低现象，是一种不可补偿的永久性环境和资源损失。引发地面沉降的主要原因是不合理开采地下水资源以及石油、天然气的开采。

（4）地下水污染

地下水污染主要是由地表污水排放和农业污染引起的。农耕区过多使用氮肥，很容易造成地下水硝酸盐含量超标。

7. 土地污染

土地污染是指土地因受到采矿或工业废弃物或农用化学物质的侵入，土壤原有的理化性状恶化，土地生产潜力减退，产品质量恶化并对人类和动植物造成危害的现象和过程。按污染源不同，可分为工业污染、交通运输污染、农业污染和生活污染4类。工业污染主要是工业排放的废渣、废水、废气造成大气、水体和土壤等环境的污染。

四、有效保护环境的相关措施

通过对商品生产和消费过程中所带来的资源问题的认识，可以发现资源保护任务十分艰巨，是一项长期的任务，需要社会各界从意识形态、管理方式、科技进步和法制建设等多方面、多层次、全方位综合采取多种手段，以优化资源配置，使资源发挥应有的效能。

1．树立环境保护和资源意识，从行动上保护环境

大力宣传环境污染的危害和环境污染的知识，提高全民的环保意识，对自然资源进行规划管理，督促企业和公民自觉遵守环境保护的相关法律法规，以减少环境污染，保护环境。

2．加强法制建设，从法制体系上保护环境

环境保护是我国的基本国策，我国非常重视环境保护以及环境保护法规的建设。在环境保护工作中，环境保护的法律、法规和标准发挥着十分重要的作用。随着我国市场经济体制的建立和完善，以及建设社会主义法制国家进程的加快，环境保护的法律、法规和标准也越来越健全。

近年来，我国的诸多环境法律法规相继出台，《环境保护法》《水污染防治法》《海洋环境保护法》《大气污染防治法》《固体废弃物污染环境防治法》《野生动物保护法》《节约能源法》等相继施行，有力地规范了我国环境的保护和资源利用工作。这些环境保护方面的法律、法规和标准形成了一个立体的法制体系，对提高我国国民环境保护意识、防治环境污染、保护自然资源、走可持续发展的道路，起到了非常重要的作用。

3．充分合理利用环境自净作用

大气中的污染物由于自然过程而从大气中被除去或降低的现象，就是大气的自净作用，主要是指大气的扩散稀释作用。

合理利用环境的自净作用既可以保护环境，又可以节约环境污染治理的投资成本。这就要求工业企业在选址时应合理分散布置，以利于污染物的扩散和稀释。大力发展绿色植物，利用绿色植物美化环境、调节气候、吸附粉尘、吸收大气中的有害气体等功能，可以在大面积范围内，长时间、连续地净化空气。

4．商品对水体污染的防治

由于人类向水体中排放大量污染物而使水体的感观状况、物理性质、化学成分和生物性质发生变化达到一定程度即发生水体污染。水体污染的污染源主要是生活污水、工业污水和农业污水。而人类排放的污染物主要是在商品的生产和消费过程。所以，要综合防治水体污染，就应该从以下几方面入手：推行清洁生产，加大水处理设施建设投资，加强对污水的回收和再利用等方面。在治标的同时又治本，标本结合，以减少水体污染，保护水资源。

5．固体废弃物的污染防治

固体废弃物污染是人类生产和生活中所排放出的固体和泥状物质而造成的污染。商品的生产、流通和消费过程中，都不同程度地向环境中排放固体废弃物，如矿业排放的废石、冶金机械行业排放的污垢等。

固体废弃物的防治方法主要是将其作为再生资源和能源加以综合利用，即对固体废弃物进行物理、化学或生物的处理使其稳定化、无害化和减量化，并对其中的有用物质和能源加以回收和利用。

6．合理利用高新技术，逐步降低对大气的污染

大气污染防治是环境保护的重要部分。商品的生产和流通造成的大气污染的防治应主要从工业废气的治理入手，控制工业污染源头，推行清洁生产，合理利用环境的自净能力。政府和有条件的企业可以大力开发利用太阳能、地热能、风能、水能、生物能、核能等洁净能源，解决大气污染问题。这就要求企业改革能源结构，革新燃烧工艺，建设配套装置，更新燃料的前期处理方法和尾气的治理方法，或者采用集中供热等。采用高新技术，是企业的唯一出路，是治理大气污染的最好办法。

知识拓展

国内外PM2.5治理的相关措施

雾霾主要由二氧化硫、氮氧化物和可吸入颗粒物这3项组成，它们与雾气结合在一起，让天空瞬间变得阴沉灰暗。颗粒物的英文缩写为PM，北京监测的是细颗粒物（PM2.5），也就是空气动力学当量直径小于等于2.5微米的污染物颗粒。这种颗粒本身既是一种污染物，又是重金属、多环芳烃等有毒物质的载体。雾霾中的有害颗粒尤其是亚微米粒子会分别沉积于上、下呼吸道和肺泡中，引起急性鼻炎和急性支气管炎等病症。对于支气管哮喘、慢性支气管炎、阻塞性肺气肿和慢性阻塞性肺疾病等慢性呼吸系统疾病患者，雾霾天气可使病情急性发作或急性加重。如果长期处于这种环境还会诱发肺癌。世界各国都已经针对本国国情采取措施防治雾霾。

1．中国

2011年1月1日开始，环保部发布的《环境空气PM10和PM2.5的测定重量法》开始实施。首次对PM2.5的测定进行了规范，但在环保部进行的《环境空气质量标准》修订中，PM2.5并未被纳入强制性监测指标。

2012年5月24日环保部公布了《空气质量新标准第一阶段监测实施方案》，要求全国74个城市在10月底前完成PM2.5"国控点"监测的试运行。

2012年10月11日，中国国家环境保护部副部长表示，新的《环境空气质量标准》颁布后，环保部明确提出了新标准实施的"三步走"目标。按照计划，2012年年底前，京津冀、长三角、珠三角等重点区域以及直辖市、计划单列市和省会城市要按新标准开展监测并发布数据。截至目前，全国已有195个站点完成PM2.5仪器安装调试并试运行，有138个站点正式开始PM2.5监测并发布数据。

2．德国

（1）短期解决措施

首先，对某类车辆实施禁行，或者在污染严重区域禁止所有车辆行驶。其次，就是要限制或关停大型锅炉和工业设备。此外，关闭城市内的建筑工地也有助缓解污染。在火炉中燃烧木头、焚烧垃圾等行为一定要注意避免。

（2）长期措施

设定机动车排放标准。

严格大型锅炉和工业设施排放标准。欧洲已统一规定了工业排放标准，出台《工业排放令》。

设定小型锅炉设备排放标准，如房屋暖气等供暖设备排放标准。

设定机械设备排放标准，如工程机械排放标准。

设立"环保区域"，德国超过40个城市以及许多欧洲国家均设立了"环保区域"，只允许符合排放标准的车辆驶入。

禁止重型货车通行。重型货车的污染物排放通常较高。

限速。

通过补贴或宣传项目，鼓励乘坐公共交通以及骑车出行。

通过合理的交通指示灯变化，设置机动车专用道等更好地管理交通。

3．法国

向公众提供卫生建议：

为减少污染物排放量、改善空气质量并预防空气污染对人类健康造成危害，法国于2010年颁布了空气质量法令，其中规定了PM2.5和PM10的浓度上限。此外，法国政府还实施了一系列旨在减少空气污染的方案，如减排方案、颗粒物方案、碳排放交易体系、地方空气质量方案和大气保护方案等。

在法国，空气质量监测协会负责监测空气中污染物浓度，并向公众提供空气质量信息。根据空气质量监测协会提供的数据，法国环境与能源管理局每天会在网站上发布当日与次日空气质量指数图，并就如何改善空气质量提供建议。当污染物指数超标时，地方政府会立即采取应急措施，减少污染物排放，并向公众提供卫生建议。

法国公共卫生高级委员会在2012年4月公布的空气颗粒物污染报告中列出了一系列新的保护公众健康的建议，尤其是针对肺病和心脏病患者、幼龄儿童与老年人等敏感人群。建议指出，当空气中PM10浓度为50～80微克每立方米时，已表现出症状的肺病和心脏病患者应考虑减少户外活动与激烈体育运动；当PM10浓度超过80微克每立方米时，敏感人群应减少甚至避免户外活动与激烈体育运动，哮喘患者可能需要在医生指导下适当增加使用吸入类药物的次数，健康人群如果出现咳嗽、呼吸困难或咽喉痛等症状，也应减少户外活动与激烈体育运动。

4．美国

定期审查空气质量监测标准：

美国疾病控制和预防中心网站的信息显示，空气污染是现代社会面临的一个主要问题。美国面临的空气污染主要由6大因素所致，即气态污染物、温室气体效应、酸雨、臭氧层破坏、可吸入颗粒物以及气候影响。

美国环保署和其他机构合作设立了"空气质量指数"，向公众提供有关地方空气质量以及空气污染水平是否达到威胁公众健康的及时、易懂的信息。登录美国环保署和其他机构合办的 AIRNow 网站，可以看到全美各地动态空气质量指数图、臭氧指数图、PM2.5 指数图以及根据各指数列出的全美空气质量最差的 5 处地点。

根据《洁净空气法》，环保署须定期审查空气质量监测标准。2006 年，美国环保署针对 PM2.5 标准进行了最新一次修订，规定全美无论在城市还是乡村，任何地区、任何 24 小时周期内 PM2.5 最高浓度由先前的每立方米 65 微克降至每立方米 35 微克，而年平均浓度标准则是每立方米小于或等于 15 微克。直径在 2.5 微米到 10 微米之间的可吸入颗粒物（PM10）的标准为 24 小时周期内每立方米 150 微克。根据可吸入颗粒物水平，环保署将各地的空气质量分为 3 类，即未达标、达标或虽然数据不足但可被认为达标、数据不足。如果某个区域被列为未达标，所在的州和地方政府需要在 3 年内制订执行计划，列出该地区如何减少导致可吸入颗粒物聚集的污染物排放，以达到并保持环保署列出的空气质量标准。

5．英国

依法划定"烟尘控制区"：

1952 年 12 月 5 日的毒雾事件是伦敦历史上最惨痛的时刻之一，当时那场毒雾造成至少 4 000 人死亡，无数伦敦市民呼吸困难，交通瘫痪多日，数百万人受影响，而在那场灾难之后，英国政府做了补救工作。

1956 年英国政府颁布了《清洁空气法案》，这一法案划定"烟尘控制区"，区内的城镇禁止直接燃烧煤炭。此外，还陆续关停了伦敦所有烧煤的火电厂，将其搬到城市以外的地方。通过一系列的措施，伦敦的空气质量一直在改进中。

据伦敦市政府提供的数据，大约有 72.2 万人住在伦敦以外的地区，每天搭乘各类交通工具来伦敦工作。伦敦庞大的人口数量和规模巨大的通勤者意味着道路交通网络已经承受巨大的压力。比如在伦敦最繁忙的火车站滑铁卢车站里，每天交通高峰期的 3 个小时里客流量有 5.1 万人。道路交通同样也是如此，有超过 300 万辆机动车在路面上行驶。而自从 2003 年开始征收道路拥堵税以来，据估计每天路上的车流量减少了 7 万辆。

在过去 50 年间，由于在伦敦的家庭和工业中煤炭的使用已经逐渐销声匿迹，交通排放成为空气污染的最大的来源。伦敦空气中 58% 的氮氧化物，以及 68% 的 PM10 污染物颗粒都来自于汽车尾气排放。

英国环境专家、伦敦大学国王学院的弗兰克·凯利教授指出，由于人口密度高，通勤者众多，从事商务和旅行的车辆川流不息，这都给空气质量带来压力。对此，凯利建议在城市地区尽量使用小排量的汽油动力汽车以及清洁的公共交通，并对使用柴油的公交车和出租车进行升级改造。

实操技巧

雾霾的生活应对措施

1．雾霾天气少开窗，最好不出门或晨练

雾霾天气不主张早晚开窗通风。雾霾天气是心血管疾病患者的"危险天"，尤其是有呼吸道疾病和心血管疾病的老人，雾霾天最好不出门，更不宜晨练，否则有可能诱发病情，甚至心脏病发作，引起生命危险。专家指出，之所以说雾霾天是心血管疾病患者的"危险天"，是因为起雾时气压高，空气中的含氧量有所升高，人们很容易感到胸闷，早晨潮湿寒冷的雾气还会造成冷刺激，很容易导致食管痉挛、血压波动、心脏负荷加重等。同时，雾霾中的一些病原体会导致头痛，甚至诱发高血压、脑溢血等疾病。因此，患有心血管疾病的人，尤其是年老体弱者，不宜在雾霾天出门，更不宜在雾霾天晨练，以免发生危险。

2．外出戴专业防尘口罩

一般常规口罩不会起到作用，因为颗粒物太细小，KN90、KN95、N95 级别的防尘口罩才能有效过滤这类细颗粒物，同时还要选择适合自己的口罩，避免不密合导致周围泄漏。另外，外出归来，应立即清洗面部及裸露的肌肤。比较好的防 PM2.5 的口罩主要是滤片而不是口罩，比如有活性炭滤片的口罩以及医用口罩是无法防 PM2.5 的。

3．多喝桐桔梗茶、桐参茶、桐桔梗颗粒、桔梗汤等"清肺除尘"茶饮

桐桔梗茶有清火滤肺尘功能，能加强肺泡细胞排出有毒细颗粒物的能力，能协助人体排出体内积聚的 PM2.5 颗粒物及其他有害物质。

4．少量补充维生素 D

冬季雾多、日照少，由于紫外线照射太少，人体内维生素 D 生成不足，有些人还会产生精神压抑、情绪低落等现象，必要时可补充一些维生素 D。

5．饮食清淡多喝蜂蜜水

雾天的饮食宜选择清淡易消化且富含维生素的食物，多饮水，多吃新鲜蔬菜和水果，这样不仅可补充各种维生素和无机盐，还能起到润肺除燥、祛痰止咳、健脾补肾的作用。少吃刺激性食物，多吃些梨、枇杷、橙子、橘子等食品。

6．深层清洁

人体表面的皮肤直接与外界空气接触，很容易受到雾霾天气的伤害。尤其是在繁华喧嚣、十面"霾"伏的都市中，除了随时要应对雾霾危"肌"外，由于建筑施工、汽车尾气、工业燃料燃烧、燃放烟花爆烛等原因造成悬浮颗粒物多，难免会堵塞在毛孔中形成黑头，造成毛孔阻塞、角质堆积、肌肤起皮等肌肤问题，所以自我保护的首要措施就是深层清洁肌肤表层，清洁毛孔。

7．尽量减少吸烟甚至不吸烟

烟雾中有大量 PM2.5，会对人体有着直接和间接的危害。如果无法阻止周边的人吸烟，那么应该尽量远离烟雾。

第二节　商品生产与自然资源保护

自然资源是商品生产和消费的最终物质与能量来源，是支撑人类社会发展的基本物质资料，是人类赖以生存繁衍的物质基础。人类商品的生产和消费，带来严重的环境问题和资源问题。保护大自然，维持生态平衡是当今人类面临的全球性的重大课题。认识自然资源的分类和特性，充分认识自然资源对人类生产和生活的影响，有利于我们充分利用和保护自然资源，实现人与资源的可持续发展。

一、自然资源的内涵

1．自然资源的定义

联合国环境规划署将自然资源定义为：在一定的时间和技术条件下，能够产生经济价值，提高人类当前和未来福利的自然环境因素的总称。狭义的自然资源只包括实物性资源，即在一定社会经济技术条件下能够产生生态价值或经济价值，从而提高人类当前或可预见未来生存质量的天然物质和自然能量的总和。广义的自然资源则包括实物性自然资源和舒适性自然资源的总和。

大英百科全书中关于自然资源的定义是：人类可以利用的自然生成物，以及生成这些成分的环境功能。前者包括土地、水、大气、岩石、矿物、生物及其积聚的森林、草场、矿床、陆地和海洋等；后者为太阳能、地球物理的循环机能（气象、海洋现象、水文、地理现象）、生态学的循环机能（植物的光合作用、生物的食物链、微生物的腐烂分解作用等）、地球化学的循环机能（地热现象、化石燃料、非燃料矿物生成作用等）。这个定义明确指出环境功能也是自然资源。

我国的一些学者认为：自然环境中与人类社会发展有关的、能被利用来产生使用价值并影响劳动生产率的自然诸要素，通常称为自然资源，可分为有形自然资源（如土地、水体、动植物、矿产等）和无形的自然资源（如光资源、热资源等）。自然资源具有可用性、整体性、变化性、空间分布不均匀性和区域性等特点，是人类生存和发展的物质基础和社会物质财富的源泉，是可持续发展的重要依据之一。

尽管以上对自然资源理解的深度与广度不同，文字描述各异，但概括起来自然资源应具备以下要点：

（1）自然资源是自然过程所产生的天然生成物，它与资本资源、人力资源的本质区别，在于其天然性。但现代的自然资源中又已或多或少地包含了人类世世代代劳动的结晶。

（2）任何自然物之所以成为自然资源，必须有两个基本前提，即人类的需要和开发利用的能力。否则，就不能作为人类社会生活的"初始投入"。

（3）自然资源的范畴随着人类社会和科学技术的发展而不断变化。人类对自然资源的认识，以及自然资源开发利用的范围、规模、种类和数量，都是不断变化的。同时还应指出，现在人们对自然资源已不再是一味地索取，而是要注重保护、治理、抚育、更新等。

（4）自然资源与自然环境是两个不同的概念，但具体对象和范围又往往是同一客体。自然环境是指人类周围所有的客观自然存在物，自然资源则是从人类需要的角度来认识和理解这些要素存在的价值。

2．自然资源的特征

（1）可用性。资源必须是可以被人类利用的物质和能量。对人类社会经济发展能够产生效益或者价值。例如，地下埋藏的石油，是当今工业社会的主要能源和某些化学工业原料的主要来源。

（2）有限性。有限性是指在一定条件下资源的数量是有限的，而不是取之不尽、用之不竭的。即使是太阳能，照射到地球的有效辐射也是有限的，人类对其利用的程度更是有限的。如空气，在地球上绝大多数地方是一种可以任意取用的物质。但在特殊的场所、特殊的时间，空气也会成为非常有限的资源，如潜水员使用的压缩空气就是一种非常重要而完全有可能耗尽的资源。

（3）多用途性。自然资源一般都可用于多种途径，如土地可用于农业、林业、牧业，也可以用于工业、交通和建筑等。这是引起行业资源竞争的主要原因之一，但也是产业结构调整的基础。

（4）整体性。整体性是说自然资源不是孤立存在的，而是相互联系、相互影响和相互依赖的复杂整体。一种资源的利用会影响其他资源的利用性能，也受其他资源利用状态的影响。例如，土地是一个较广泛的概念，它可以包括特定区域空间的水、空气、辐射等多种资源；水气资源的质量变化，也会影响到土地资源质量的变化；水资源的缺乏会引起土地生产力的下降。

（5）区域性。自然资源存在空间分布的不均匀性和严格的区域性。虽然从宏观上，全球自然资源是一个整体，但任何一种资源在地球上的分布都不是均匀的，即使是空气也有明显的垂直分布差异。从而也使不同国家或地区都有不同的资源特点。这种资源分布的地域性与不平衡性，导致了全球区域性的资源短缺与区域间的资源交换和优势互补。

（6）可塑性。可塑性是指自然资源在受到外界有利的影响时会逐渐得到改善，而在不利的干扰下会导致资源质量的下降或破坏。这就为资源的定向利用和保护提供了依据。

除了上述特点外，各类自然资源还有各自的特点，如生物资源的可再生性，水资源的可循环和可流动性，土地资源有生产能力和位置的固定性，气候资源有明显的季节性，矿产资源具有不可更新性和隐含性等。

二、自然资源的分类

1. 按资源的可再生性质分

自然资源可分为可再生资源、可更新资源和不可再生资源。

（1）可再生资源

这类资源可反复利用，如气候资源（太阳辐射、风）、水资源、地热资源（地热与温泉）、水力、海潮。

（2）可更新资源

这类资源可生长，其更新速度受自身繁殖能力和自然环境条件的制约，如生物资源为能生长繁殖的有生命的有机体，其更新速度取决于自身繁殖能力和外界环境条件，应有计划、有限制地加以开发利用。

（3）不可再生资源

这类资源包括地质资源和半地质资源。前者如矿产资源中的金属矿、非金属矿、核燃料、化石燃料等，其成矿周期往往以数百万年计；后者如土壤资源，其形成周期虽较矿产资源短，但与消费速度相比，也是十分缓慢的。对这类自然资源，应尽可能综合利用，注意节约，避免浪费和破坏。这类资源形成周期漫长或不可再生。

2．按照资源的地理学性质分

按照资源的地理学性质可将资源分为生物资源、森林资源、水资源、土地资源、矿产资源、气候资源和海洋资源。这是较为常见的一种分类方法，基本上包括了主要的自然资源类型。

（1）生物资源

生物资源是在当前的社会经济技术条件下人类可以利用与可能利用的生物，包括动植物资源和微生物资源等。生物资源具有再生机能，如利用合理，并进行科学的抚育管理，不仅能生长不已，而且能按人类意志进行繁殖生息；若不合理利用，不仅会引起其数量和质量下降，甚至可能导致灭种。

植物资源是在当前的社会经济技术条件下人类可以利用与可能利用的植物，包括陆地、湖泊、海洋中的一般植物和一些珍稀濒危植物。植物资源既是人类所需的食物的主要来源，还能为人类提供各种纤维素和药品，在人类生活、工业、农业和医药上具有广泛的用途。

动物资源是在当前的社会经济技术条件下人类可以利用与可能利用的动物，包括陆地、湖泊、海洋中的一般动物和一些珍稀濒危动物。动物资源既是人类所需的优良蛋白质的来源，还能为人类提供皮毛、畜力、纤维素和特种药品，在人类生活、工业、农业和医药上具有广泛的用途。

微生物资源是在当前的社会经济技术条件下人类可以利用与可能利用的以菌类为主的微生物，所提供的物质在人类生活和工业、农业、医药诸方面能发挥特殊的作用。

知识拓展

我国动植物资源概况

1．植物资源概况

我国幅员广阔，地形复杂，气候多样，植被种类丰富，分布错综复杂。在东部季风区，有热带雨林，热带季雨林，中、南亚热带常绿阔叶林，北亚热带落叶阔叶、常绿阔叶混交林，温带落叶阔叶林，寒温带针叶林，以及亚高山针叶林、温带森林草原等植被类型。在西北部和青藏高原地区，有干草原、半荒漠草原灌丛、干荒漠草原灌丛、高原寒漠、高山草原草甸灌丛等植被类型。我国植物种类多，据统计，有种子植物300科、2 980个属、24 600个种。其中被子植物2 946属（占世界被子植物总属的23.6%）。比较古老的植物，约占世界总属的62%。有些植物，如水杉、银杏等，世界上其他地区现代已经绝灭，都是残存于中国的"活化石"。种子植物兼有寒、温、热三带的植物，种类比全欧洲多得多。此外，还有丰富多彩的栽培植物。从用途来说，有用材林木1 000多种，药用植物4 000多种，果品植物300多种，纤维植物500多种，淀粉植物300多种，油脂植物600多种，蔬菜植物也不下80余种，是世界上植物资源最丰富的国家之一。

2．动物资源概况

我国是世界上动物资源最为丰富的国家之一。据统计，全国陆栖脊椎动物约有

2 070 种，占世界陆栖脊椎动物的 9.8%。其中鸟类 1 170 多种、兽类 400 多种、两栖类 184 种，分别占世界同类动物的 13.5%、11.3% 和 7.3%。在西起喜马拉雅山—横断山北部—秦岭山脉—伏牛山—淮河与长江间一线以北地区，以温带、寒温带动物群为主，属古北界，线南地区以热带性动物为主，属东洋界。

注：动物区系中六大界为古北界、新北界、新热带界、旧热带界、东洋界和澳洲界。古北界是一个以欧亚大陆为主的动物地理分区，它涵盖整个欧洲、北回归线以北的非洲和阿拉伯、喜马拉雅山脉和秦岭以北的亚洲。东洋界是东南亚的动物地理分区，它包括印度、马来西亚、秦岭以南的亚洲、印尼西部、新几内亚附近的岛屿。

（2）森林资源

森林资源是林地及其所生长的森林有机体的总称。这里以林木资源为主，还包括林下植物、野生动物、土壤微生物等资源。林地包括乔木林地、疏林地、灌木林地、林中空地、采伐迹地、火烧迹地、苗圃地和国家规划宜林地。森林可以更新，属于再生的自然资源。反映森林资源数量的主要指标是森林面积和森林蓄积量。森林资源是地球上最重要的资源之一，是生物多样化的基础，它不仅能够为生产和生活提供多种宝贵的木材和原材料，能够为人类经济生活提供多种食品，更重要的是森林能够调节气候、保持水土、防止和减轻旱涝、风沙、冰雹等自然灾害；还有净化空气、消除噪声等功能；同时森林还是天然的动植物园，哺育着各种飞禽走兽和生长着多种珍贵林木和药材。

（3）土地资源

土地资源属于国土资源。国土资源有广义与狭义之分：广义的国土资源是指一个主权国家管辖的含领土、领海、领空、大陆架及专属经济区在内的资源（自然资源、人力资源和其他社会经济资源）的总称；狭义国土资源是指一个主权国家管辖范围内的自然资源。国土资源具有整体性、区域性、有限性和变动性等特点。国土资源一般包含土地资源和矿产资源两个方面。

土地资源是指在目前的社会经济技术条件下可以被人类利用的土地，是一个由地形、气候、土壤、植被、岩石和水文等因素组成的自然综合体，也是人类过去和现在生产劳动的产物。因此，土地资源既具有自然属性，也具有社会属性，是"财富之母"。土地资源的分类有多种方法，在我国较普遍采用按地形和按土地利用类型分类：

1）按地形，土地资源可分为高原、山地、丘陵、平原、盆地。这种分类展示了土地利用的自然基础。一般而言，山地宜发展林牧业，平原、盆地宜发展耕作业。

2）按土地利用类型，土地资源可分为已利用土地，包括耕地、林地、草地、工矿交通居民点用地等；宜开发利用土地，包括宜垦荒地、宜林荒地、宜牧荒地、沼泽滩涂水域等；暂时难利用土地，包括戈壁、沙漠、高寒山地等。这种分类着眼于土地的开发、利用，着重研究土地利用所带来的社会效益、经济效益和生态环境效益。评价已利用土地资源的方式、生产潜力，调查分析宜利用土地资源的数量、质量、分布以及进一步开发利用的方向途径，查明目前暂不能利用土地资源的数量、分布，探讨今后改造利用的可能性，对深入挖掘土地资源的生产潜力，合理安排生产布局，提供了基本的科学依据。

（4）矿产资源

矿产资源是指经过地质成矿作用而形成的，埋藏于地下或出露于地表，并具有开发利用价值的矿物或有用元素的集合体。矿产资源属于非可再生资源，其储量是有限的。目前世界已知的矿产有160多种，其中80多种应用较广泛。按其特点和用途，通常分为金属矿产、非金属矿产和能源矿产三大类。

中国幅员广大，地质条件多样，矿产资源丰富，矿产171种。已探明储量的有157种。其中钨、锑、稀土、钼、钒和钛等的探明储量居世界首位。煤、铁、铅、锌、铜、银、汞、锡、镍、磷灰石、石棉等的储量均居世界前列。

中国矿产资源分布的主要特点是，地区分布不均匀。例如，铁主要分布于辽宁、冀东和川西，西北很少；煤主要分布在华北、西北、东北和西南区，其中山西、内蒙古、新疆等省区最集中，而东南沿海各省则很少。这种分布不均匀的状况，使一些矿产相当集中，如钨矿，在19个省区均有分布，储量主要集中在湘东南、赣南、粤北、闽西和桂东、桂中，虽有利于大规模开采，但也给运输带来了很大压力。为使分布不均的资源在全国范围内有效地调配使用，就需要加强交通运输建设。

（5）海洋资源

海洋资源是海洋生物、海洋能源、海洋矿产及海洋化学资源等的总称。海洋生物资源以鱼虾为主，在环境保护和提供人类食物方面具有极其重要的作用。海洋能源包括海底石油、天然气、潮汐能、波浪能以及海流发电、海水温差发电等，远景发展尚包括海水中铀和重水的能源开发。海洋矿产资源包括海底的锰结核及海岸带的重砂矿中的钛、锆等。海洋化学资源包括从海水中提取淡水和各种化学元素（溴、镁、钾等）及盐等。海洋资源的开发较之陆地复杂，技术要求高，投资亦较大，但有些资源的数量却较之陆地多几十倍甚至几千倍，因此在人类资源的消耗量越来越大，而许多陆地资源的储量日益减少的情况下，开发海洋资源具有很重要的经济价值和战略意义。

（6）气候资源

气候资源是在目前社会经济技术条件下人类可以利用的太阳辐射所带来的光、热资源以及大气降水、空气流动（风力）等。气候资源对人类的生产和生活有很大影响，既具有长期可用性，又具有强烈的地域差异性。

（7）能源资源

能源资源是在目前社会经济技术条件下可为人类提供大量能量的物质和能够提供大量能量的自然过程，包括煤炭、石油、天然气、风、流水、海流、波浪、草木燃料及太阳辐射、电力等。能源资源不仅是人类的生产和生活中不可缺少的物质，也是经济发展的物质基础，和可持续发展关系极其密切。

1）按其形成和来源分类：

① 来自太阳辐射的能量，如太阳能、煤、石油、天然气、水能、风能、生物能等。

② 来自地球内部的能量，如核能、地热能。

③ 天体引力能，如潮汐能。

2）按开发利用状况分类：

① 常规能源，如煤、石油、天然气、水能、生物能。

② 新能源，如核能、地热、海洋能、太阳能、潮汐能、风能。

3）按属性分类：

① 可再生能源，如太阳能、地热、水能、风能、生物能、海洋能。

② 非可再生能源，如煤、石油、天然气、核能。

4）按转换传递过程分类：

① 一次能源，直接来自自然界的能源，如煤、石油、天然气、水能、风能、核能、海洋能、生物能。

② 二次能源，如沼气、汽油、柴油、焦炭、煤气、蒸汽、火电、水电、核电、太阳能发电、潮汐发电、波浪发电等。

（8）水资源

水资源是自然界中可以流态、固态、气态三态同时共存的一种资源，为在目前社会经济技术条件下可为人类利用和可能利用的一部分水源，如浅层地下水、湖泊水、土壤水、大气水和河川水等。

河流和湖泊是中国主要的淡水资源，鄱阳湖、洞庭湖、太湖、洪泽湖、巢湖是中国的五大淡水湖。因此，河湖的分布、水量的大小，直接影响着各地人民的生活和生产。中国人均径流量为 2 200 立方米，是世界人均径流量的 24.7%。各大河的流域中，以珠江流域人均水资源最多，人均径流量约 4 000 立方米。长江流域稍高于全国平均数，为 2 300～2 500 立方米。海滦河流域是全国水资源最紧张的地区，人均径流量不足 250 立方米。

中国水资源的分布情况是南多北少，而耕地的分布却是南少北多。比如，中国小麦、棉花的集中产区——华北平原，耕地面积约占全国的 40%，而水资源只占全国的 6%左右。水、土资源配合欠佳的状况，进一步加剧了中国北方地区缺水的程度。

中国水能资源蕴藏量达 6.8 亿千瓦，居世界第一位。70%分布在四川、云南、贵州、重庆和西藏自治区，其中以长江水系为最多，其次为雅鲁藏布江水系。黄河水系和珠江水系也有较大的水能蕴藏量。目前，已开发利用的地区，集中在长江、黄河和珠江的上游。

三、自然资源的持续利用

1. 自然资源与人类社会发展的关系

（1）自然资源是社会经济发展的基础

资源是经济发展的基础。人类进行生产和消费的内容多种多样，但从根本上都是利用和消耗自然资源。例如，人类生活所需的食物是由水、土壤和大气中的 CO_2、O_2 等自然资源通过生态系统对太阳能的转化固定所形成；占地球总生物量近 90%的森林，既是氧气的重要来源，又是许多国民经济部门的基本生产资料，如木材加工业、造纸业、建筑业等。

（2）自然资源为社会生产力发展提供劳动资料、为人类繁衍提供营养和能量来源

在社会生产发展的初级阶段，生产工具的制造完全依赖于自然资源，如石器取之于岩石，木器取之于森林，铜器来源于矿层；人类劳动的对象如土地、动植物体和水等都是自然资源，人类驯化的动物还为人类提供劳动力等。

（3）社会经济的发展对自然资源有巨大的反作用

人类利用自然资源的历史证明，把自然资源看成是取之不尽、用之不竭的观点是错误的，认为可以随心所欲无限制地利用自然资源来发展经济，只会导致自然资源的枯竭

和环境的破坏，并反过来制约经济的进一步发展，因而这种发展是不可持续的。例如，森林的大面积滥砍滥伐、草原的过度放牧等都引起了严重的水土流失和生态破坏。

2．自然资源利用和保护是矛盾的统一

发展经济，离不开对自然资源的利用，也离不开对自然资源的保护。但在实际生活中，两者常常处于矛盾的状态，要么是大力发展经济而损害了自然资源，要么是保护自然资源而限制了发展经济。这一矛盾自古就有，随着社会生产力的发展，表现得越来越明显。例如古代巴比伦王国的毁灭。大约五、六千年前，在今西南亚的平原上已建立了巴比伦王国，当时它经济发展，社会繁荣，与中国、印度、埃及并称为世界的四大文明古国。但随着人口增长，粮食和生活物品需要量大增，于是就大量开垦土地，在幼发拉底河与底格里斯的上游砍伐森林种植粮食，引起了严重的水土流失。结果造成了下游的平原淤积，河道堵塞，洪水成灾，土壤变成沙地，大片良田逐渐荒芜。到公元前4世纪，巴比伦王国开始衰落，公元前2世纪，繁荣的巴比伦王国变成了一片废墟。到了现代，这样的事例更加普遍。我国北方草原的过度放牧，导致2000年以来连续数次发生大规模的沙尘暴，影响波及大半个中国。如果人们仅仅把近期和小范围的经济利益作为追求目标，那么一般都会出现以上所描述的矛盾。但是，如果人们把长期的、全局的经济利益作为追求目标，就会自觉地按照生态规律去保护和利用自然资源，不会让短期利益影响长期的经济发展，从而实现的是一种可持续的经济发展模式。

大量的事实告诉我们，人类利用自然资源发展经济的同时，必须注意保护资源。要把资源的利用与保护统一起来，需防止两种错误倾向：一种是强调经济发展，忽视对自然资源的保护；另一种是过分强调自然资源的保护，而限制了经济的发展。这两种倾向对社会经济的持续发展都是不利的。只有在"保护资源，节约和合理利用资源""开发利用与保护增殖并重"的方针和"谁开发、谁保护，谁破坏、谁恢复，谁利用、谁补偿"的政策下，依靠科技进步挖掘资源潜力，充分提高资源的利用效率，发展资源节约型经济，坚持经济效益、社会效益和生态环境效益相统一的原则，才能实现自然资源的高效持续利用。

四、商品生产和消费带来的资源问题

1．水资源浪费严重

大量工业废水和农业污水排入水体，降低了水资源的利用价值，造成水污染的蔓延，减少了可以利用的水源。据统计，全国有1/3以上的河段受污染，90%以上城市水域污染严重，近50%的重点城镇水源地不符合饮用水标准。在本来水资源丰富的许多南方城市中，因水污染所导致的缺水量占这些城市总缺水量的60%～70%。而水资源使用过程中的浪费现象更加剧了淡水的供求矛盾。水资源使用过程中，落后的灌溉方式和生产工艺，以及城市供水管道的跑、冒、滴、漏是造成水资源浪费的另一主要原因。

2．森林面积减少和水土流失

随着人口增加和经济发展，森林覆盖率持续降低，森林资源早已不堪重负。我国的森林覆盖率约20%，低于世界大多数国家，处于第139位，我国的人均值不足世界的1/4，

由于长期以来的过量采伐，我国很多著名的林区森林资源都濒临枯竭。森林资源的减少，对人类的危害是严峻的，可以加剧土壤侵蚀，引起水土流失，不但改变了流域上游的生态环境，同时加剧了河流的泥沙量，使得河流河床抬高，增加洪水水患。

3．土壤污染严重，土地沙漠化问题突出

随着工业发展特别是乡镇工业的发展，生产过程排出大量的"三废"物质，通过大气、水、固体废弃物的形式进入土壤。同时农业生产中也不断地施入肥料、农药等物质并在土壤中累计，从而造成了严重的土壤污染。

人口增长和经济发展使土地承受的压力过重，过度开垦、过度放牧、乱砍滥伐和水资源不合理利用等使土地严重退化，森林被毁，气候逐渐干燥，最终形成土地沙漠化。

4．矿产资源耗竭

改革开放以来，我国经济持续快速发展，但经济增长方式过于粗放，主要依靠能源和资源的大量消耗来支撑经济的快速增长。产业结构失衡，钢铁、有色、石化、水泥四大高能耗产业以及支持这些产业的电力投资过热，无序过度开发；工业生产大部分为粗放式，而不是走向集约式，靠的是较落后的设备、工艺、技术，能源利用效率低，导致矿产资源枯竭。

高能耗产业的过度扩张，再加上这些产业的单位产出能耗过高，更加剧了我国单位GDP能耗的升高。我国的能源利用效率仅为36%，低发达国家近10个百分点。我国是世界上单位GDP能耗最高的国家之一。目前，我国钢铁、有色、水泥、石化、电力等8个高能耗行业主要产品的单位产出能耗平均值仍远远高于国际先进水平。

5．生物多样性被破坏

由于人类的滥捕乱猎，不计后果地采伐植物，屠杀动物，导致这些生物数量急剧下降，濒临灭绝；人类对有利用价值的植物、动物的过度开发，持续不断的森林采伐，吞噬着原本不多的原始热带雨林，湿地也因为人类不断的建筑和农垦活动而萎缩。

动物的皮毛从远古时代就为人类遮风避雨，在现代社会装饰着我们的生活，如皮包、皮鞋、裘皮大衣、皮毛围巾等。在电影《可可西里》中，美丽的藏羚羊就是因为它们腹部的羊毛可以制成贵比黄金的披肩，而被偷猎者追杀。而一条披肩需要5只藏羚羊的生命。

五、加强自然资源的保护

经济发展改善人类生活条件，是我们所致力和期望的。但经济发展过程中的某些内在因素，有碍于环境保护和资源的可持续利用。循环经济的发展模式要求遵循生态学规律，合理利用自然资源和环境容量，在物质不断循环利用的基础上发展经济，使经济系统和谐地纳入到自然生态系统的物质循环过程中，实现经济活动的生态化。倡导的是一种与环境和谐的经济发展模式，遵循"减量化""再使用""资源化"原则，以达到减少进入生产流程的物质量，以不同方式多次反复使用某种物品和废弃物的资源化的目的。

1．耕地资源保护

我国的耕地资源保护制度主要包括耕地总量动态平衡制度、基本农田保护制度、土地用途管制制度、土地开发整理复垦制度，这四项制度是最主要的制度，在这几项制度之下还有占用耕地补偿制度、农用地转用审批制度、非农建设占用耕地审批制度、耕地保护目标实现责任制度等。这些制度并不是孤立存在的，它们相辅相成、互相联系，共同构成一个体系。例如，在保护基本农田方面我们不但要遵守有关基本农田保护的规定，同时在基本农田转用的过程中我们还要严格遵守农用地转用审批制度和占用耕地补偿制度，以达到耕地总量动态平衡制度的要求；又如，作为土地用途管制依据的土地利用规划的设计上，也包括对基本农田保护区的划定和用于土地开发整理的后备耕地资源区的划定。

2．森林资源保护

实施森林可持续发展的战略需要林业法治建设提供全面的规范与保障，所以林业法制是我国林业实施跨越式发展必需的保障条件之一。我国初步形成了一系列保护森林资源的法律制度。2011年实施了《森林采伐更新管理办法》，内容包括森林经营方案制度，根据经营森林的目的确定采取的经营措施、培育的期限、采伐年限等采伐限额制度。2012年实施《国家天然林资源保护工程森林管护管理办法》，明确政府有关部门在保护和管理天然林方面的具体职责和监督制度。2016年更新了《森林法实施条例》，完善了森林、林木、林地流转方面的法律制度，制定了适应市场经济条件的森林、林木、林地所有权或使用权流转方面的法规。另外，《森林采伐更新管理办法》主要内容是森林采伐更新应当遵循的原则，商品林采伐主要实行的采伐方式，商品林的采伐年龄，主管部门的监管、服务职能等。目前仍有一些法律制度有待完善，如森林生态效益补偿的法律制度等。

3．水资源保护

大力推行清洁生产，要预防污染。首先要对工业污染的源头进行控制，实现对资源的合理利用，而不是着眼于废水浓度的达标排放。在水污染物的排放标准制定上面，由单一的浓度和污染指标的控制转向污染总量控制和各项污染指标严格控制相结合。大力倡导节水型产业，提高水资源利用率。鼓励企业创新技术，加大水资源的利用率，实现循环利用，节约用水。加快建设城市废水处理厂，城市的废水要在处理的过程中实现循环利用，在缺水地区更应大力实现废水的资源化，利用处理后的废水开展市政建设、城市基础设施建设等，缓解水资源的矛盾。

4．矿产资源保护

合理开发利用矿产资源，优化资源配置，实现矿产资源的最优耗竭；限制或禁止不合理的乱采滥挖，防止矿产资源的损失、浪费或破坏；对矿产资源的开发利用进行全过程控制，将环境代价减小到最低限度；保护矿区生态环境，防止矿山寿命终结时沦为荒芜不毛之地。

第三节 可持续发展与绿色战略

边讲边练

酿酒废液生产沼气 沼气代替燃煤酿酒

剑南春集团公司是国内著名大型品牌企业，其主打产品"剑南春"被认定为中国驰名商标，60多次荣获国家级、省部级和国际质量金奖。公司在快速发展的同时，始终坚持开发节约并重、节约优先，按照质量化、再利用、资源化的原则，以"保护环境、提高效益、治理污染、达标排放、实现资源综合利用"为开拓循环经济的指导方针，经过多年来扎扎实实的工作，公司的整个生产通过降低资源能源消耗，实现资源综合利用，变废利废，转废为宝，达到了"绿色生产"和资源循环利用最大化的既定目标，从而使企业经济效益显著提高。公司先后多次受到表彰，在同行业中率先通过ISO14001环境管理体系认证，取得了通向国际贸易市场的绿色通行证，并被确定为省级循环经济试点企业。

循环经济是由资源、生产、交换、消费、再生资源等组成的循环链，在获得经济利益的同时，剑南春公司采用符合循环经济要求的生产方式和工艺技术，最大限度地利用资源并减少污染物的产生，争取环境与经济的双赢。

几年来，剑南春集团公司拿出雄厚资金，调动精兵强将，先后上马了厂区供水管网改造、洗瓶水回收处理、酿酒废水循环利用、沼气能源直燃创新技术及固体废物综合利用等工程，把资源的综合利用抓在生产的起点，让污染物从一开始就在源头得到控制，变上游的污染物为下游的原材料，引入中间环节，延长生产链，令污染物消化在生产过程中，从而使进入环境的污染物排放量大大减少。公司用7台天然气锅炉取代燃煤锅炉，使工厂一、二区达到烟尘和二氧化硫零排放，仅煤改汽一项投资就达2 000万元。公司还建起了年产300万立方米的沼气池，自主创新并研制成功直燃设备，在确保安全、环保的前提下，充分利用废液治理附属物产出的沼气作为生产能源，在工厂三区利用沼气直燃酿酒，既降低了生产能耗，同时又根治了烟尘和二氧化硫的污染危害，此项技术因此获得国家知识产权的发明专利和实用新型专利的认可。公司作为大型酿酒企业，在生产中以粮食作为酿酒原料，酿酒后的大量酒糟供应农民当饲料用于养殖。同时，处理酿酒废液产生的沼气用于直燃酿酒，这样就形成了一个良性的生态循环系统，把"绿色生产"变成了现实。

为鼓励和支持循环经济与环境保护的技术创新，剑南春集团公司专门设立了"科技创新奖"和"优秀科技人才奖"，对包括环境保护、资源循环利用、节能清洁生产、"三废"综合治理在内的各项技术革新、科技成果、管理创新等众多项目进行大力表彰和重点奖励，充分表现出在珍惜能源、保护环境、造福百姓方面所承担的重大使命感、坚定的自觉性和强烈的社会责任心。

【提示】环境污染是在经济发展中产生的，因此也只有在经济发展中得到解决。在这样的共识下，出现了一场席卷全球的绿色浪潮。人们用绿色来证明自己的开发、生产、消费行为对环境无害，把环境意识与绿色产品、绿色营销、绿色包装、绿色贸易、绿色产业、绿色标志、绿色企业等一系列"绿色"相结合，从而形成了绿色市场。

经济发展是人类生存和进步所必需的，也是社会发展和保持、改善环境的物质保障。发展不仅仅是经济问题，单纯追求产值的经济增长不能体现发展的内涵。发展的本质应当包括改善人类生活质量，提高人类健康水平，创造一个保障人们平等、自由、接受教育和免受暴力的社会环境。我国多年来一直靠高消耗和高污染来发展经济，已经引起了资源破坏，环境情况每况愈下。经济发展应该尽量减少资源的浪费和环境的污染，实现可持续发展，追求人类和生态的整体发展和协调发展。

一、可持续发展

1. 可持续发展的定义

可持续发展是指既满足当代人的需求，又不对后代人满足其需求的能力构成危害的发展。它们是一个密不可分的系统，既要达到发展经济的目的，又要保护好人类赖以生存的大气、淡水、海洋、土地和森林等自然资源和环境，使子孙后代能够永续发展和安居乐业。可持续发展与环境保护既有联系，又不等同，环境保护是可持续发展的重要方面。可持续发展的核心是发展，但要求在严格控制人口、提高人口素质和保护环境、资源永续利用的前提下进行经济和社会的发展。发展是可持续发展的前提，人是可持续发展的中心体，可持续长久的发展才是真正的发展。

2. 可持续发展的主要内容

在具体内容方面，可持续发展涉及可持续经济、可持续生态和可持续社会三方面的协调统一，要求人类在发展中讲究经济效率、关注生态和谐和追求社会公平，最终达到人的全面发展。这表明，可持续发展虽然缘起于环境保护问题，但作为一个指导人类走向 21 世纪的发展理论，它已经超越了单纯的环境保护。它将环境问题与发展问题有机地结合起来，已经成为一个有关社会经济发展的全面性战略。

（1）在经济可持续发展方面

可持续发展鼓励经济增长而不是以环境保护为名取消经济增长，因为经济发展是国家实力和社会财富的基础。但可持续发展不仅重视经济增长的数量，更追求经济发展的质量。可持续发展要求改变传统的以"高投入、高消耗、高污染"为特征的生产模式和消费模式，实施清洁生产和文明消费，以提高经济活动中的效益、节约资源和减少废物。从某种角度上，可以说集约型的经济增长方式就是可持续发展在经济方面的体现。

（2）在生态可持续发展方面

可持续发展要求经济建设和社会发展要与自然承载能力相协调。发展的同时必须保护和改善地球生态环境，保证以可持续的方式使用自然资源和环境成本，使人类的发展控制在地球承载能力之内。因此，可持续发展强调了发展是有限制的，没有限制就没有发展的持续。生态可持续发展同样强调环境保护，但不同于以往将环境保护与社会发展对立的做法，可持续发展要求通过转变发展模式，从人类发展的源头、从根本上解决环境问题。

（3）在社会可持续发展方面

可持续发展强调社会公平是环境保护得以实现的机制和目标。可持续发展指出世界各国的发展阶段可以不同，发展的具体目标也各不相同，但发展的本质应包括改善人类生活质量，提高人类健康水平，创造一个保障人们平等、自由、教育、人权和免受暴力的社会环境。这就是说，在人类可持续发展系统中，经济可持续是基础，生态可持续是条件，社会可持续才是目的。21世纪人类应该共同追求的是以人为本位的自然—经济—社会复合系统的持续、稳定、健康发展。

二、绿色战略

1．绿色战略的含义

所谓绿色战略，是指企业根据其所处的、包括"绿色浪潮"在内的外部环境和企业自身的经营条件，为实现企业生存与发展质量持续提升，企业生产经营活动的绿色化，而对企业绿色可持续发展目标，达到目标的途径和手段等进行全局性、长远性总体谋划。从实践角度看，它应是指企业在绿色经营观指导下，对企业进行绿色开发、实施绿色生产、开展绿色营销和培育绿色企业文化的总体规划。

实施绿色战略管理既可使企业获得综合的环境效益，又可减少来自社会和政府的压力。它对于促进社会资源的合理配置，有效缓释资源稀缺对人类发展带来的压力，促进生态社会的建立，实现人类社会的可持续发展有着极其重要的意义。尤其对于当前主要处于被动型环境管理状态的中国企业而言，要想追求企业的可持续发展，实施全方位的绿色战略管理势在必行。

边讲边练

GE 公司的绿色战略

GE公司是化石燃料时代最重要的发明者，电灯、电力机车、喷气式飞机引擎、核电站等无数划时代的技术创新都诞生于此。因此，当2005年5月9号，GE公司CEO 杰夫·伊梅尔特突然宣布推出一项名为"绿色创想"的新商业战略，以更环保的产品推动公司业绩和环境效益共同增长，在最初的错愕过后，媒体开始忙着盘算通过它庞大的产品阵营减少排放的温室气体将是怎样一个天文数字。

GE的"绿色创想"战略之所以如此出人意料，是因为"全球最大的能源设备巨头"的称号过去带给它的并不只是荣耀。它的产品广泛使用在能源、电力、水资源、运输等基础行业中，在人们享受电力和发动机带来的便利的同时，也为其产生的温室气体感到不安。电力公司、航空公司等主要客户承受着提高能源利用率和减少排放的巨大压力，这些巨大压力也间接传递到GE的身上。

更糟糕的是，GE 自己在环境问题方面的历史也不甚光彩。著名的 PCBs 事件一度在全美媒体上长篇累牍地报道：几十年前，GE 在纽约州哈德森河上游的两个工厂使用多氯联苯（PCBs）并排进了哈德森河里，当人们意识到它对人类健康和环境有害后，法律禁止了这种做法，但如何处理排进河道里的 PCBs 引发了广泛的争议，美国环境保护署要求 GE 疏浚河段，从 1976 年至今，GE 已经为此花费了数亿美元，但仍然无法弥补对公司形象造成的损害，以及与环保人士之间的紧张关系。

自 2001 年伊梅尔特上任后，GE 对待环保问题的态度逐渐发生了微妙的转变，但即使如此，2004 年伊梅尔特提出"绿色创想"的概念时，仍令高层们吃惊不小。更换节能灯泡削减能源成本是一码事，而通过生产绿色产品赚钱就是另外一码事了。

同一时期丰田的混合动力车还在争取政府的补贴支持，通用公司的氢燃料车距离真正商用更是遥遥无期，这些大公司的前车之鉴都在警示绿色技术在短期内的商业风险。研发投入如此巨大，能不能赢利？在业务不断增长的情况下，承诺减少排放总量的目标能不能实现？公关部门担忧承诺每年向公众披露相关信息是否可行，是否会再次挑起人们对于 GE 环保历史问题的争议，弄巧成拙？

这些问号整整在 GE 内部讨论了一年时间，在重重阻力和疑虑当中，最坚定的支持声音来自伊梅尔特。他意识到，与 GE 一样，公司的很多客户也在承受同样的舆论压力，对未来环境进一步恶化忧心忡忡。

在未来的若干年里，世界在资源和环境方面将面临全球性的、同时也是客户仅凭自身力量无法解决的棘手问题，人们急于在代价变得不可承受之前找到解决办法。在这个"大"往往被看作负面因素的时代，GE 计划让"大"发挥点正面影响。通过积极地投资海水淡化和过滤技术、清洁能源技术和高效率的发动机等"明天的技术"，满足未来的迫切需求。

他认为变绿不仅是 GE 所必须承担的责任，同时也是必须抓住的商业机会。

在经过对绿色战略进行详细调研和产品认证过程、评分标准进行充分分析的基础上，GE 开始在原有的产品上进行更新。仅仅 3 年时间，绿色创想的产品已经实现了 3 倍于公司平均增长速度的快速增长。2007 年 5 月，GE 宣布 2006 年来自节能、环保的产品和服务的收入已经突破了 120 亿美元，比之 2005 年的收入承诺已经提前一步。得到"绿色创想"认证的产品也达到了 30 种，分布于可再生能源、运输、水处理等关键领域，它的海水淡化平台每天可处理 1.5 亿人每天所需各种用途的水，风力涡轮机每年提供的电力相当于 1 200 万个中国家庭的年耗电量。

伊梅尔特这样评价绿色创想战略："它是我在 GE 25 年所经历的前所未有的营销战略。"

【问题】GE 的绿色战略给我们什么启示？

【提示】随着人们消费意识的逐渐成熟，公众的环境意识日益觉醒，市场消费将呈现出明显的绿色化消费趋势，企业在生产和经营过程中应当具有一定的前瞻性，产品应当针对理解和接受公众的变化，明确公众对产品绿色需求，实施相应的绿色发展战略。

2．绿色战略的实施

（1）制定绿色战略

推行绿色战略的基础是树立企业绿色观念。绿色营销观念是绿色营销的指导思想。要求企业树立绿色营销思想，寓环保意识于企业的经营决策之中，更好地保持企业市场竞争力。企业在营销时不仅要考虑企业利益、消费者利益，更要考虑公共利益和对环境的影响，要切实把环境保护贯穿于新产品的开发、设计、制造、包装、使用以及服务等各项环节中，不仅保证自己在满足消费者需求的基础上获得利润，同时还达到社会、经济与生态环境协调发展的目标。同时，在企业内部还要对全体员工进行绿色教育，使员工充分认识环保的重要性。随着消费者对绿色消费需求的日益增长和保护生态运动的日益高涨，企业只有及时调整营销观念，才能成为市场营销中的胜利者。

企业绿色战略是依据消费者和社会对环保的要求，结合企业现状及其长远的经营目标而制订的长期性、全局性、系统性的市场营销方案。制定绿色营销战略主要从以下方面考虑：

1）研发绿色产品，树立绿色品牌。绿色产品的开发是绿色营销的支撑点。绿色产品应具有如下特点：

① 产品本身的安全性和卫生性，应有利于消费者的健康。

② 该产品的使用过程中不会污染环境。

③ 产品的降耗节能性。

④ 产品的易回收处理性。

开发绿色产品，必须从产品的设计、生产、包装、使用、废弃物的处理等方面考虑对环境的影响。无论从生产过程到消费过程，还是从外包装到废弃后的回收都要有利于人体的健康，有利于环境的保护和改善，能够在创造企业经济利益的同时带来社会利益。

2）争取获得绿色标志。绿色标志又称环保标志。它表明该产品的生产、使用及处理过程皆符合环境保护的要求，不危害人体健康，产生的垃圾无害或危害极小，有利于资源再生和回收利用。绿色标志被誉为通往市场的绿色签证。绿色标志如图8-1所示。

图 8-1　绿色标志

3）积极引导绿色消费。绿色需求的规模和发展速度决定着绿色营销的规模和发展速度，但企业不能坐等绿色需求的来临。一个完整的绿色营销过程应包括对消费者习惯和消费倾向的引导和教育。企业实施绿色营销，不仅要满足已经产生的绿色需求，更要善于激发消费者的兴趣，培养和强化消费者的绿色意识，积极创造绿色需求，促进消费者价值观的改变。

（2）实行绿色设计

在实施绿色营销战略中，绿色设计是进行绿色制造的前提。绿色设计要求企业在产品整个生命周期内，着重考虑产品环境属性（可拆卸性、可回收性、可维护性、可重复利用性等），并将其作为设计目标，在满足环境目标要求的同时，保证产品应有的功能、使用寿命、质量等要求。绿色设计的原则被公认为"3R"原则，即减少环境污染、减小能源消耗、产品和零部件的回收再生循环或者重新利用。

1）绿色材料选择设计。原材料处于产品生命周期的源头，材料选择设计是实现全生命周期设计的前提和关键技术之一。材料的选择不仅仅影响产品的制造，还影响产品的销售、使用、维修、回收等过程。绿色设计要求产品设计人员改变现有设计中只注重技术性能和经济性能的材料选择思路，而要将环境因素融入设计开发之中，了解材料对环境的影响。材料的绿色特性对家电产品的绿色性能具有极为重要的影响，因此具体在选择时应遵循以下几个原则：

① 首选可再生利用材料，尽量选用回收材料，提高资源利用率。

② 尽量选用低能耗、无毒、少污染、无腐蚀性的材料。

③ 尽量选择环境兼容性好的材料及零部件，同一产品单元尽量选用较少的材料种类，以便于产品废弃后的有效回收。

④ 为便于回收，材料上要标注出其型号、种类、等级等。

2）采用可回收性设计。减少环境污染和节省自然资源是绿色设计的根本目标，而合理的回收和再生利用无疑有利于这一目标的实现。可回收性设计是指在产品设计初期充分考虑其零件材料的回收可能性、回收价值大小、回收处理方法、回收处理结构工艺性等问题，最终找到能够最大利用材料资源、能源并对环境污染最小的一种设计思想和方法。

3）可拆卸性设计。具有良好的可拆卸性是产品维护性好、零件材料可回收、可再生的重要保证，这样才能达到节省成本、减少污染、保护环境的目的。

① 应从观念上重视可拆卸性设计。设计人员应经常与用户、产品维护及资源回收部门取得联系，获取产品结构在拆卸方面存在的不足，并为可拆卸性设计的发展准备有关数据资料。

② 为便于拆卸，产品在整机设计时，就要从结构上考虑拆卸的难易程度，提出相应的设计目标、结构方案。对模块间、部件间的连接方式等问题要进行细致的研究与设计。比如，在家电产品的设计中应尽量避免采用焊接、胶粘、铆接等不可拆卸连接方式，而尽可能优先选择易于分离的搭扣式连接。

4）可维修设计。用可维修设计方法设计出的产品在发生故障后，可通过适当的维修使产品恢复功能，从而延长产品的寿命，实现节能、省料、无废少废的绿色目标。为了便于维修，除产品整机结构要采用模块化设计、可拆卸性设计外，各独立模块内部也要尽可能设计成可维修的。比如对易耗易损的零件、元器件，应尽量将其设计得集中一些，便于维修装卸。

5）节能设计。这是指设计合理的产品结构、功能、工艺，或利用新技术、新理论使产品在使用过程中消耗能量最少、能量损失最少。越来越多的人开始关注产品的使用所消耗的资源及其给环境带来的负担，因此在产品的设计阶段，对其使用造成的能源消耗问题应给予足够的重视。产品使用阶段的节能设计应注意根据产品耗能特点有针对性地进行。比如对录像机、电视机等产品设计时就应特别注意减少待机能耗。节能设计同样也要考虑产品的储存和运输环节。产品的运输也要消耗能源，产生污染，如汽车运输要消耗燃油，汽车尾气的污染等也会对环境产生一定的影响。减少产品的重量、减小产品的体积可能会减轻产品的运输给环境带来的负担。

6) 绿色包装设计。产品的绿色包装，主要有以下几个原则：

① 材料最省，即绿色包装在满足保护、方便销售、提供信息的功能条件下，应是使用材料最少而又文明的适度包装。

② 尽量采用可回收或易于降解、对人体无毒害的包装材料。如纸包装易于回收再利用，易自然分解，不会污染环境。因而从总体上看，纸包装是一种对环境友好的包装。

③ 易于回收利用和再循环。采用可回收、重复使用和再循环使用的包装，提高包装物的生命周期，从而减少包装废弃物。

实操技巧

绿色包装设计的主要方法

1. 重复再用和再生的包装材料

大地和森林是人类生态平衡的基础，木材的肆意砍伐给人类社会带来的灾难是不可估量的。针对这种现状人们可以考虑采用可重复再用和再生的包装材料，如啤酒、饮料、酱油、醋等包装采用玻璃瓶反复使用，聚酯瓶在回收之后可以用一些方法再生。包装材料的重复利用和再生，仅仅延长了塑料等高分子材料作为包装材料的使用寿命，当达到其使用寿命后，仍要面临对废弃物的处理和环境污染问题。

2. 可食性包装材料

这是解决食品包装废弃物与环保之间矛盾的好办法。在进行部分食品包装的设计中，可制成一种不影响被装食品原味的可食性包装膜。到 21 世纪，世界各国已开发出很多种，如澳大利亚的一家公司就研制出一种可食用土豆片包装，人们吃完土豆片后还可食用其包装。人们熟悉的糖果包装上使用的糯米纸及包装冰激凌的玉米烘烤包装杯都是典型的可食性包装。人工合成可食性包装膜中的比较成熟的是透明、无色、无嗅、无毒、具有韧性、高抗油性薄膜，能食用，可做食品包装，其光泽、强度、耐折性能都比较好。

3. 可降解材料

可降解材料是指在特定时间内造成性能损失的特定环境下，其化学结构发生变化的一种塑料。可降解塑料包装材料既具有传统塑料的功能和特性，又可以在完成使用寿命之后，通过阳光中紫外光的作用或土壤和水中的微生物作用，在自然环境中分裂降解和还原，最终以无毒形式重新进入生态环境中，回归大自然。如法国一家奶制品公司从甜菜中提取的物质与矿物质进行混合从而制造成一种生态包装盒。

4．纸材料

纸的原料主要是天然植物纤维，在自然界会很快腐烂，不会造成污染环境，也可回收重新造纸。因此，许多国际大公司使用可回收纸用于年报、宣传品制作，用回收纸制成信笺、信纸以体现其关注环境的绿色宗旨，同时又树立了良好的企业形象。纸材料还有纸浆注型制件、复合材料、建筑材料等多种用途。纸浆模塑制品除具有质轻、价廉、防震等优点外它还具有透气性好，有利于生鲜物品的保鲜，在国际商品流通上，被广泛用于蛋品、水果、玻璃制品等易碎、易破、怕挤压物品的周转包装上。

（3）推行绿色制造

传统生产模式的典型特征是从自然界获取资源，经提炼后成为各种工程材料。在此过程中大量废气、废水和残余杂质等污染性物质进入环境。在毛坯成型过程中同样存在大量污染问题。在产品的制造过程中，不仅有大量的废物归于自然，而且由于生产制造中缺乏柔性，造成了设备资源利用上的严重浪费。在产品使用过程中噪声、废气、废物等的污染问题仍然是破坏环境的主要因素。特别是在部件和设备损坏后，往往形成废弃物，造成资源的极大浪费，同时许多有毒有害及无法回收的材料，对环境及主宰环境的人也会造成极大的伤害。

绿色生产模式是一种闭环生产系统。它是一种清洁生产方式和废弃物循环利用的生产模式。欲实行这种生产模式，就必须从原料开采到产品报废的整个产品生命周期对材料的回收、利用、处理等全部过程进行改造。诸如在冶炼时考虑废气、废水的彻底净化。在绿色生产模式中这些问题可通过特定的工艺手段和技术措施对整个过程中的每个环节逐一安排解决。比如，在零件的设计和制造中标注出它们材料类型和回收方式的代码，便于成组归类处理，实施科学管理，做到有效地利用资源。

在生产过程中，不仅要解决污染和资源浪费问题，更重要的是为社会提供在全生命周期内没有污染、节约资源的各类产品。应积极采用和推广先进的生产技术，包括高效的生产技术，如成组技术、CAD\CAM\FMS\CIMS\精益制造（LP）、快速成型工艺技术、快速模具技术、快速连接技术、敏捷制造技术；采用污染少、余料少的高质量生产设备；采用无切屑、少切屑的加工设备，如冷挤压、快速成型、精密铸造、精密锻造设备等；废弃物余料的再利用技术，如废弃物建模技术、废弃物数据库建立、再利用材料设计及其流程计划等。

三、清洁生产

1．清洁生产的含义

清洁生产是指将综合预防的环境保护策略持续应用于生产过程和产品中，以期减少对人类和环境的风险。清洁生产从本质上来说，就是对生产过程与产品采取整体预防的环境策略，减少或者消除它们对人类及环境的可能危害，同时充分满足人类需要，使社会经济效益最大化的一种生产模式。

有机食品

有机食品（Organic Food）也叫生态或生物食品等。有机食品是国际上对无污染天然食品比较统一的提法。有机食品通常来自于有机农业生产体系，是根据国际有机农业生产要求和相应的标准生产加工的。除有机食品外，国际上还把一些派生的产品如有机化妆品、纺织品、林产品或有机食品生产而提供的生产资料，包括生物农药、有机肥料等，经认证后统称有机产品。

1. 有机食品生产的基本要求

（1）生产单位需建立长期的土地培肥、植保、作物轮作和畜禽养殖计划。

（2）生产基地无水土流失及其他环境问题。

（3）作物在收获、清洁、干燥、贮存和运输过程中未受化学物质的污染。

（4）从常规种植向有机种植转换需两年以上转换期，新垦荒地例外。

（5）生产全过程必须有完整的记录档案。

2. 中国有机产品标志释义

"中国有机产品标志"的主要图案由 3 部分组成，即外围的圆形、中间的种子图形及其周围的环形线条。

标志外围的圆形形似地球，象征和谐、安全，圆形中的"中国有机产品"字样为中英文结合方式。既表示中国有机产品与世界同行，也有利于国内外消费者识别。

标志中间类似于种子的图形代表生命萌发之际的勃勃生机，象征了有机产品是从种子开始的全过程认证，同时昭示出有机产品就如同刚刚萌发的种子，正在中国大地上苗壮成长。

C:100 M:0 Y:100 K:0
C:0 M:60 Y:100 K:0

种子图形周围圆润自如的线条象征环形道路，与种子图形合并构成汉字"中"，体现出有机产品植根中国，有机之路越走越宽广。同时，处于平面的环形又是英文字母"C"的变体，种子形状也是"O"的变形，意为"China Organic"。

绿色代表环保、健康，表示有机产品给人类的生态环境带来完美与协调。

橘红色代表旺盛的生命力，表示有机产品对可持续发展的作用。

2. 推行清洁生产的必要性

清洁生产是一种新的创造性理念，这种理念将整体预防的环境战略持续应用于生产过程、产品和服务中，以增加生态效率和减少人类及环境的风险。20 世纪 80 年代以后，随着经济建设的快速发展，全球性的环境污染和生态破坏日益加剧，资源和能源的短缺制约着经济的发展，人们也逐渐认识到仅仅依靠开发有效的污染治理技术对所产生的污染进行末端治理所实现的环境效益是非常有限的。如关心产品和生产过程对环境的影响，依靠改进生产工艺和加强管理等措施来消除污染可能更为有效，因此清洁生产的概念和实践也随之出现了，并以其旺盛的生命力在世界范围内迅速推广。

（1）清洁生产体现的是预防为主的环境战略。传统的末端治理与生产过程相脱节，先污染，再去治理，这是发达国家曾经走过的道路；清洁生产要求从产品设计开始，到选择原料、工艺路线和设备，以及废物利用、运行管理的各个环节，通过不断地加强管理和技术进步，提高资源利用率，减少乃至消除污染物的产生，体现了预防为主的思想。

（2）清洁生产体现的是集约型的增长方式。清洁生产要求改变以牺牲环境为代价的、传统的粗放型的经济发展模式，走内涵发展道路。要实现这一目标，企业必须大力调整产品结构，革新生产工艺，优化生产过程，提高技术装备水平，加强科学管理，提高人员素质，实现节能、降耗、减污、增效，合理、高效配置资源，最大限度地提高资源利用率。

（3）清洁生产体现了环境效益与经济效益的统一。传统的末端治理，投入多、运行成本高、治理难度大，只有环境效益，没有经济效益；清洁生产的最终结果是企业管理水平、生产工艺技术水平得到提高，资源得到充分利用，环境从根本上得到改善。清洁生产与传统的末端治理的最大不同是找到了环境效益与经济效益相统一的结合点，能够调动企业防治工业污染的积极性。

3．清洁生产的主要措施

（1）实施产品绿色设计

企业实行清洁生产，在产品设计过程中，一要考虑环境保护，减少资源消耗，实现可持续发展战略；二要考虑商业利益，降低成本，减少潜在的责任风险，提高竞争力。具体做法是，在产品设计之初就注意未来的可修改性，要便于升级以及可生产几种产品的基础设计，提供减少固体废物污染的实质性机会。产品设计要达到只需要重新设计一些零件就可更新产品的目的，从而减少固体废物。在产品设计时还应考虑在生产中使用更少的材料或更多的节能成分，优先选择无毒、低毒、少污染的原辅材料替代原有毒性较大的原辅材料，防止原料及产品对人类和环境的危害。

（2）实施生产全过程控制

清洁的生产过程要求企业采用少废、无废的生产工艺技术和高效生产设备；尽量少用、不用有毒有害的原料；减少生产过程中的各种危险因素和有毒有害的中间产品；使用简便、可靠的操作和控制；建立良好的卫生规范（GMP）、卫生标准操作程序（SSOP）和危害分析与关键控制点（HACCP）；组织物料的再循环；建立全面质量管理系统（TQMS）；优化生产组织；进行必要的污染治理，实现清洁、高效的利用和生产。

（3）实施材料优化管理

材料优化管理是企业实施清洁生产的重要环节。选择材料，评估化学使用，估计生命周期是提高材料管理水平的重要方面。企业实施清洁生产，在选择材料时要关心再使用与可循环性，具有再使用与再循环性的材料可以通过提高环境质量和减少成本获得经济与环境收益；实行合理的材料闭环流动，主要包括原材料和产品的回收处理过程的材料流动、产品使用过程的材料流动和产品制造过程的材料流动。

原材料的加工循环是自然资源到成品材料的流动过程，以及开采、加工过程中产生的废弃物的回收利用所组成的一个封闭过程。产品制造过程的材料流动，是材料在整个制造系统中的流动过程，以及在此过程中产生的废弃物的回收处理形成的循环过程。制造过程的各个环节直接或间接影响着材料的消耗。产品使用过程的材料流动是在产品的寿命周期内，产品的使用、维修、保养以及服务等过程和在这些过程中产生的废弃物的回收利用过程。产品的回收过程的材料流动是产品使用后的处理过程，其组成主要包括可重用的零部件、可再生的零部件、不可再生的废弃物。在材料消耗的4个环节里，都要将废弃物减量化、资源化和无害化，或消灭在生产过程之中，不仅要实现生产过程的无污染或不污染，而且生产出来的产品也没有污染。

实操训练

校园白色污染调查

您好！

您的意见对我们此次调查非常重要。希望能得到您的支持和配合，对此我们表示衷心的感谢。

所在院系：

年级：□大一　□大二　□大三　□大四

性别：□男　　□女

请在下列你认为正确的选项前划上√（对号），并把需要补充的内容填写在横线上。

1．您认为校园白色污染主要有哪些？（多选题）

□一次性塑料袋　□白色废弃物　□泡沫塑料填充物　□一次性快餐盒

□废纸废屑　□食品、商品塑料包装

2．您认为学校白色污染的主要来源是哪里？

□校园里的餐厅　□校园里的商品店　□校园里的书店　□其他

3．您一般在什么情况下使用一次性塑料袋？（多选题）

□购物　□用餐打包　□装放垃圾　□其他

4．现今各大超市都开始对塑料袋收费，您在校园里购物时主要从哪里获得塑料袋？

□使用自带的环保袋　□花钱购买塑料袋　□免费提供的不可降解的塑料袋

5．当您走在校园里，看到随处的塑料袋、丢弃的一次性用具等，您的反应是什么？

□感觉不舒服　□自己帮忙捡一下　□看多了已经无所谓了　□其他

6．你会如何处理用过的塑料袋或其他一次性塑料用品？

□随地乱扔　□投进垃圾桶　□循环使用或装放垃圾等其他用途　□其他

7．你对防治白色污染的愿望强烈程度如何？

□无所谓　□较小　□一般　□较强　□很强

8．您注意过平常所使用的塑料袋、饭盒等一次性用品是否可降解？

□是　□否

9．在同等消费条件下，你是否更愿意或有意识地到使用可降解用具的商店或餐馆消费？

□是　□否

10．请估计一下，您每天使用的塑料袋、饭盒等一次性用品大概有（　　　　）件。

11. 您对改善学校白色污染的建议或要求是：

请根据你的问卷回收情况进行问卷调查总结，分析你所在学校白色污染的现状并提出切实可行的白色污染防治办法。

学习效果检测

一、单选题

1. pH 值小于（　　）的降水叫酸雨。
   A. 5.55　　　　　　　B. 5.65　　　　　　　C. 6.55　　　　　　D. 6.65
2. 不合理地开采地下水资源以及石油、天然气的开采会造成（　　）。
   A. 地表水污染　　　B. 地面沉降　　　C. 淡水紧缺　　　D. 地下水污染
3. 以下说法不正确的是（　　）。
   A. 广义的自然资源包括实物性自然资源和舒适性自然资源的总和
   B. 自然资源具有有限性、多用途性和区域性
   C. 自然资源可以分为可再生资源、可更新资源和不可再生资源
   D. 自然资源按可再生性质分为生物资源、森林资源、水资源、土地资源、矿产资源、气候资源和海洋资源

二、判断题

1. 广义环境包含自然和社会环境；我们通常所说的环境指狭义的环境，即自然环境。
   （　　）

2. 广义的自然资源只包括实物性资源，即在一定社会经济技术条件下能够产生生态价值或经济价值，从而提高人类当前或可预见未来生存质量的天然物质和自然能量的总和。
   （　　）

3. 清洁生产是指将综合预防的环境保护策略持续应用于生产过程和产品中，以期减少对人类和环境的风险。
   （　　）

参 考 文 献

[1] 庞日新. 商品学基础与实务[M]. 北京：人民邮电出版社，2012.

[2] 汤云. 商品学实务[M]. 大连：大连理工大学出版社，2010.

[3] 方光罗. 商品检验与养护[M]. 大连：东北财经大学出版社，2005.

[4] 付宏华. 现代物流管理[M]. 北京：人民邮电出版社，2011.

[5] 江卫华，吴明涛. 商品学原理与实务[M]. 北京：北京交通大学出版社，2010.

[6] 白世贞，刘莉，陈化飞. 商品学[M]. 北京：中国人民大学出版社，2013.

[7] 马三生. 商品学概论[M]. 武汉：武汉理工大学出版社，2008.

[8] 赵启兰. 商品学概论[M]. 北京：机械工业出版社，2007.

[9] 李志英. 高职院校物流管理专业商品学课程设置和改革现状之针砭[J]. 物流工程与管理，2012（5）：2.

[10] 杨克岩. 高职商品学理实一体化教学模式初探[J]. 劳动保障世界，2013（6）：70.